© Gardel Bertrand/hemis.fr

Vienne et ses environs 2024-2025

Cofondateurs : Philippe GLOAGUEN et Michel DUVAL

Directeur de collection et auteur
Philippe GLOAGUEN

Secrétaire général
Gavin's CLEMENTE-RUIZ

Rédacteurs en chef
Amanda KERAVEL (France)
Benoît LUCCHINI (Étranger)

Directrice administrative
Bénédicte GLOAGUEN

Conseiller à la rédaction
Pierre JOSSE

Responsable voyages
Carole BORDES

Direction éditoriale
Élise ERNEST

Rédaction
Isabelle AL SUBAIHI
Emmanuelle BAUQUIS
Mathilde de BOISGROLLIER
Marie BURIN des ROZIERS
Camille CAMPET
Véronique de CHARDON
Laura CHARLIER
Florence CHARMETANT
Fiona DEBRABANDER
Anaëlle HASCOËT
Géraldine LEMAUF-BEAUVOIS
Anne POINSOT
Alexia POULAIN

hachette

TABLE DES MATIÈRES

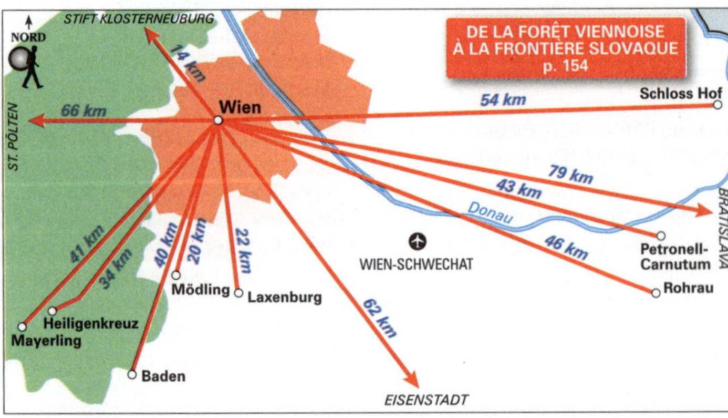

PRÉAMBULE

COMMENT Y ALLER ? 36

VIENNE UTILE 41

VIENNE 60

Pictogrammes du Routard

Établissements

- Hôtel, auberge, chambre d'hôtes
- Camping
- Restaurant
- Terrasse
- Pizzeria
- Tapas
- Boulangerie, sandwicherie
- Pâtisserie
- Glacier
- Café, salon de thé
- Café, bar
- Bar musical
- Club, boîte de nuit
- Salle de spectacle
- Boutique, magasin, marché

Infos pratiques

- Office de tourisme
- Poste
- Accès Internet
- Hôpital, urgences
- Adapté aux personnes handicapées

Sites

- Présente un intérêt touristique
- Point de vue
- Plage
- Spot de surf
- Site de plongée
- Recommandé pour les enfants
- Inscrit au Patrimoine mondial de l'Unesco
- Pas de côté

Transports

- Aéroport
- Gare ferroviaire
- Gare routière, arrêt de bus
- Station de métro
- Station de tramway
- Parking
- Taxi
- Taxi collectif
- Bateau
- Bateau fluvial
- Piste cyclable, parcours à vélo

« OSEZ LE PAS DE CÔTÉ »

Le surtourisme ? Tous concernés. Pour éviter les queues interminables à l'entrée de site et les musées saturés, voyagez si possible en dehors des ponts et vacances scolaires. C'est aussi mieux pour le budget ! Et sinon, visitez les sites les plus touristiques aux heures creuses : à l'ouverture, pendant la pause déjeuner ou avant la fermeture.

Et puis, à l'écart des grands flux touristiques, il existe des pépites méconnues, souvent oubliées des circuits classiques, trop encombrés. Ici un site ignoré ; là un quartier secret ; plus loin un village caché au charme discret avec un troquet d'une autre époque. Autrement dit, une infinité de lieux tranquilles que l'on met en avant avec ce pictogramme. Un vagabondage au calme, loin de la foule. Vive le *slow trip* !

#osonslepasdecote

☎ **112 :** c'est le numéro d'urgence commun à la France et à tous les pays de l'UE, à composer en cas d'accident, agression ou détresse. Il permet de se faire localiser et aider en français, tout en améliorant les délais d'intervention des services de secours.

NORD
Votivkirche
Sigm. Freud Park
Universitätsstr.
Schottentor
Schottenring
Wipplingerstr.
BÖRSEPL.
RUDOLFSPL.
Josefs Kai
CONCORDIAPL.
Maria am Gestade
PASSAUER PL.
Ruprechtskirche
Universität
Schotteng.
Schottenstift
Schottenkirche
Wipplingerstr.
D. Karl Lueger Ring
MUSA
FREYUNG
Palais Batthyàny
Museum Judenpl.
Salvator-kapelle
Palais Kinsky
Palais Harrach
AM HOF
Collalto
Römermuseum
FR. SCHMIDTPL.
Rathaus
RATHAUS PLATZ
Rathaus Park
Kunstforum
Uhrenmuseum
Palais Ferstel
Kirche am Hof
Burgtheater
Herrengasse
Peterskirche
Rotenturmstr.
INNERESTADT
1er
AM HOF
GRABEN
Dom Museum
Schullin
Stephansdom
Haas-Haus
STEPHANSPL.
Parlament
D. K. Renner Ring
Volksgarten
BALLHAUSPL.
MICHAELERPL.
Michaeler-kirche
STOCK IM EISEN PL.
Stephanspl.
SCHMERLINGPL.
Kaiserappartements
In der Burg
Jüdisches Museum
Centre historique
LE LONG DU RING
Spanische Hofreitschule
HOFBURG
Hofburg
HELDENPLATZ
JOSEFSPL.
Dorotheum
NEUER MARKT
Nationalbibliothek
Augustinerkirche
Kaisergruft
Burgring
Ephesos Museum et Haus Geschichte Österreich
Öst. Theater-museum
Naturhistorisches Museum
MARIA THERESIEN PLATZ
Volkstheater
Welt-museum
Schmetterlinghaus
Albertina
Burggarten
ALBERTINAPL.
Haus der Musik
Kunsthalle
MUMOK
Kunsthistorisches Museum
Heidi Horten Collection
Staatsoper
SPITTELBERG
Museums-Quartier
MuseumsQuartier
Opernring
Operngasse
Kärntner Str.
Schwarzenbergstr.
SCHILLERPL.
Leopold Museum
Kärntner Ring
NEUBAU
7e
Akademie der Bildenden Künste
Künstlerhaus-Albertina Modern
Mariahilfer Strasse
Fried rich str.
Karlsplatz
Strasse
Secession
Musikverein
MARIAHILF
6e
Theater an der Wien
Otto Wagner Stadtbahn Pavillon
Wien zeile
KARLSPLATZ
Wien Museum
Schönbrunn
Gumpendorfer
Hauptstrasse
KARLSPLATZ
Majolikahaus
Operngasse
KÜHNPL.
Karlskirche
NASCHMARKT
Linke
Gusshausstrasse
Kettenbrückeng.
Dritte-Mann-Museum
Margaretenstrasse
Favoritenstr.
WIEDEN
4e
Wiedner
MOZART PL.
Taubstummeng.
Schubert Sterbewohnung
BRAHMSPL.

Nestroypl.
NESTROYPL.
SALZTORBR.
Taborstrasse
Praterstrasse
Donaustr.
Donaustr.
Uniqa Tower
Untere
Donaukanal
Dampfschiffstr.
FRANZENSBR.
MORZIN PLATZ
MARIENBR.
Schwedenpl.
SCHWEDENBR.
Bades
ASPERNBR.
Franz Josefs Kai
JULIUS RAAB PLATZ
Obere Weissgerber
Stadttempel
SCHWEDEN PLATZ
RADETZKYBR.
Radetzkystr.
RADETZKYPL.
Kunst Haus Wien
Griechische Kirche
Wien
Zollamtsstr.
Hint
Postsparkassenamt
G. COCH PL.
LUGECK
STEPHANSDOM
Löwengasse
Hundertwasserhaus
Jesuitenkirche
Stubenring
OSKAR KOKOSCHKA PLATZ
KOLONPL.
Dominikanerkirche
K. MARXERBR.
Wollzeile
Mozarthaus
DR. KARL LUEGER PLATZ
MAK
Marxergasse
Palais Fürstenberg
Stubentor
Wien-Mitte
Weiskirchnerstr.
STUBENBR.
À L'EST DU RING
Franziskanerkirche
Stadt park
Marxergasse
Parkring
ESTEPL.
STADTPARK
Landstrasser
Am Heumarkt
LANDSTRASSE 3e
Schubertring
Stadtpark
Rochusgasse
BEETHOVENPL.
Linke Bahng.
Recht Bahng.
RUDOLF SALLINGER PL.
KARL-BORROMÄUS-PL.
Hauptstrasse
Loth ringerstr.
Loth ringerstr.
Salesianergasse
Ungargasse
SEBASTIANPL.
ZIEHRERPL.
SCHWARZENBERGPL.
Modenapark
Zauner g.
Neulinggasse
Neulinggasse
DANNEBERGPL.
Prinz Eugen
Palais Schwarzenberg
Unteres Belvedere
Rennweg
Ungargasse
Schwarzenberg-garten
Belvedere-garten
Rennweg
LANDSTRASSE 3e
Site inscrit au Patrimoine mondial de l'Unesco
Oberes Belvedere

VIENNE

LA RÉDACTION DU ROUTARD

La saga du *Routard* : en 1971, 2 étudiants, Philippe et Michel, avaient une furieuse envie de découvrir le monde. De retour du Népal germe l'idée d'un guide différent qui regrouperait tuyaux malins et itinéraires sympas, destiné aux jeunes fauchés en quête de liberté. 1973. Après 19 refus d'éditeurs et la faillite de leur 1re maison d'édition, l'aventure commence vraiment avec Hachette. Aujourd'hui, le *Routard*, c'est plus d'une cinquantaine d'enquêteurs impliqués et sincères. Ils parcourent le monde toute l'année dans l'anonymat et s'acharnent à restituer leurs coups de cœur en toute indépendance.

Merci à tous les Routards qui sont solidaires de nos convictions : liberté et indépendance d'esprit ; découverte et partage ; sincérité, tolérance et respect des autres.

NOS SPÉCIALISTES VIENNE

Alexia Poulain : biberonnée aux cartes de rando, c'est la géographie qu'elle a choisi d'étudier. Avide de découvrir le monde, elle n'aime rien tant que de parcourir de nouvelles villes pour y dénicher les bons plans qui s'y cachent. La curiosité est son carburant ! Autres terres de prédilection : les grands espaces qu'elle arpente en toute saison, carnet et stylo en main.

Camille Campet : nourrie par les récits de voyage de sa grand-mère, elle développe très jeune une passion pour l'inconnu. Pour assouvir sa curiosité, elle sort des sentiers battus et emprunte des routes moins fréquentées, préservées et authentiques. Ses adresses préférées ? Les petites pépites secrètes qui échappent au premier coup d'œil.

UN GRAND MERCI À NOS AMI(E)S SUR PLACE ET EN FRANCE

- **Jean-Paul Héron** et **Ingeborg Millet,** de l'Office national autrichien de tourisme à Paris ;
- **Sabine Bellil,** de l'Office de tourisme de Vienne, pour son aide précieuse et sa disponibilité ;
- **Manon Monteils,** pour ses traductions avisées.

NOS ENQUÊTEURS-FURETEURS

Nous tenons à remercier tout particulièrement Fabrice Argelas, Gabriel Bertrand, Loup-Maëlle Besançon, Thierry Bessou, Grégory Dalex, Fabrice Doumergue, Cédric Fischer, Carole Fouque, Guillaume Garnier, Nicolas George, Michelle Georget, Claude Hervé-Bazin, Emmanuel Juste, Fabrice de Lestang, Éric Milet, Pierre Mitrano, Alain Pallier, Jean-Sébastien Petitdemange, André Poncelet, Thomas Rivallain et Jean Tiffon pour leur collaboration régulière.

Aurélia Andriamampianina, Pauline Bezzina, Jean-Jacques Bordier-Chêne, Philippe Coupy, Zoé Danner, Agnès Debiage, Jérôme Denoix, Tovi et Ahmet Diler, Clélie Dudon, Alain Fisch, Adrien et Clément Gloaguen, Émilie Lambert, Marie Maurel, Chantal N'Guyen, Martine Partrat, Odile Paugam et Didier Jehanno, Lucie Royer, Prakit Saiporn, Antoine Sibelle et Maureen Sorgnard.

L'ÉDITEUR HACHETTE LIVRE

Direction : Sidonie Chollet

Direction éditoriale : Élise Ernest

Édition : Gia Quy Tran

Cartographie : Frédéric Clémençon et Aurélie Huot

Fabrication : Nathalie Lautout, Liza Sacco et Aude Cauchet

Relations presse : COM'PROD, **Fred Papet** et **Laëtitia de Cerval.** ☎ 01-70-69-04-69. • info@comprod.fr • **Martine Levens** (Belgique) ☎ +32-47-568-35-76.

Contact Partenariats : Jérôme Denoix • jeromedenoix@gmail.com •

Contact Partenariats et régie pub : Florence Brunel-Jars • fbrunel@hachette-livre.fr •

Silhouette du Routard : Clément Gloaguen (d'après Solé) ; **couverture :** Atelier Choque Le Goff ; **maquette intérieure :** le-bureau-des-affaires-graphiques.com, Thibault Reumaux et npeg.fr

Important : dernière minute

Entre 2 parutions du *Routard,* des événements fortuits (conditions sanitaires, catastrophes naturelles mais aussi formalités, taux de change, conditions d'accès aux sites, fermetures inopinées, etc.) peuvent modifier vos projets de voyage. Pour éviter les déconvenues, nous vous recommandons de consulter la rubrique « Guide » par pays de notre site • **routard.com** • et plus particulièrement les dernières ***Actus voyageurs.***

Le Baiser, *Gustav Klimt*

« D'abord, cuire le strudel, ensuite s'asseoir et réfléchir. »
Proverbe autrichien

Capitale de l'empire des Habsbourg pendant 7 siècles, puis de la république d'Autriche depuis 1918, Vienne est la ville historique par essence, profondément marquée par son rôle éminent au fil du temps. Ici, on ne regrette pas d'avoir potassé autrefois les manuels d'histoire et de géographie.

Profondément meurtrie par les sièges, les guerres napoléoniennes, les bombardements et les occupations, Vienne se releva à chaque fois. Cette volonté de **maintenir son rang** fascine les visiteurs du monde entier. Et c'est de ce riche et long passé qu'on vient s'imprégner. Le charme de Vienne, c'est aussi cet étonnant télescopage entre **tradition et modernité.** L'atmosphère romantique, parfois désuète, cohabite avec l'audace et la créativité. L'architecture pompeuse du **Ring** est contrebalancée par celle des cités ouvrières de la « Vienne rouge » conçues par des architectes fatigués de supporter les dorures de la Vienne impériale. Le talent de Vienne, c'est de faire aimer les coulisses de tous ces décors de façade.

Duelle, contradictoire, fascinante et si fertile en courants de pensée et mouvements artistiques novateurs, Vienne échappe aux définitions. La beauté paisible du **Belvédère** n'est qu'un emballage pour les figures torturées d'**Egon Schiele** et les allégories de **Gustav Klimt.** Aux flonflons du Prater et aux valses de Strauss répondent aujourd'hui les décibels des clubs underground. Avec un art de vivre intelligent, des espaces verts et d'authentiques bouts de campagne, ce n'est évidemment pas par hasard si, depuis quelques années, Vienne caracole en tête du classement mondial des villes distinguées pour leur **qualité de vie** !

Bal de l'Opéra au Staatsoper

NOS COUPS DE CŒUR

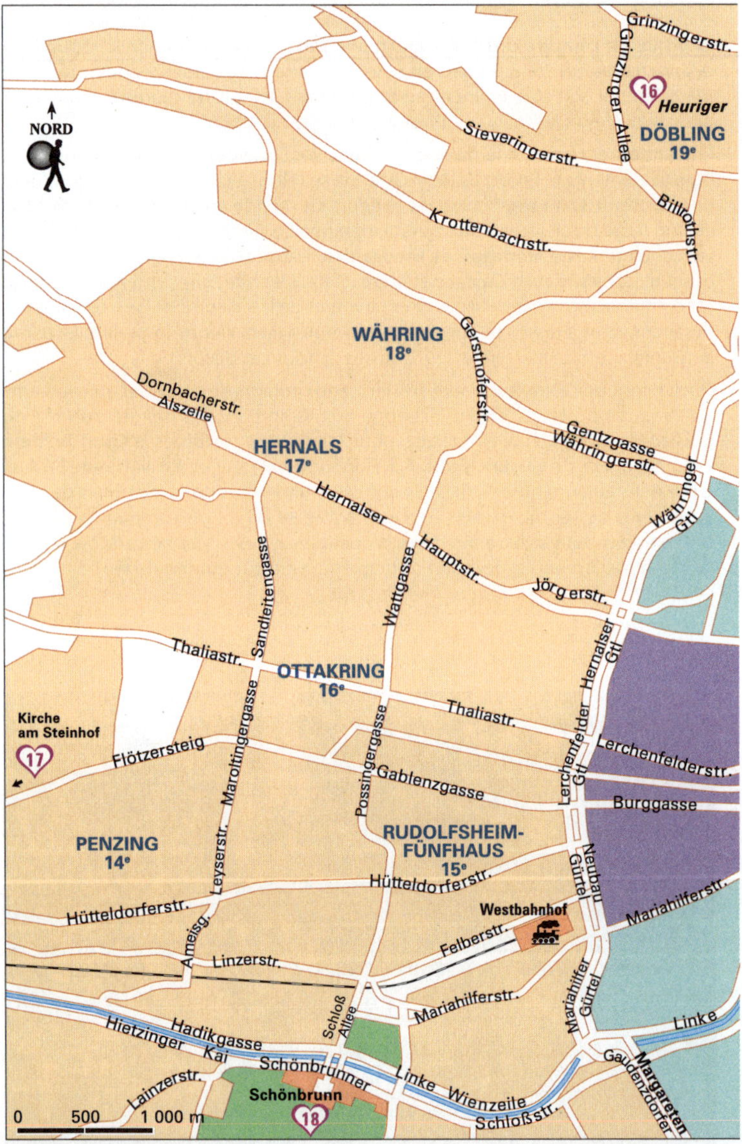

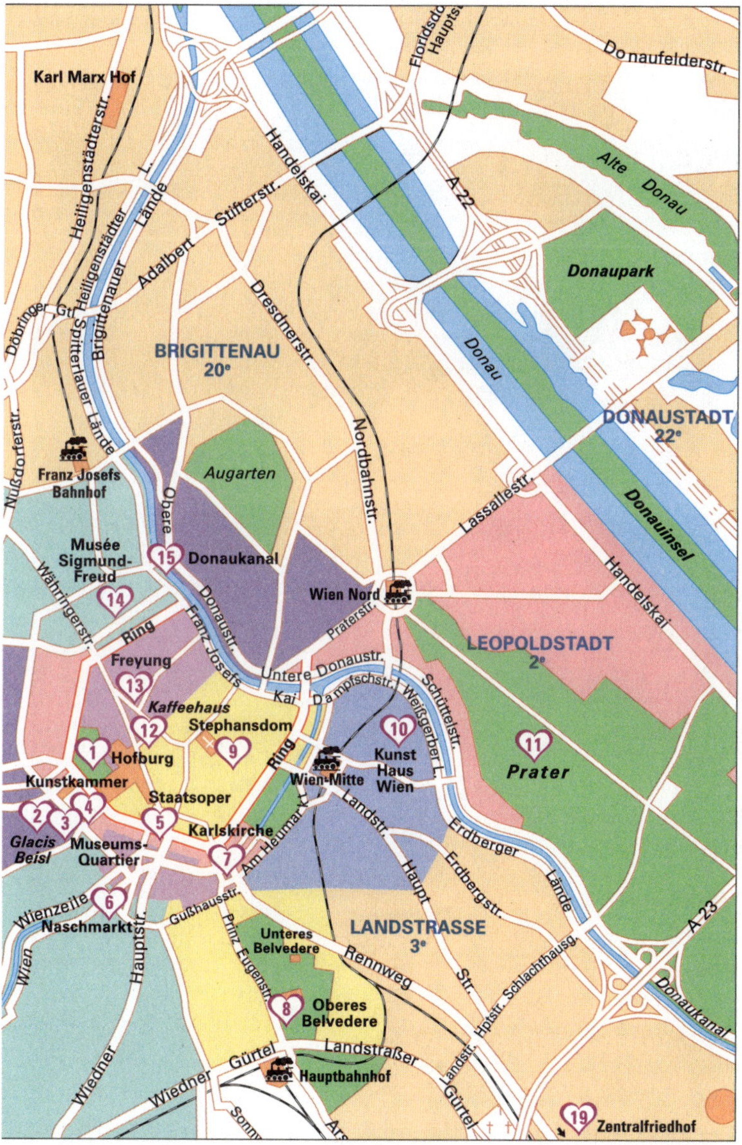
Karl Marx Hof
Donaufelderstr.
Floridsdorfer Hauptstr.
Heiligenstädterstr.
Heiligenstädter L.
Brigittenauer Lände
Handelskai
Stifterstr.
Adalbert
Alte Donau
A 22
Donaupark
Döbringer Gtl.
Spittelauer Lände
Dresdnerstr.
BRIGITTENAU
20e
Donau
Nußdorferstr.
Franz Josefs Bahnhof
Augarten
Obere
Nordbahnstr.
DONAUSTADT
22e
Lassallestr.
Donauinsel
Musée Sigmund-Freud
15 Donaukanal
14
Währingerstr.
Wien Nord
Handelskai
Donaustr.
Franz Josefs
Ring
Praterstr.
LEOPOLDSTADT
2e
Freyung
13
Untere Donaustr.
Kai
Dampfschstr.
Weißgerber L.
Schüttelstr.
Kaffeehaus
12
Stephansdom
10
11
1 Hofburg
9
Ring
Wien-Mitte
Kunst Haus Wien
Prater
Kunstkammer
Staatsoper
2 3 4
5
Landstr.
Karlskirche
Glacis Beisl
Museums-Quartier
7
Am Heumarkt
Erdberger Lände
Haupt
Erdbergstr.
Wienzeile 6
Naschmarkt
Gußhausstr.
Prinz Eugenstr.
LANDSTRASSE
3e
Unteres Belvedere
Rennweg
A 23
Wien
Hauptstr.
Str.
Hptstr.
Schlachthausg.
Donaukanal
8 Oberes Belvedere
Wiedner
Gürtel
Landstraßer
Hauptbahnhof
Landstr.
Gürtel
Wiedner
Sonnw
Ars
19 Zentralfriedhof

1 **Se perdre dans la Hofburg, véritable ville dans la ville, et rester pantois devant l'accumulation de richesses dans l'ancien palais impérial des Habsbourg.**

Défilent appartements, salles d'apparat et chapelle gothique où se produit la chorale des « Petits Chanteurs de Vienne » lors de la messe dominicale. On s'émerveille devant le **Trésor impérial** des Habsbourg accumulé pendant 6 siècles. Sans oublier le musée consacré à **Sissi,** la star de la monarchie austro-hongroise. *p. 99*

© Hackenberg-Photo-Cologne/Alamy/Hemis

2 Déguster des plats traditionnels dans un *Beisl,* resto de quartier chaleureux et convivial, avec une petite carte et un plat du jour, pour déjeuner léger.

Pour un casse-croûte plus ou moins élaboré, simple et bon marché. C'est un lieu de sortie et de rencontre avec parfois une ambiance musicale au menu. Notre favori : *Glacis Beisl* (Breite Gasse 4). Un resto noyé dans la verdure, caché derrière le MuseumsQuartier. *p. 83*

***Bon à savoir :** repas jusqu'à env 22h mais, pour avoir une chance de dîner, mieux vaut s'y rendre avant 21h.*

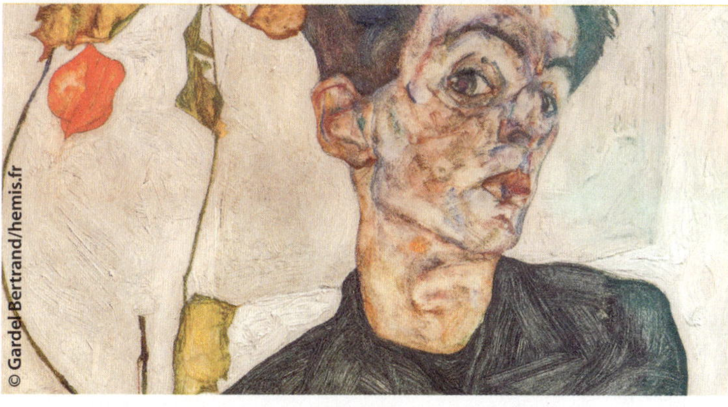
© Gardel Bertrand/hemis.fr

3 Célébrer l'art au sein de l'extraordinaire MuseumsQuartier, un des ensembles culturels les plus vastes au monde.

Une véritable prouesse architecturale qui célèbre le mariage du baroque et de l'architecture contemporaine en donnant une nouvelle vie aux anciennes écuries impériales. Entre les 50 institutions culturelles sur 60 000 m^2, il faudra choisir, mais le **Leopold Museum** (avec les œuvres de Klimt, Kokoschka et Egon Schiele) et le **MUMOK** (œuvres de Kandinsky, Giacometti, Magritte et Klee) rassemblent tous les suffrages. *p. 132*

***Bon à savoir :** dans le musée Leopold, une fenêtre panoramique offre une vue unique sur le Ring et la vieille ville, englobant la place Marie-Thérèse et la Hofburg.*

4 **Être frappé d'admiration devant les richesses accumulées par les Habsbourg, et rassemblées dans la Kunstkammer du Kunsthistorisches Museum.**

Une des 10 plus importantes collections d'art au monde dans un écrin pompeux datant de la fin du XIXe s. Outre les salles de peinture, allemande, flamande (15 toiles de Bruegel l'Ancien !), hollandaise et italienne, ne pas manquer la **Kunstkammer,** avec plus de 2 000 objets exposés dans une muséographie moderne et bien pensée. Coup de cœur supplémentaire pour la salle des automates. *p. 116*

Bon à savoir : *pause salée-sucrée sous la coupole du dôme au 1er étage (tlj sauf lun 10h-18h ; dîner possible le jeu sur résa).*

5 **Assister à un opéra ou à un concert de musique classique dans l'une des prestigieuses salles de la ville.**

Vienne est la seule ville au monde qui propose des opéras, opérettes et ballets, tous les jours de septembre à juin. Alors pourquoi s'en priver ? Les places ne sont pas réservées à un public restreint d'initiés. Leur prix varie selon la notoriété de l'orchestre. Aucun snobisme particulier, il suffit d'être correctement habillé, sans revêtir obligatoirement une robe longue ou porter une cravate, mais mieux vaut éviter les tenues trop débraillées. *p. 66*

6 **S'offrir un brunch au Naschmarkt, en terrasse ou sur un des marchés ethniques où les Viennois adorent se retrouver, notamment pour le marché aux puces du samedi.**

Le plus célèbre marché de Vienne, délicieusement cosmopolite. Petite porte de l'Orient, il propose un large éventail de produits exotiques depuis les Balkans jusqu'à l'Extrême-Orient. Nombreuses spécialités à déguster sur le pouce. Arpenter ensuite les **Linke** et **Rechte Wienzeile,** 2 boulevards bordés de fascinants immeubles *Jugendstil* ou historicistes aux façades en majoliques. Une balade incontournable pour les amoureux d'architecture et d'insolite. *p. 81*

7 Prendre l'ascenseur aménagé dans la Karlskirche pour contempler de près, sous la coupole, les fresques baroques de Rottmayr. Une expérience rare !

Cette imposante église, très kitsch pour les uns, chef-d'œuvre absolu pour les autres, fut construite pour célébrer la fin de l'épidémie de peste de 1713. À l'édifice baroque de base se superposèrent un temple antique et 2 colonnes aux fresques en spirale s'inspirant de celle de Trajan à Rome, tout en évoquant des minarets. Les pavillons latéraux rappellent, quant à eux, les pagodes chinoises. Tout cela pourrait paraître indigeste, mais ce n'est pas le cas. *p. 124*

***Bon à savoir :** attention, l'ascenseur est à éviter pour les personnes sujettes au vertige.*

8 Se prendre pour le prince Eugène de Savoie dans le château du Belvédère supérieur et en profiter pour admirer le fameux *Baiser* de Klimt.

Depuis 1714, un des ensembles architecturaux baroques les plus séduisants d'Europe, composé de 2 palais, avec entre eux un splendide jardin à la française. Superbe collection de peintures médiévales et des stars de la Sécession viennoise : **Klimt, Schiele, Kokoschka,** entre autres. *p. 126*

Bon à savoir : *les collections du Belvédère étant d'une grande richesse, les tableaux sont souvent exposés par roulement et l'organisation des salles est modifée régulièrement.*

9 Découvrir *Stephansdom*, la cathédrale gothique au toit de tuiles vernissées qui pointe sa haute flèche au milieu d'un océan de baroque et dont le portail se reflète dans les courbes de verre de la Haas-Haus postmoderne.

La construction fut entamée au XIVe s et la cathédrale vécut toutes les vicissitudes de l'histoire de la ville : sièges des Turcs, bombardement napoléonien, incendie en 1945. Depuis l'entrée dans le transept gauche, on accède aux catacombes où se trouvent les urnes contenant les entrailles des Habsbourg. *p. 92*

Bon à savoir : *sous la place, un gigantesque ossuaire contient les restes de 16 000 Viennois victimes des épidémies de peste.*

10 **Découvrir le monde étrange et poétique de Friedensreich Hundertwasser.**

Le musée *(Kunst Haus Wien)* consacré à ce magicien de la couleur se trouve un peu au nord de l'ensemble urbain qu'il a fait construire. Un lieu vraiment surprenant, avec un sol qui ondule et une végétation omniprésente aux étages et sur le toit. On ne se lasse pas de découvrir toutes les facettes de ce Merlin l'Enchanteur de l'architecture contemporaine, écolo avant la lettre, capable de transformer un incinérateur, une vieille église ou une HLM en feu d'artifice de formes et de couleurs. *p. 122*

Bon à savoir : *pour aller de l'un à l'autre, repérer les panneaux indiquant le chemin entre les 2.*

11 **Revivre une séquence du *Troisième Homme* au milieu des flonflons de la fête foraine du célèbre parc centenaire du Prater et prendre place à bord d'une cabine de la grande roue qui culmine à 65 m.**

Carol Reed utilisa la beauté inquiétante de la *Riesenrad* pour une des plus fameuses séquences du film, le noir et blanc lui donnant une touche de mystère. *p. 121, 168*

Bon à savoir : *les cinéphiles compléteront leur quête en visitant le* Dritte-Mann-Museum *(Pressgasse 25). Documents divers sur le tournage du* Troisième Homme *et explications sur le succès du film. On peut y voir la fameuse cithare d'Anton Karas.*

12 **À l'heure du goûter, faire une halte dans l'un des mythiques *Kaffeehaus* viennois à l'atmosphère incomparable.**

Ils perpétuent la tradition du double K *(Kaffee-Kuchen)* : la légendaire **pause sucrée** autour d'un café et d'une part de tarte ou de gâteau. Les plus célèbres sont le *Demel* et le *Sacher,* qui ont d'ailleurs conclu un compromis historique à propos de la paternité du gâteau le plus célèbre de la ville : la ***Sachertorte.*** *p. 85*

Bon à savoir : *le plus simple est de se rendre directement au comptoir, où sont présentées les merveilles pâtissières aux noms imprononçables, et d'indiquer du doigt votre choix.*

13 **En hiver, à la période de l'Avent, sillonner les allées des stands de Noël de l'*Altwiener Christkindlmarkt.***

Pour bien s'imprégner de la magie des fêtes, outre le traditionnel marché du Père Noël devant l'hôtel de ville, il y a celui à l'ancienne, sur la place de la **Freyung.** Saint Nicolas y défile dans la soirée du 5 décembre (il est fêté le lendemain !), on peut y acheter les décorations pour le sapin, confectionner sa couronne de Noël personnelle, admirer la plus grande crèche d'Autriche, tout en se réchauffant avec un verre de *Glühwein.* *p. 51, 108*

Bon à savoir : *on peut profiter du marché de mi-nov jusqu'au 24 déc.*

14 **Visiter le musée Sigmund-Freud, dans la maison où le célèbre psychanalyste résida jusqu'à son exil vers Londres en 1938.**

Berggasse 19 : une adresse devenue mythique, surtout pour les freudiens. Freud habita cet immeuble bourgeois durant 47 ans. À l'intérieur, l'atmosphère n'a guère changé. Très belle cage d'escalier pour monter jusqu'à l'appartement affecté aux consultations, avec sa célèbre salle d'attente. p. 136

15 La nuit venue, se laisser happer par l'atmosphère survoltée de l'une des boîtes d'électro (comme le *Flex*), installées au bord du Donaukanal.

Vienne a de tout temps été une ville cosmopolite. La Vienne actuelle surprend par la diversité et la multitude de lieux où sortir. Les week-ends et certains soirs d'été, réussir à pénétrer dans les bars et boîtes les plus connus relève de l'exploit. *p. 91*

***Bon à savoir :** pour une liste exhaustive des clubs, consulter le* Falter, *l'hebdo le plus complet sur les questions culturelles. • falter.at •*

16 Boire un petit blanc sous la tonnelle, dans un *Heuriger* au cœur des villages vignerons, bercé d'une musique typique, tout en avalant des plats paysans.

Véritables lieux de culture populaire où, dès la fin de l'après-midi, on vient s'attabler en famille ou entre amis. En fin de soirée, quand les touristes sont partis, les Viennois, accompagnés d'un quatuor de cordes et d'un accordéon, se mettent à entonner *a cappella* de vieux airs nostalgiques où il est question de la douceur de vivre et des plaisirs du vin. *p. 147*

***Bon à savoir :** quand on choisit la formule buffet, on paie les plats à la caisse, après les avoir désignés au comptoir. Les vins sont réglés à la serveuse en fin de soirée. Il est rare que les* Heurigen *acceptent le paiement par carte.*

17 **Pour terminer en beauté le parcours de la Sécession viennoise, se rendre à l'ouest dans le quartier de Ottakring (Wien 14) pour tomber en pâmoison devant la splendeur de la *Kirche am Steinhof* édifiée par Otto Wagner.**

Bâtie en 1905 en forme de croix latine surmontée d'un dôme, ce fut au départ l'église d'un asile d'aliénés. Le décor intérieur a des réminiscences byzantines. C'est *Koloman Moser* qui fut chargé des vitraux et des mosaïques derrière le magnifique maître-autel en cuivre doré. *p. 142*

Bon à savoir : *les lieux ne se visitent que le w-e, 11h-17h.*

©Lucas Vallecillos/Age fotostock

18 **Faire une virée au château de Schönbrunn, avec balade dans le zoo pour aller saluer les pandas, après la visite du château, du parc, du musée des Carrosses et de celui des Enfants !**

Le site le plus visité d'Autriche ! La résidence d'été de Marie-Thérèse attire chaque année plusieurs millions de visiteurs se pressant dès le matin devant ses grilles. Un palais gigantesque de style rococo avec 1 441 pièces ! *p. 137*

Bon à savoir : *prévoir d'y passer une bonne ½ journée. Inutile de venir trop tôt, le système de réservation • schoenbrunn.at • permet d'éviter les files d'attente. Il ne faut pas trop espérer l'absence de groupes ni une visite tranquille, mais le mieux est de se glisser entre 2, avec un audioguide.*

19 S'offrir une marche funèbre en découvrant la pompe funéraire viennoise.

Après un parcours dans les allées du **Zentralfriedhof** (le Père-Lachaise viennois), où reposent quasiment tous les personnages célèbres dont les plus grands musiciens, pénétrez dans l'univers étrange du **Bestattungsmuseum.** Au sous-sol d'une chapelle ardente, on est accueilli par 2 mannequins habillés en croque-morts et éclairés par une lumière bleue… Une bande-son diffuse les musiques utilisées lors des cérémonies funéraires, l'*Ave Maria* de Schubert étant un must du genre ! Le ton est donné, la visite peut commencer, frissons assurés… *p. 144, 145*

Bon à savoir : *pour visiter le cimetière, un audioguide se loue auprès du portier à l'entrée principale.*

ITINÉRAIRES CONSEILLÉS

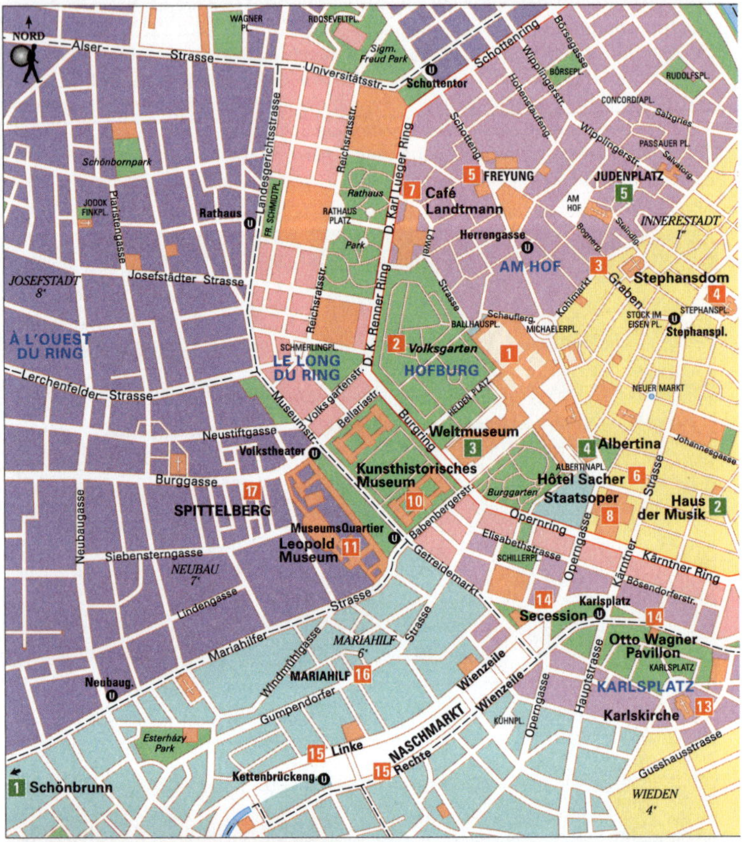

En 2 jours, pour les pressés

C'est devant la **Hofburg (1)** que commencera la découverte de Vienne. Sa visite vous occupera bien la matinée avec le **manège espagnol,** le **musée Sissi** et les **appartements de l'empereur.** Après une pause verdure de rigueur dans le **Volksgarten (2),** profitez du reste de la journée pour découvrir à pied certaines des merveilles architecturales du centre de Vienne : le **Graben et sa colonne de la peste (3), Stephansdom (4)** et le **quartier du Freyung (5).** Sans oublier de faire une pause *Sachertorte* ou *Apfelstrudel* bien méritée au **café Sacher (6)** ou au **café Landtmann (7).** Le soir, à condition d'avoir réservé, astiquez vos chaussures et courez à l'**Opéra** (*Staatsoper* ; **8**). Si vous préférez l'électro à la musique classique, optez plutôt pour les **quais du Donaukanal (9)** où bars, boîtes et péniches rivalisent d'inventivité.

Le lendemain, de bonne heure, promenade le long du Ring : au choix, chefs-d'œuvre classiques au **Kunsthistorisches Museum (10),** emblèmes de la

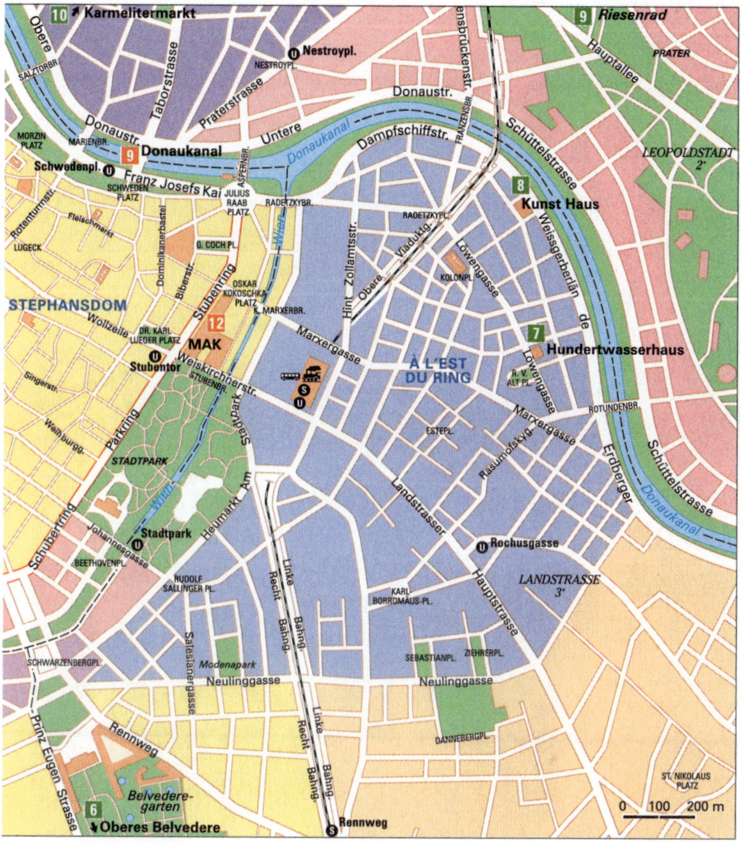

Vienne 1900 au **Leopold Museum (11)** ou icônes du design au **MAK (12).** Pour déjeuner, pause autour de la Karlsplatz, avant de visiter les splendeurs de la **Karlskirche (13),** du **pavillon du métro d'Otto Wagner** juste en face et du **pavillon de la Sécession** tout proche **(14).** Après avoir admiré les immeubles Sécession autour du Naschmarkt et le long des **Linke** et **Rechte Wienzeile (15),** shopping et apéro dans le quartier de **Mariahilf (16).** Enfin, dîner et soirée dans le pittoresque quartier de **Spittelberg (17),** qui a le vent en poupe.

En 4 jours

Programme identique au précédent pour les 2 premiers jours. Le matin du 3e jour, direction **Schönbrunn (1)** et son gigantesque domaine. Avec des enfants, détour par le **zoo** ou le **musée des Carrosses.** L'après-midi, en fonction de vos intérêts, airs classiques à la **Haus der Musik (2),** ethnologie au **Weltmuseum (3),** ou expo d'art à l'**Albertina (4).** Soirée dans les rues mystérieuses du quartier juif, autour

La taverne (Heuriger) Reinprecht, *à Grinzing*

de la **Judenplatz (5).** Le 4e jour, accordez-vous une matinée pour visiter le **Belvédère supérieur** (*Oberes Belvedere* ; **6**) avec **Klimt** en vedette. Balade dans le jardin pour se dégourdir les jambes et déjeuner chez **Salm Bräu,** brasserie viennoise typique. L'après-midi, filez vers la **Hundertwasserhaus (7)** et, non loin de là, visitez la fantastique **Kunst Haus (8)** dédiée à l'artiste écologiste. En fin de journée, passez le Donaukanal pour rejoindre le **parc du Prater** et y admirer la **grande roue** (*Riesenrad* ; **9**). Soirée animée autour du **Karmelitermarkt (10),** où d'excellents bars et restos poussent comme des champignons.

En 1 semaine

Même programme mais en prenant davantage son temps. C'est l'idéal pour vraiment s'imprégner de l'atmosphère unique de la ville. Les 3 jours restants, aventurez-vous vers le nord (avec le tram n° 38), visitez le **Sigmund Freud**

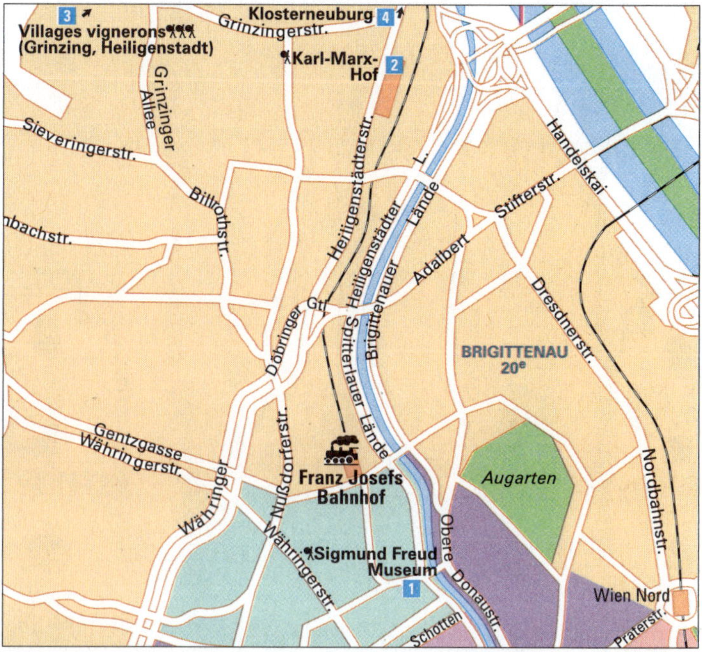

Museum (1) et les cités ouvrières de **Karl-Marx-Hof (2),** puis poussez jusque dans les **villages vignerons** (**3** ; Grinzing, Heiligenstadt) pour passer une soirée dans un ***Heuriger.*** Autres options plus lointaines : à 15 km au nord, l'abbaye de **Klosterneuburg (4).** Ou encore, si vous louez une voiture, Mayerling, Baden et Laxenburg, les hauts lieux de la **forêt viennoise.**

SI VOUS AIMEZ…

La musique classique : un opéra et/ou un concert au *Musikverein,* une visite du *Staatsoper* et de la *Haus der Musik,* en marchant sur les traces de Mozart, de Schubert et de Mahler.

L'architecture : difficile de faire son choix tant la ville compte de visites incontournables ; la *Haas-Haus*, le *pavillon de la Sécession*, la *Kunst Haus Wien*, le musée *Hundertwasser*, plus une balade le long des *Linke* et *Rechte Wienzeile*.

L'art : vous serez à la fête avec l'incontournable *Kunsthistorisches Museum*, sa collection de Bruegel et sa *Kunstkammer*, mais aussi l'*Albertina*, le *Leopold Museum*, le *MUMOK*, le *Belvédère* et ses Klimt, Schiele et Kokoschka.

L'histoire : de longues heures dans la *Hofburg*, un moment de recueillement dans la *Kaisergruft*, le musée d'Histoire militaire, le Musée juif et la maison de l'Histoire d'Autriche sur la Heldenplatz.

La gastronomie : une pause sucrée dans l'un des nombreux cafés viennois, une balade gourmande sur le *Naschmarkt* ou dans le quartier de *Spittelberg*, une escapade dans un *Heuriger* des villages vignerons…

La Karlskirche sur la Karlsplatz

Interview #experienceroutard

Par la rédaction du *Routard*

Une découverte architecturale ?

Difficile de faire un choix tant elles sont nombreuses ! Parmi les plus récentes, notons les immanquables *Flaktürme,* ces constructions monumentales de 70 m de haut, aussi disgracieuses que massives, datant de la 2de Guerre mondiale et constituées de béton armé avec des murs de 3,5 m d'épaisseur. Elles étaient destinées à défendre la ville contre les bombardements alliés. Impossibles à détruire, sinon en faisant sauter la moitié de la ville... Heureusement, la créativité viennoise est passée par là : elles ont été réaménagées, l'une en aquarium géant *(Haus der Meere),* les autres en relais d'antennes téléphoniques, en perchoir à pigeons ou en dépôt de musée.

Un musée à ne pas manquer ?

Encore une fois, ce n'est pas ce qui manque à Vienne ! Mentionnons le MAK (musée des Arts décoratifs), installé le long du Ring dans un pompeux édifice néo-Renaissance. Si sa façade inspire l'ennui de l'éclectisme en vogue à la fin du XIXe s, son intérieur est aménagé de façon innovante, mettant magistralement en valeur les objets exposés. Ne pas rater les collections de la *Wiener Werkstätte* (reconnaissable au logo WW), cette association d'artistes et d'artisans dont le but fut de produire en série des objets décoratifs, du textile et des objets usuels issus de la Sécession viennoise. Cet atelier conciliant l'artisanat et les arts majeurs voulait mettre l'esthétique de la modernité à la portée de chacun.

Un endroit populaire pour manger sur le pouce ?

Rien de plus typique qu'un *Würstelstand,* l'un de ces kiosques à saucisses qui essaiment le centre historique. Ces cabanes de rue débitent différents types de saucisses accompagnées d'un petit pain de farine blanche, le *Brötchen.* C'est bon et pas cher du tout ! Une excellente option pour tâter le pouls de la ville, d'autant que la plupart restent ouverts pendant la nuit !

Un lieu vraiment original ?

Les Viennois ont de tout temps été fascinés par la mort. En témoigne un sous-sol à côté de la cathédrale, constitué d'un ossuaire de 16 000 victimes de la peste, ou un rituel funéraire d'un autre temps toujours pratiqué par les Habsbourg dans la crypte des Capucins. Ne manquez pas de vous rendre au cimetière central où reposent tous les personnages célèbres de la société viennoise. À proximité, le musée des Pompes funèbres achèvera de vous plonger dans cet univers macabre mais fascinant.

Une lecture à conseiller ?

La série des *Carnets de Max Liebermann,* de Frank Tallis (éd. 10-18) qui racontent les enquêtes, au début du XXe s, d'un policier et d'un psychiatre-détective, tous 2 mélomanes. On y croise Freud, Klimt et Schönberg. Étincelante reconstitution de la Vienne de la Belle Époque décrite avec beaucoup d'érudition mais sans pédanterie.

LES QUESTIONS QU'ON SE POSE AVANT LE DÉPART

➢ Quels sont les documents nécessaires pour aller à Vienne ?

Pour les ressortissants de l'Union européenne et de la Suisse, la ***carte d'identité*** ou le ***passeport*** en cours de validité suffisent. Les ***mineurs*** doivent être munis de leur propre pièce d'identité (carte d'identité ou passeport). Pour les Canadiens : passeport en cours de validité pour les séjours touristiques de moins de 90 jours.

➢ Quelle est la meilleure période pour séjourner à Vienne ?

Vienne est une ville soumise au climat continental avec un printemps court et un automne sec et ensoleillé, les 2 meilleures périodes pour découvrir la ville. On évitera ainsi des orages estivaux. Mai et juin sont les mois les plus agréables. En été, la température peut dépasser les 35 °C. En hiver, il fait très froid, mais c'est sans doute le prix à payer pour profiter de la neige et de la magie de Noël.

➢ Quel budget prévoir ?

Le coût de la vie y est semblable à celui des grandes capitales européennes. Les routards à petit budget privilégieront auberges de jeunesse et pensions pour se loger ou choisiront les meilleures offres des hôtels, hors périodes de congrès. Les entrées des musées et des attractions multiples, rarement données, sont évidemment à prendre en compte. En dehors du centre, on trouve de nombreux cafés et kiosques, notamment autour des marchés, pour manger à prix correct. Les restaurants des musées sont aussi souvent abordables. Et on peut se rendre au concert ou à l'opéra pour pas trop cher.

➢ Comment se déplacer ?

Le centre-ville se parcourt facilement à pied. Le réseau de transports en commun est propre, abordable et très efficace. Avec 5 lignes de métro, 28 lignes de tramway et 130 lignes de bus qui circulent tous les jours, c'est de loin le moyen le plus simple et le moins cher pour se déplacer. Le vélo y est aussi très populaire, avec plus de 1 400 km de pistes cyclables. La ville s'est dotée d'un système de location semblable au Vélib', qu'on active avec l'appli *WienMobil*.

➢ Y a-t-il des problèmes de sécurité ?

Pas d'avertissement particulier à ce sujet, Vienne est une ville très sûre. Mais, comme dans toute grande ville, on garde un œil sur ses affaires personnelles.

➢ Y a-t-il un décalage horaire ?

Vienne vit à l'heure européenne, donc aucun décalage avec nos contrées depuis la France métropolitaine. Cela dit, à 1 250 km de Paris, le soleil aura tendance (à heure égale) à se lever et à se coucher un peu plus tôt.

➢ Quelle est la durée de vol ?

Comptez en moyenne 2h de Paris ou Bruxelles.

➢ Peut-on y aller avec des enfants ?

Plutôt 2 fois qu'une ! Entre le parc du Prater, le zoo et le labyrinthe de Schönbrunn, la Maison de la musique et le marché de Noël, ils seront à la fête. Repérez les meilleurs sites grâce au symbole .

➢ Quel est le taux de change ?

Pour les Français et les Belges, on reste en zone euro. Pour nos amis suisses et canadiens, à titre informatif 1 € = 1 Fs = 1,50 $Ca (fin 2023).

➢ Comment payer sur place ?

On peut retirer facilement de l'argent sans frais dans les ***distributeurs automatiques*** avec les cartes *MasterCard, Visa* et *Maestro.* De même, la majorité des hébergements, restos et commerçants les acceptent. Exceptions à la règle : les petites pensions, les *Heurigen* ou les petits bars, cafés et restaurants.

➢ Quelle langue parle-t-on ?

Pas l'autrichien, malheureux ! On y parle l'allemand, mais mâtiné d'un l'accent bien typique. Pour les non-germanophones, l'anglais est couramment pratiqué dans le pays. Quant à parler le français, en dehors de l'office de tourisme, il est inutile d'y songer. Et pour vous aider à communiquer, n'oubliez pas notre ***Guide de conversation du routard en allemand.***

➢ Que mange-t-on ?

Les gourmets savent que la cuisine viennoise s'est élaborée au fil des siècles, profitant de toutes les influences en provenance des régions de l'Empire austro-hongrois, ce qui lui confère une très grande variété de plats et surtout une ribambelle de pâtisseries absolument irrésistibles !

➢ Faut-il un smoking ou une robe longue pour assister à un concert ?

La grande musique est accessible à tous. Le code vestimentaire n'est absolument pas rigide. Les tenues débraillées sont néanmoins à éviter, simple question de respect à l'égard des Viennois, qui apprécient une certaine élégance.

COMMENT Y ALLER ?

EN TRAIN

▲ **ÖBB** (Chemins de fer autrichiens)
● *oebb.at* ●
Tarifs promotionnels avantageux. Achat des billets en ligne (en anglais).

Au départ de Paris ou de Bruxelles

Il est possible de rejoindre Vienne depuis Paris ou Bruxelles à bord de ***trains de nuit directs (Nightjet),*** mis en service par les Chemins de fer autrichiens (ÖBB), en collaboration avec la SNCF. Un mode de voyage on ne peut plus écolo et, en plus, on économise une nuit d'hôtel ! On ne peut qu'encourager cette démarche qui se déploie dans plusieurs villes européennes.
Dans les trains, différentes catégories de prix et de confort, de la place assise aux cabines privées (simple, double ou triple, avec possibilité de douches et repas), en passant par les compartiments couchettes pour 4 à 6 personnes. Plus d'infos sur ● *nightjet.com* ●
– ***Paris-Vienne (Nightjet) :*** départs mar, ven et dim depuis Paris ; lun, jeu et sam depuis Vienne. Le train dessert notamment les villes de Strasbourg, Munich, Salzbourg, Linz et St Pölten, avt d'arriver à Vienne. Durée : env 14-15h.
– ***Bruxelles-Vienne (Nightjet) :*** départs lun, mer et ven depuis la capitale belge. Depuis Vienne, départs mar, jeu et dim. Durée : 13h45-15h45 selon train. Sinon, il existe d'autres formules avec correspondance :
– ***Paris-Francfort,*** 100 % grande vitesse en 1 journée, en 11h env.
– ***Paris-Zurich*** (en TGV Lyria), puis un train régional express international, en 13h env jusqu'à ***Vienne.***
– ***Paris-Zurich*** (en TGV Lyria), puis un train de nuit autrichien en 15h env, jusqu'à ***Vienne.***
– ***Au départ de Bruxelles :*** plusieurs trajets via l'Allemagne. Entre autres, un Thalys vers Cologne, puis un train *Nightjet* vers Vienne.

Renseignements et réservations

– ***Internet :*** ● *sncf-connect.com* ●
– ***Téléphone :*** ☎ *36-35.*

InterRail

Avec les ***Pass InterRail,*** les résidents européens peuvent voyager dans 33 pays d'Europe, dont l'Autriche. Plusieurs formules et autant de tarifs, en fonction de la destination, de l'âge et de la destination choisie (1re ou 2de classe).
À noter que le *Pass InterRail* n'est pas valable dans votre pays de résidence. Cependant, le *Pass InterRail Global* offre une réduction de 50 % de votre point de départ jusqu'au point frontière en France. ● *interrail.eu* ●
– Pour les grands voyageurs, le ***Pass InterRail Global*** est valable dans l'ensemble des 33 pays européens concernés : intéressant si vous comptez parcourir plusieurs pays au cours du même périple. Il se présente sous différentes formes au choix. ***5 formules flexibles*** utilisables 4, 5 ou 7 j. sur une période de validité de 1 mois (ou bien utilisables 10 ou 15 j. sur une période de validité de 2 mois).
5 formules « continues » : *pass* 15 j., 22 j., 1 mois, 2 mois ou 3 mois.
Les voyageurs de plus de 60 ans bénéficient d'une réduc sur le tarif de l'*InterRail Global Pass* en 1re et 2de classes. Également des tarifs enfants 4-11 ans et adulte 28 ans et +.
– Si vous ne parcourez que l'Autriche, le ***Pass InterRail Un Pays*** vous suffira. D'une période de validité de 1 mois et utilisable, selon les formules,

Le Routard
G'palémo
6€
150
dessins
POUR SE FAIRE COMPRENDRE...
DANS TOUTES les LANGUES !
hachette
routard.com

3, 4, 5, 6 ou 8 j. en discontinu : tarif selon pays et formule. Là encore, ces formules se déclinent en version 1re classe (mais ce n'est pas le même prix, bien sûr).
Pour voyager dans 2 pays, vous pouvez combiner 2 ***Pass InterRail Un Pays.*** Au-delà, il est préférable de prendre le *Pass InterRail Global.*
InterRail offre également la possibilité d'obtenir des réductions ou avantages à travers toute l'Europe avec ses partenaires (musées, chemins de fer privés, hôtels, etc.).

EN AVION

Les compagnies *low-cost*

▲ RYANAIR

• ryanair.com •

➢ Vols vers Vienne depuis Marseille-Provence et Paris-Beauvais.

▲ TRANSAVIA

• transavia.com •

➢ 2 vols directs/sem vers Vienne depuis Paris-Orly.

Les compagnies régulières

▲ AIR FRANCE

Rens et résas au ☎ 09-69-39-36-54 (appel non surtaxé, tlj), sur • airfrance.fr •

➢ Air France dessert Vienne au départ de Paris-CDG jusqu'à 4 vols directs /j. Durée : 2h.

▲ AUSTRIAN AIRLINES

• austrian.com •

➢ En partage de code avec *Air France, Austrian Airlines* dessert Vienne 5-6 fois/j. selon saison en vol direct au départ de Paris-CDG, Lyon (1-2 vols/j.) et Nice (jusqu'à 5 vols directs/sem).

➢ En partage de code avec *Swiss* ou *SN Brussels Airlines* : Bâle-Mulhouse (1-2 vols/j.), Genève (4 vols/j.), Zurich (2-4 vols/j.) et Bruxelles (5-7 vols/j.).

▲ BRUSSELS AIRLINES

• brusselsairlines.com • Membre du groupe Star Alliance.

➢ Depuis Brussels Airport, Brussels Airlines assure 5-7 vols/j. pour Vienne en partage de code avec *Austrian Airlines.*

▲ SWISS

• swiss.com •

➢ Vols vers Vienne depuis Bâle-Mulhouse, Genève et Zurich.

LES ORGANISMES DE VOYAGES

En France

▲ AMSLAV TOURISME

– Paris : 60, rue de Richelieu, 75002. ☎ 01-44-88-20-40. • amslav.com • Ⓜ Bourse ou Pyramides. Lun-ven 9h-18h ; sam 10h-12h, 14h-17h sur rdv.

Tour-opérateur et créateur de voyages, Amslav Tourisme est spécialiste de l'Europe centrale et orientale, dont l'Autriche. L'équipe, composée de personnel expérimenté connaissant parfaitement le terrain pour y avoir vécu ou pour y être né, réunit son expérience et son savoir-faire pour proposer une gamme variée de produits : week-ends, voyages à la carte, séjours libres ou organisés, autotours, circuits culturels, circuits combinés dans plusieurs pays d'Europe centrale et orientale.

▲ COMPTOIR DES VOYAGES

• comptoirdesvoyages.fr • Lun-sam 9h30-18h30.

– Paris : 2-18, rue Saint-Victor, 75005. Ⓜ Maubert-Mutualité. ☎ 01-53-10-30-15.

– Bordeaux : 26, cours du Chapeau-Rouge, 33000. ☎ 05-35-54-31-40.

– Lille : 76, rue Nationale, 59800. ☎ 03-28-04-68-20.

– Lyon : 10, quai Tilsitt, 69002. ☎ 04-72-44-13-40.

– Marseille : 12, rue Breteuil, 13001. ☎ 04-84-25-21-80. Ⓜ Estrangin.
– Nice : 62, rue Giofreddo, 06000. ☎ 04-97-03-64-80.
– Toulouse : 43, rue Peyrolières, 31000. ☎ 05-62-30-15-00. Ⓜ Esquirol.
En plus de 30 ans, Comptoir des Voyages s'est imposé comme la référence incontournable du voyage sur mesure en immersion, avec plus de 90 destinations sur les 5 continents. Ses conseillers-spécialistes construisent des voyages uniques en s'adaptant à votre budget, vos goûts et vos envies. Pour favoriser les rencontres et l'immersion dans la vie locale, ils privilégient des hébergements typiques et des expériences authentiques. Sur place, des *Welcome Hosts* francophones partagent avec vous conseils et bonnes adresses le temps d'un café. Sur votre smartphone, l'application mobile *Luciole* vous informe sur le déroulé de votre voyage et vous guide grâce à un GPS hors connexion. Comptoir des Voyages est membre d'Agir pour un tourisme responsable depuis 2009. Sa labellisation ATR a été renouvelée par Ecocert Environnement cette année.

▲ VOYAGEURS DU MONDE – VOYAGEURS EN EUROPE CENTRALE
Le spécialiste du voyage sur mesure.
• voyageursdumonde.fr •
– Voyageurs en Europe centrale : ☎ 01-42-86-17-60.
– Paris : La Cité des Voyageurs, 55, rue Sainte-Anne, 75002. ☎ 01-42-86-16-00. Ⓜ Opéra ou Pyramides. Lun-sam 10h-18h. Avec une librairie spécialisée sur les voyages.
– Agences à Bordeaux, Grenoble, Lille, Lyon, Marseille, Montpellier, Nantes, Nice, Rennes, Rouen, Strasbourg et Toulouse. Également à Bruxelles, Montréal, Québec et Genève.
Parce que chaque voyageur est différent, que chacun a ses rêves et ses idées pour les réaliser, Voyageurs du Monde conçoit, depuis plus de 30 ans, des projets sur mesure. Les séjours proposés sur 120 destinations sont élaborés par leurs 180 conseillers voyageurs. Spécialistes par pays et même par régions, ils vous aideront à personnaliser les voyages présentés à travers une trentaine de brochures d'un nouveau type, et sur le site internet où vous pourrez également découvrir les hébergements exclusifs et consulter votre espace personnalisé. Au cours de votre séjour, vous bénéficiez des services personnalisés Voyageurs du Monde, dont la possibilité de modifier à tout moment votre voyage, l'assistance d'un concierge local, la mise en place de rencontres et de visites privées, et l'accès à votre carnet de voyage via une application iPhone et Android. Voyageurs du Monde est membre de l'association ATR (Agir pour un tourisme responsable) et a obtenu sa certification Tourisme responsable AFAQ AFNOR.

Voir aussi au sein du guide les agences locales que nous avons sélectionnées.

En Belgique

▲ CONNECTIONS
Rens et résas : ☎ 070-233-313.
• connections.be •
Fort d'une expérience de plus de 20 ans dans le domaine du voyage, Connections dispose d'un réseau de 32 *travel shops,* dont une à Brussels Airport. Connections propose des vols dans le monde entier à des tarifs avantageux et des voyages destinés à des personnes désireuses de découvrir la planète de façon autonome. Connections propose une gamme complète de produits : vols, hébergements, locations de voitures, autotours, vacances sportives, excursions...

▲ MPACT.BE
– Bruxelles : 7, rue Thérésienne, 1000. ☎ 02-227-93-01.
– Gand : 65b, Maria-Hendrikaplein, 9000. ☎ 09-242-32-10.
– Gembloux : 1B, rue Buisson-Saint-Guibert, 5030. ☎ 08-162-50-98.
Mpact propose un système de covoiturage, ainsi que d'autres services comme l'échange de maisons ou le gardiennage.

▲ **VOYAGEURS DU MONDE**
– Bruxelles : chaussée de Charleroi, 23, 1060. ☎ 02-543-95-50. • voyageurs dumonde.com •
Voir le texte dans la partie « En France ».

En Suisse

▲ **VOYAGEURS DU MONDE**
• voyageursdumonde.com •
– Genève : rue de la Rôtisserie, 19, 1204. ☎ 02-519-12-10. Lun-sam 10h-18h.
– Lausanne : rue du Bourg, 6 (2e étage), 1003. Lun-ven 10h-18h, sam sur rdv.
Voir le texte dans la partie « En France ».

Au Québec

▲ **TOURS CHANTECLERC**
• tourschanteclerc.com •
Tours Chanteclerc est un tour-opérateur qui publie différentes brochures de voyages : Europe, Amérique du Nord, Amérique du Sud, Asie et Pacifique sud, Afrique et Bassin méditerranéen en circuits ou en séjours. Il s'adresse aux voyageurs indépendants qui réservent un billet d'avion, un hébergement (dans toute l'Europe), des excursions ou une location de voiture. Le tour-opérateur propose une vaste sélection d'hôtels et d'appartements dans la capitale française.

PAR LA ROUTE

Plusieurs itinéraires possibles pour rejoindre Vienne ; selon que vous habitez le Nord ou le Midi, bien sûr, vous contournerez les Alpes par le nord ou par le sud. De Paris, compter environ 1 250 km ; de Marseille environ 1 360 km.

En bus

2 compagnies se partagent le réseau des bus longue distance : ***FlixBus*** *(• flixbus.fr •)* et ***BlaBlaCar Bus*** *(• fr.ouibus.com •).*
De nouvelles dessertes sont régulièrement mises en place entre de nombreuses villes de l'Hexagone et en Europe. Afin de vous aider à faire votre choix, il existe des ***comparateurs de billets*** de bus, dont certains comparent plusieurs modes de transports et permettent d'acheter directement son billet. *• kombo.co • comparabus.com •*

En covoiturage

Le principe est économique, écologique et convivial. Il s'agit de mettre en relation un chauffeur et des passagers afin de partager le trajet et les frais, que ce soit de manière régulière ou de manière exceptionnelle (pour les vacances, par exemple). Les conducteurs sont invités à proposer leurs places libres sur BlaBlaCar *• blablacar.fr •* (disponible sur le web et sur mobile). L'inscription est gratuite.
– ***ATTENTION :*** une fois sur le territoire autrichien, sachez que les autoroutes et voies rapides sont payantes, ***n'oubliez pas alors d'acheter la vignette et de la coller sur le pare-brise de votre voiture*** (voir plus loin dans la rubrique « Transports »).

VIENNE UTILE

ABC de Vienne

- ***Statut :*** Land fédéral *(Bundesland)* et capitale de l'Autriche.
- ***Maire :*** Michael Ludwig depuis 2018, parti social-démocrate (SPÖ).
- ***Population :*** 1,98 million d'hab. (2023).
- ***Superficie :*** 414 km².
- ***Densité de population :*** 4 777 hab./km².
- ***Langue officielle :*** l'allemand.

AVANT LE DÉPART

Adresses utiles

En France

Office national autrichien de tourisme : *bureaux fermés au public. Rens par message électronique (via le site) ou directement à l'adresse mail • info@austria.info • Tlj sauf w-e.* Le Service Info Vacances répond à toutes les questions et envoie gratuitement des brochures et des dépliants.

• ***wien.info/fr*** • Un site très complet et particulièrement bien fait sur tout ce qui est à voir et à faire à Vienne. Infos pratiques (listes d'hôtels, restos, bars) et nombreux dossiers thématiques. Calendrier des animations, expos et festivals, et possibilité de réserver un hébergement.

Sans oublier l'appli ***Ivie Wien Guide City,*** en anglais, avec cartes, infos touristiques, itinéraires de balades, etc.

Section consulaire d'Autriche : *17, av. de Villars, 75007 Paris. Ⓜ Saint-François-Xavier. ☎ 01-40-63-30-90 (lun-ven 14h-17h). Tlj sauf w-e 9h-12h sur résa uniquement.*

Ambassade d'Autriche : *6, rue Fabert, 75007 Paris. ☎ 01-40-63-30-63. • bmeia.gv.at/fr/ambassade-dautriche-a-paris • Ⓜ Invalides.*

En Belgique

Office national autrichien de tourisme : *à Bruxelles. Bureaux fermés au public (voir « En France »).*

Ambassade d'Autriche : *av. de Cortenbergh, 52, 1000 Bruxelles. ☎ (02) 289-07-00. • bmeia.gv.at/fr/ambassade-dautriche-bruxelles • Ⓜ Schumann. Seulement pour les demandes urgentes.*

En Suisse

Office national autrichien de tourisme : *bureaux fermés au public (voir « En France »).*

Ambassade d'Autriche : *Kirchenfeldstr., 77-79, 3000 Berne. ☎ 031-356-52-52. • bmeia.gv.at/oeb-bern • Tlj sauf w-e 9h-12h, 13h-15h30.*

Au Canada

Ambassade d'Autriche : *Österreichische Botschaft, 445, Wilbrod St, Ottawa, ON K1N-6M7. ☎ (613) 789-14-44. • bmeia.gv.at/fr/ambassade-dautriche-ottawa • Tlj sauf w-e 9h-12h.*

■ **Consulat d'Autriche** (Generalkonsulat) **:** 630, bd René-Lévesque-Ouest, suite 2800, Montréal, QC H3B-1S6. ☎ (514) 849-37-08. • consulat.montreal@advantageaustria.org •

Formalités

– Pour les ressortissants de l'UE et de la Suisse, la ***carte d'identité*** ou le ***passeport*** en cours de validité suffisent pour entrer sur le territoire autrichien. Pour les Canadiens : passeport en cours de validité pour les séjours touristiques de moins de 90 jours.

Les ***mineurs*** doivent être munis de leur propre pièce d'identité (carte d'identité ou passeport). Pour l'autorisation de sortie de territoire lorsque les enfants ne sont pas accompagnés par un de leurs parents, chaque pays a mis en place sa propre régulation. Ainsi, pour les ***mineurs français,*** une loi entrée en vigueur en janvier 2017 a ***rétabli l'autorisation de sortie du territoire.*** Pour voyager à l'étranger, ils doivent être munis d'une pièce d'identité (carte d'identité ou passeport), d'un formulaire signé par l'un des parents titulaires de l'autorité parentale et de la photocopie de la pièce d'identité du parent signataire. Renseignements auprès des services de votre commune et sur • *service-public.fr* •

Avoir un passeport européen, ça peut être utile !

L'Union européenne a organisé une assistance consulaire mutuelle pour les ressortissants de l'UE en cas de problème en voyage. Vous pouvez y faire appel lorsque la France (c'est rare) ou la Belgique (c'est plus fréquent) ne dispose pas d'une représentation dans le pays où vous vous trouvez. Concrètement, elle vous permet de demander assistance à l'ambassade ou au consulat (pas à un consulat honoraire) de n'importe quel État membre de l'UE. Leurs services vous indiqueront s'ils peuvent directement vous aider ou vous préciseront ce qu'il faut faire.

Leur assistance est, bien entendu, limitée aux situations d'urgence : décès, accidents ayant entraîné des blessures ou des lésions, maladie grave, rapatriement pour raison médicale, arrestation ou détention. ***En cas de perte ou de vol de votre passeport,*** ils pourront également vous procurer un ***document provisoire de voyage.***

Cette entraide consulaire entre les États membres de l'UE ne peut vous garantir un accueil dans votre langue. En général, une langue européenne courante sera pratiquée.

Avant de partir, pensez à scanner passeport, carte de paiement, billet d'avion et *vouchers* d'hôtel. Ensuite, adressez-les-vous par mail, en pièces jointes, ou glissez-les dans une clé USB ou sur un drive. En cas de perte ou de vol, rien de plus facile pour les récupérer. Les démarches administratives en seront bien plus rapides. Merci tonton Routard !

Carte internationale d'étudiant (carte ISIC)

Elle prouve le statut d'étudiant dans le monde entier et permet de bénéficier d'avantages, services et réductions dans les domaines du transport, de l'hébergement, de la culture, des loisirs, du shopping...

La carte ISIC (payante) permet aussi d'accéder à des avantages exclusifs (billets d'avion spécial étudiants, hôtels et auberges de jeunesse, assurances, cartes SIM internationales, locations de voiture...).

Renseignements et inscriptions

- ***En France :*** • *isic.fr* •
- ***En Belgique :*** • *isic.be* •
- ***En Suisse :*** • *isic.ch* •
- ***Au Canada :*** • *isiccanada.com* •

Carte d'adhésion internationale aux auberges de jeunesse (carte FUAJ)

Cette carte vous ouvre les portes de plus de 2 400 auberges de jeunesse du réseau *HI-Hostelling International* en France et dans le monde. Vous pouvez ainsi loger dans plus de 75 pays à des prix avantageux et bénéficier de tarifs préférentiels avec les partenaires des auberges de jeunesse *HI.* De plus, vous intégrez une communauté mondiale de voyageurs partageant les mêmes valeurs : plaisir de la rencontre, respect des différences et échange dans un esprit convivial. Il n'y a pas de limite d'âge pour séjourner en auberge de jeunesse. Il faut simplement être adhérent.

Renseignements et inscriptions

- ***En France :*** • *hifrance.org* •
- ***En Belgique :*** • *lesaubergesdejeunesse.be* •
- ***En Suisse :*** • *youthhostel.ch* •
- ***Au Canada :*** • *hihostels.ca* •

Si vous prévoyez un séjour itinérant, vous pouvez réserver plusieurs auberges en une seule fois en France et dans le monde : • *hihostels.com* •

Assurances voyage

■ ***Routard Assurance 2024 :*** *Le Colisée Gardens, 10, av. de l'Arche, CS 70126, 92419 Courbevoie Cedex.* ☎ *01-44-63-51-00.* • *routard@avi-international.com* • *avi-international.com* • Ⓜ *La Défense.* Enrichie au fil des années par les retours des lecteurs, *Routard Assurance* reste l'assurance voyage de référence des globe-trotters. Tout y est inclus : frais médicaux, assistance rapatriement, bagages, responsabilité civile... Avant votre départ, contactez AVI pour un conseil personnalisé. Besoin d'un avis médical, d'une prise en charge dans un hôpital ? Le plateau d'Assistance AVI dispose d'un vaste réseau médical à travers le monde disponible 24h/24 pour une réponse en temps réel. De simples frais de santé en voyage ? Téléchargez vos factures depuis l'espace assuré AVI, ils vous remboursent sous une semaine.

■ ***AVA assurance Voyages et assistance :*** *25, rue de Maubeuge, 75009 Paris.* ☎ *01-53-20-44-20.* • *ava.fr* • Ⓜ *Cadet.* Un autre courtier fiable pour ceux qui souhaitent s'assurer en cas de décès-invalidité-accident lors d'un voyage à l'étranger, mais surtout pour bénéficier d'une assistance rapatriement, perte de bagages et annulation. Attention, franchises pour leurs contrats d'assurance voyage.

■ ***Pixel Assur :*** *10, rue du Maréchal-Galliéni, BP 35, 78600 Maisons-Laffitte.* ☎ *01-39-62-28-63.* • *pixel-assur.com* • *RER A : Maisons-Laffitte.* Assurance de matériel photo et vidéo tous risques (casse, vol, immersion) dans le monde entier. Devis en ligne basé sur le prix d'achat de votre matériel. Avantage : garantie à l'année.

ARGENT, BANQUES, CHANGE

Quand vous partez à l'étranger, pensez à relever le plafond de retrait d'argent aux distributeurs et pour les paiements par carte, quitte à le rebaisser à votre retour.

Si vous comptez effectuer des retraits d'argent aux distributeurs, il est ***vivement conseillé*** d'avertir votre banque avant votre départ (pays visités et dates). En effet, ***votre carte peut être bloquée dès le 1er retrait*** pour suspicion de fraude. C'est de plus en plus fréquent. Bonjour les tracasseries pour faire rentrer les choses dans l'ordre, et on se retrouve vite dans l'embarras !

Avant de partir, notez bien le numéro d'opposition propre à votre banque (il figure souvent au dos des tickets de retrait, sur votre contrat, ou à côté des distributeurs de billets), ainsi que le numéro à seize chiffres de votre carte. Bien entendu, conservez ces informations en lieu sûr et séparément de votre carte.
Et surtout, n'oubliez pas aussi de **VÉRIFIER LA DATE D'EXPIRATION DE VOTRE CARTE DE PAIEMENT** avant votre départ !

Monnaie

Comme ses partenaires européens, l'Autriche tourne à l'euro.

En ***zone euro,*** pas de frais bancaires sur les paiements par carte. Les retraits sont soumis aux mêmes conditions tarifaires que ceux effectués en France (gratuits pour la plupart des cartes). Une carte perdue ou volée peut être rapidement remplacée. En appelant sa banque, un système d'opposition, d'avance d'argent et de remplacement de carte pourra être mis en place afin de poursuivre son séjour en toute quiétude.

Banques, change

– ***Horaires d'ouverture des banques :*** *en principe, tlj sauf w-e 8h-15h (17h30 jeu). Succursales fermées 12h30-13h30. Pour ceux qui seraient concernés, bureaux de change ouv en général 9h-20h.*
– La meilleure solution consiste à retirer du liquide aux distributeurs de billets avec une carte de paiement internationale à mesure de ses besoins. On trouve des distributeurs un peu partout à Vienne.

Petite mesure de précaution : si vous retirez de l'argent dans un distributeur, utilisez de préférence les distributeurs attenants à une agence bancaire. En cas de pépin avec votre carte (carte avalée, erreurs de code secret...), vous aurez un interlocuteur dans l'agence, pendant les heures ouvrables du moins.

Perte ou vol d'une carte de paiement

En cas de perte, de vol, ou de fraude, quelle que soit la carte que vous possédez, chaque banque gère elle-même le processus d'opposition et le numéro de téléphone correspondant.
Le plus simple est de faire opposition en ligne via le site de votre banque ou leur application mobile, ou en l'appelant directement. Sinon, voici les numéros des centres d'assistance des différentes cartes.

– ***Carte Visa :*** *n° d'urgence depuis l'Autriche, ☎ (00-43) 0800-200-288. • visa.fr •*
– ***Carte MasterCard :*** *n° d'urgence depuis l'Autriche, ☎ (00-43) 0800-07-06-138. • mastercard.fr •*
– ***Carte American Express :*** *n° d'urgence ☎ (00-33) 1-47-77-72-00. • americanexpress.fr •*
– Il existe sinon un ***serveur interbancaire*** d'opposition à carte de paiement : *☎ 0-892-705-705 (service 0,34 €/mn + prix d'appel).*
Il existe un aussi un serveur interbancaire d'opposition qui, en cas de perte ou de vol, vous met en contact avec le centre d'opposition de votre banque. *En France : ☎ 0892-705-705 (prix d'un appel + 0,35 €/mn). Depuis l'étranger : ☎ (00-33)-442-605-303.*

Besoin urgent d'argent liquide

– Vous pouvez envoyer de l'argent par ***La Poste*** : le bénéficiaire, muni de sa pièce d'identité, peut retirer les fonds dans n'importe quel bureau du réseau local. Le transfert s'effectue avec un mandat ordinaire international (jusqu'à 3 500 €) et la transaction prend 4-5 jours en Europe (8-10 jours vers l'international). Plus cher, mais plus rapide, le mandat express international permet d'envoyer de l'argent (montant variable selon la destination – 34 pays au total) sous 2 jours maximum, 24h lorsque la démarche est faite en ligne. *Infos : • labanquepostale.fr •*
– Autre solution possible avec le système ***Western Union Money Transfer*** présent dans les supérettes *7-Eleven* et les bureaux de change *Forex*. L'argent vous est transféré en moins de 1h. La commission, assez élevée, est payée par l'expéditeur. Possibilité d'effectuer un transfert auprès d'un des bureaux *Western Union* ou, plus rapide, en ligne, 24h/24 par carte de paiement (*Visa* ou *MasterCard*).
Même principe avec d'autres organismes de transfert d'argent liquide comme ***MoneyGram*** ou ***PayTop.*** Transfert en ligne sécurisé, en moins de 1h.
Dans tous les cas, se munir d'une pièce d'identité. Toutefois, en cas de perte/vol de papiers, certains organismes permettent de convenir d'une question/réponse type pour pouvoir récupérer votre argent. Chacun de ces organismes possède aussi des applications disponibles sur téléphone portable. Consulter les sites internet pour connaître les pays concernés, les conditions tarifaires (frais, commission) et trouver le correspondant local le plus proche :
• westernunion.com • moneygram.fr • paytop.com •

BUDGET

Le coût de la vie à Vienne est à peu près équivalent à celui de la France. Si l'hébergement reste cher, voire très cher dans le centre historique, les restaurants et les bars sont sensiblement moins onéreux que dans l'Hexagone si l'on se contente de la jouer local, autour d'un plat unique et d'un verre.
– ***Pour les routards voyageant à l'économie :*** prévoir au minimum un budget moyen de 60-80 € par jour et par personne. Cette somme peut se décomposer

de la façon suivante : 30-35 € pour l'hébergement en auberge de jeunesse (petit déj compris), 25-30 € pour les 2 repas de la journée, et environ 20 € pour les entrées dans les musées et les frais divers. Ce poste de dépense (sans les transports) varie énormément d'une personne à l'autre, selon le nombre de visites et de sorties prévues (sans parler des nocturnes).
- ***Pour les voyageurs à budget moyen :*** en logeant dans une chambre à prix moyens (*Gästehaus* ou *Privatzimmer*), avec le petit déjeuner compris et 2 repas par jour, en utilisant les transports en commun et en visitant ce qu'il y a d'intéressant à voir, il faut compter un budget quotidien de 100-120 € par personne, voire 150-170 € si vous logez dans l'*Innere Stadt* (1er arrondissement), où le prix de l'hébergement est plus élevé que dans les autres arrondissements.

Hébergement

- ***Très bon marché :*** de 25 à 30 € par personne la nuit. À ce tarif-là, on peut se loger dans les auberges de jeunesse. Le petit déj est souvent inclus dans le prix de la nuit. Dans les campings, une nuit pour 2 personnes en tente coûte en saison environ 25-30 €.
- ***Bon marché :*** de 50 à 70 € la nuit pour 2 personnes. Dans cette gamme de tarifs, on trouve de nombreuses petites pensions ainsi que des *Privatzimmer* (chambres chez l'habitant). Généralement, le petit déj est inclus dans le prix de la nuit.
- ***Prix moyens :*** de 70 à 150 € la nuit pour 2 personnes (petit déj compris).
- ***Chic :*** de 150 à 250 € la nuit pour 2 personnes.
- ***Très chic :*** plus de 250 € la nuit dans les grands hôtels.

Restaurants

Les prix ci-après correspondent à un plat (sans boisson ni pourboire, donc).
- ***Très bon marché :*** de 9 à 12 € pour un grignotage sur le pouce ou un plat traditionnel bien consistant. Le midi, les petits restos proposent souvent une formule intéressante avec entrée (soupe le plus souvent) et plat. Dans cette catégorie, on trouve aussi nombre de cafétérias, des self-services, sans parler des stands à saucisses, qui font le bonheur des Viennois pressés, de jour comme de nuit. Avec un verre de bière ou une eau gazeuse, ça fait un petit repas rapide et peu onéreux.
- ***Bon marché :*** de 12 à 17 €.
- ***Prix moyens :*** de 17 à 30 €.
- ***Chic :*** de 30 à 45 €.
- ***Très chic :*** plus de 45 €.

Musées et sites touristiques

Les adeptes de marathons culturels doivent absolument inclure cette rubrique dans leur budget, les entrées de ces sites étant souvent onéreuses (entre 5 et 25 €).
Les étudiants (de moins de 27 ans), les plus de 65 ans et les enfants bénéficient heureusement de ***réductions,*** et les musées viennois sont souvent ***gratuits pour les moins de 19 ans.***
Bon à savoir : ***l'accès à tous les musées municipaux est gratuit pour tous les 1ers dimanches du mois. Liste (en anglais) sur*** • wienmuseum.at •

Billets combinés

Il existe de nombreux ***billets combinés*** vous offrant la possibilité de visiter plusieurs sites ou musées, à votre rythme, durant votre séjour. Ainsi, le ***Sisi Ticket Deluxe*** (évoqué dans la rubrique « À voir "en ville". Dans le centre historique. La Hofburg et alentour » du chapitre « Vienne ») permet de visiter à un prix réduit (44 €) le *château de Schönbrunn,* la *Hofburg* (musée Sissi, appartements impériaux et collection d'argenterie) et le *Hofmobiliendepot – Möbel Museum* (musée des Meubles). Plusieurs formules permettent de visiter les musées du ***MuseumsQuartier.*** La ***carte annuelle du Kunsthistorisches Museum*** (53 €), quant à elle, donne accès aux 7 musées du groupe (Beaux-Arts, Neue Burg, Trésor impérial, musée des Carrosses, Musée ethnologique, musée autrichien du Théâtre et, à Innsbruck, château d'Ambras).

Vienna City Card

Pour un séjour à Vienne, possibilité d'acheter la ***Vienna City Card,*** en vente au *Tourist-Info Wien (zoom, D4, **1**),* au guichet des transports publics, à la réception des hôtels ou sur le site • *viennacitycard.at* • Pour 17 € (24h), 25 € (48h) ou 29 € (72h), elle permet de circuler sur tout le réseau des transports en commun viennois et de bénéficier de réductions (parfois minimes, certes) et d'offres spéciales dans de nombreux musées, magasins, cafés et restos de la capitale. Avec cette carte, vous pouvez emmener un enfant de moins de 15 ans (ou votre chien) gratuitement dans les transports en commun. N'oubliez pas de demander votre carnet de coupons.
Calculez bien sa rentabilité si vous êtes étudiant ou déjà porteur d'une carte de transport achetée à votre arrivée. Elle peut toutefois avoir ses avantages, car un séjour à Vienne, pour qui veut s'offrir le maximum de musées, coûte cher ! Vous n'aurez à oblitérer votre *Vienna Card* qu'à partir du moment où vous l'utiliserez régulièrement (reculez l'échéance au maximum si vous restez 4 ou 5 jours).

Vienna Pass

Comme la *Vienna City Card,* le **Vienna Pass** est une formule qui s'avère vite rentable si vous souhaitez visiter plusieurs musées. Pour 87 € (1 jour), 110 € (2 jours), 153 € (3 jours) ou 189 € (6 jours), il donne accès à 60 sites et musées à Vienne, ainsi qu'à toutes les lignes de bus touristiques *Hop on Hop off Vienna Sightseeing Tours.* Les enfants paient demi-tarif. Le *Vienna Pass* s'achète en ligne (parfois des promos). La version physique peut être envoyée à votre domicile *(payant),* ou récupérée dans leur agence sur place. Sinon, option dématérialisée sur votre smartphone. • *viennapass.de/en* •
Les prix mentionnés sont ceux qui étaient en vigueur à la fin 2023.

CLIMAT

Vienne est sous le régime du climat continental avec un printemps court, un bel automne ensoleillé et un été orageux et chaud (parfois plus de 35 °C). Mai et juin sont les mois les plus agréables pour parcourir la ville (vous éviterez ainsi les pluies et les orages estivaux), tandis qu'octobre marque le début de la saison musicale. En hiver, il fait froid, très froid, mais c'est sans doute le prix à payer pour profiter de son *Christkindlmarkt* (le marché de Noël) et du château de Schönbrunn sous la neige...

HÉBERGEMENT

Soyons clairs : excepté pour les adeptes des AJ (d'un bon rapport qualité-prix), l'hébergement à Vienne assène une vilaine claque au porte-monnaie. Budgets serrés, évitez le 1er arrondissement, hors de prix. Les arrondissements alentour offrent des tarifs plus raisonnables, dans des quartiers plus récents et moins touristiques. Le centre-ville reste donc à courte portée de la plupart de nos adresses d'hébergement, qui conviendront aux inconditionnels de la marche comme aux usagers des très efficaces transports en commun.

Par précaution, réservez votre chambre avant de partir. Outre le fait d'être très touristique, Vienne est aussi une ville de congrès et de festivals de toutes sortes.

Campings

Vienne en compte 2, 1 à l'ouest du centre-ville et 1 sur les bords du Danube. Parmi eux, nous avons sélectionné le *Camping Wien West* (ouv tte l'année sauf fév). Généralement, aucun problème de propreté et d'entretien, sauf si vous tombez à une période de surfréquentation. En été, comptez environ 30 € la nuit pour 2 avec tente et voiture. On peut acheter des recharges pour camping-gaz dans les stations-service.

■ ***Camping Wien :*** • campingwien.at •
■ ***Österreichischer Campingclub :*** • campingclub.at • Pour tous renseignements spécifiques sur le camping en Autriche.

Auberges de jeunesse

Beaucoup d'AJ du réseau *Hostelling International* exigent la carte de membre ; celles qui ne le font pas demandent un petit supplément. Ce n'est pas le cas des auberges privées. Toutes les AJ n'ont pas un charme fou, mais elles sont généralement bien tenues, pratiques, bien équipées (cuisine à disposition ou petite cafétéria, laverie, etc.), et les chambres disposent souvent de leur propre salle de bains.

■ ***Österreichischer Jugendherbergsverband*** *(association des auberges de jeunesse autrichiennes ; plan, D2, 20)* : Zelinkagasse 12, A-1010 Vienne. ☎ 533-53-53. • oejhv.at •

À la ferme

Eh oui, même à Vienne, c'est possible ! Bien que peu développée, la formule est parvenue à atteindre la capitale avec quelques adresses dans ses environs. Une vraie vie écologique, rustique, chaleureuse et assez bon marché, en parfait accord avec l'image d'une ville qui cultive le bio autant que le beau, qui protège ses abeilles et qui revendique la mouvance locavore, au marché comme au resto. Renseignements auprès de l'office de tourisme ou d'organismes privés, comme *Farm Holidays in Austria* (☎ (0662) 88-02-02 ; • farmholidays.com •).

Privatzimmer

Ou chambres chez l'habitant (signalées par une pancarte « *Zimmer frei* »). La solution d'hébergement la moins onéreuse, entre 45 et 90 €. Le petit déj (généralement varié et très copieux) est toujours compris. Il faut souvent payer un supplément si l'on y séjourne moins de 2 ou 3 nuits. En général, c'est simple mais propre, et l'occasion rêvée de rencontrer les Autrichiens, surtout si l'on parle un peu leur langue, évidemment. Les offices de tourisme disposent des listes de *Privatzimmer*, certains assurent la réservation.

■ ***Privatvermieter :*** 📱 (0699) 1945-5974. • wienprivat.at • (site en anglais).

Pensions

Une autre solution abordable mais un peu plus chère que la précédente. En général, elles sont petites et chaleureuses, parfois installées aux étages d'immeubles résidentiels.

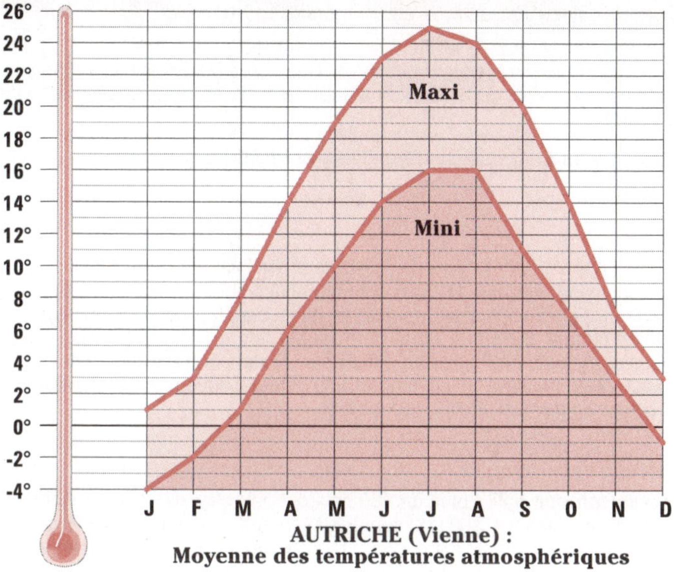

AUTRICHE (Vienne) :
Moyenne des températures atmosphériques

Se renseigner au *Tourist-Info Wien* ou consultez le site • *wien.info* •

Gasthof et Gasthaus

C'est l'auberge familiale, qui assure à la fois le logement et la restauration. Prix extrêmement variables selon le standing, de 55 à 110 € pour 2 personnes.

Hôtels

Les hôtels sont assez chers, mais, en général, confortables et fort bien tenus. Il peut arriver qu'on vous facture un supplément si vous ne séjournez que 1 ou 2 nuits. D'ordinaire, une réservation faite par téléphone est honorée. On vous demandera rarement des arrhes. Le petit déj, comme dans tous les autres types d'hébergement à Vienne, généralement inclus dans le prix, est assez copieux. À noter qu'il est fréquent que le paiement du séjour soit demandé dès l'arrivée.
Comme pour les pensions, renseignements au *Tourist-Info Wien* et sur le site • *wien.info* • pour profiter des meilleurs prix, ceux-ci variant énormément selon l'offre du moment.

Hôtels et pensions francophones

Autriche Pro France référence, par régions, de nombreux hôtels francophones ou ayant, à l'accueil et au service, quelqu'un capable de vous renseigner en français. Brochure à télécharger et réservation en ligne possible.

■ ***Autriche Pro France :*** *94, rue Saint-Lazare, 75009 Paris. Central de résas : ☎ 0825-062-063 (0,15 €/mn).* • *info-resa@autriche.com* • *autriche.com* •

Location de studios et d'appartements

Une formule bien sympa en famille ou entre amis, plus économique aussi puisqu'on peut y faire sa popote ! Location à la journée, à la semaine ou au mois. Outre les habituels géants de la location d'appartements en ligne, voici 2 plateformes pour réserver.

■ ***Go Vienna :*** *650-88-99-1-99.* • *govienna.net* •

■ ***VRBO :*** • *vrbo.com* •

JOURS FÉRIÉS, FÊTES ET FESTIVALS

Les magasins, musées, établissements publics sont fermés les jours suivants (mais renseignez-vous avant pour les musées, car il y a des exceptions) : 1er janvier, Épiphanie (6 janvier), lundi de Pâques, fête du Travail (1er mai), jeudi de l'Ascension, lundi de Pentecôte, Fête-Dieu, Assomption (15 août), fête nationale (26 octobre), Toussaint (1er novembre), Immaculée Conception (8 décembre), Noël et lendemain de Noël (25 et 26 décembre).

Calendrier

– ***La saison des bals :*** plus de 450 bals ont lieu chaque année à Vienne, fréquentés par quelque 300 000 danseurs venus du monde entier. Tentez votre chance mais pensez au *dress code*. Renseignez-vous avant de louer smoking ou robe longue. Si vous ne savez pas valser, prenez des cours à l'école Rueff, juste derrière l'hôtel de ville *(Hop on Waltz, 6 fois/sem, sans inscription préalable, 25 €/pers).*
Pour connaître le programme des festivités de la saison, qui ouvre le 31 décembre avec le ***Grand Bal*** au palais impérial *(• hofburgsilvesterball.com •),* informez-vous dès octobre auprès de l'office de tourisme. En avant-première, il est précédé par le bal des Ramoneurs de Vienne et celui de la Croix-Rouge, entre le 15 et le 30 novembre. Une fois la nouvelle année fêtée, d'autres bals prennent le relais pendant l'hiver. Entre autres, le ***Jägerball*** *(bal des Chasseurs)* : *fin janv, dans la Hofburg (le palais impérial), • verein-grueneskreuz.at •* ; le ***Wiener Kaffeesiederball*** *(bal des Cafetiers)* : *fin fév, là encore dans la Hofburg, • kaffeesiederball.at •* ; ou le ***Wiener Opernball*** *(bal de l'Opéra)* : *fin fév, au Staatsoper, • wiener-staatsoper.at •* Sans parler d'autres, plus déjantés, une fois la saison d'hiver terminée.

– ***Summer Stage :*** *de mi-avr à mi-sept. Sur le Donaukanal, vers la station de métro Rossauer Lände. • summerstage.at •* Concerts gratuits, restos, beach-volley, trampoline et même pétanque, il y en a pour tous les goûts.

– ***Wiener Festwochen*** *(festival de Vienne)* ***:*** *de mi-mai à fin juin. • festwochen.at •* Nombreux concerts de musique classique ou contemporaine, performances, spectacles de théâtre d'avant-garde ou de danse présentés dans le MuseumsQuartier et d'autres lieux.

– ***MQ Summer of Fashion :*** *juin-sept, dans le MuseumsQuartier. • mqw.at •* Expos, films, conférences, défilés, séances photo et même animations destinées aux enfants et aux ados. Le tout autour de la mode.

– ***Theater am Spittelberg :*** *juin-sept. • theateramspittelberg.at •* Le temps d'un été, le charmant quartier de Spittelberg se transforme en une scène très éclectique, accueillant concerts, chansonniers, théâtre... L'occasion de découvrir la scène locale.

– ***Vienna Pride et Regenbogenparade*** *(parade arc-en-ciel)* ***:*** *1 sem mi-juin. • viennapride.at •* Festival LGBTIQ (spectacles de danse, de théâtre, concerts, soirées...), qui s'achève en apothéose avec la *gay pride.* Village installé sur la Rathausplatz.

– ***Donauinselfest*** *(fête de l'Île du Danube)* **:** *3 j. fin juin.* • *donauinselfest.at* • Le plus grand festival à ciel ouvert d'Europe gratuit : 500h de musique live, près de 2 000 artistes... Cette fête réunit quelque 3 millions de jeunes autour de concerts de rock, pop, jazz, électro, hip-hop, hard-rock... et autres manifestations.
– ***Jazz Fest Wien :*** *fin juin-début juil.* • *jazzfest.wien* • Manifestation qui, comme son nom l'indique, met le jazz à l'honneur (mais aussi le blues et la soul). Nombreux concerts dans les lieux les plus prestigieux de la ville (certains gratuits).
– ***Sommerkino*** *(festival du Film musical)* **:** *juil-août, sur la Rathausplatz.* • *filmfestival-rathausplatz.at* • Tous les soirs, projections gratuites d'opéras et de concerts filmés sur écran géant. Un rendez-vous incontournable en été. Juste à côté, toutes sortes de petits stands pour grignoter.
– ***ImPulsTanz Festival :*** *de mi-juil à mi-août.* • *impulstanz.at* • Festival de danse contemporaine (le plus grand d'Europe) durant lequel le MuseumsQuartier, le Burgtheater et bien d'autres lieux présentent des compagnies internationales de renom ou des talents prometteurs. Riche calendrier d'ateliers.
– ***Open House Wien :*** *en principe un des 1ers w-e de sept.* • *openhouse-wien.at* • Portes ouvertes dans de nombreux sites qui présentent une architecture remarquable (plutôt du XXe s), publics comme privés.
– ***Wiener Wiesn-Fest :*** *fin sept-début oct, au Prater.* • *wienerwiesnfest.at* • La fête de la Bière façon viennoise. Tout y est traditionnel : la bière, la cuisine, les danses, l'artisanat, la musique...
– ***Lange Nacht der Museen*** *(Longue Nuit des musées)* **:** *un sam d'oct 18h-1h.* • *langenacht.orf.at* • Portes ouvertes de la plupart des musées et galeries de Vienne.
– ***Wien Modern :*** *de mi-oct à mi-nov.* • *wienmodern.at* • Un festival de musique contemporaine qui réunit à Vienne, depuis 1988, compositeurs, artistes, interprètes et ensembles du monde entier.
– ***Viennale Film Festival*** *(festival international de Cinéma)* **:** *fin oct-début nov.* • *viennale.at* • Courts-métrages, films d'animation, documentaires internationaux...
– ***Christkindlmarkt :*** *de mi-nov au 24 déc.* • *christkindlmarkt.at* • Chaque année, les marchés de Noël prennent plus d'importance. Outre le traditionnel marché du Père Noël devant l'hôtel de ville, il y a le marché à l'ancienne de la Freyung, celui du Spittelberg, un de nos préférés (il occupe toutes les petites rues du Montmartre viennois), ou celui devant la Karlskirche. Ne pas manquer le marché devant le château de Schönbrunn et, plus couru, celui de la Maria-Theresien-Platz.
– ***Neujahrskonzert*** *(concert du Nouvel An)* **:** *1er janv.* • *wienerphilharmoniker.at* • Par l'Orchestre philharmonique de Vienne.

LOOK TRADI

Pour les dames, le dirndl *est indispensable : une jupe aux coloris gais, portée avec un tablier, un corset lacé et un corsage souvent à manches bouffantes, d'un blanc immaculé. Monsieur, lui, porte le* Lederhosen, *la culotte de peau. Si c'est une vraie, elle est en cuir de cerf. Grosses chaussettes de laine ; les plus belles sont brodées sur l'arrière. Un loden en laine bouillie, un gilet à gros boutons et, accessoire fondamental, un chapeau de feutre vert orné d'une plume. Si la plume est petite, elle se place à gauche du chapeau ; si elle est grande, elle se porte à l'arrière.*

LANGUE

Pour vous aider à communiquer, n'oubliez pas notre ***Guide de conversation du routard en allemand.*** Il vous sera utile dès que vous vous éloignerez un peu des lieux touristiques. Un certain nombre de musées et sites culturels ne proposent pas encore de traductions, mais des audioguides sont de plus en plus fréquemment mis à disposition.

Prononciation

La prononciation et l'intonation sont très importantes pour se faire comprendre en Autriche. Aucune lettre n'est muette, toutes doivent être prononcées. Voici quelques indications, non exhaustives évidemment.

e se prononce *e* ou *é*
y se prononce *u*
g se prononce *gu*
z se prononce *ts*
j se prononce *yeu*
ä se prononce *è*
q se prononce *qveu*
ö se prononce *œ*
u se prononce *ou*
ü se prononce *u*
v se prononce *f* ou *v*
au se prononce *ao*
w se prononce *v*
eu se prononce *oï*

– *Attention :* derrière des voyelles fortes *(a, o, u),* le couple de consonnes *ch* se prononce *r* (exemple : *Buch* se prononce « bour », alors que *Bücherei* se prononce « bucheraï »).
– Autre particularité : le « ß » (appelé « estset ») est une lettre qui n'existe que dans l'alphabet allemand. Elle est utilisée derrière une voyelle longue *(« Straße », « Gruß »)* ou une diphtongue *(« weiß »),* tandis que « ss » est utilisé après une voyelle courte *(« Schloss », « Kuss »).* Quant au phonème « st », quand il est en début de mot, il se prononce « cht ».

Un peu de grammaire

Très structurée et loin d'être simple, la langue allemande est riche, tellement riche que sa grammaire est la hantise de nombre de lycéens.
– Dans la phrase simple : le verbe occupe toujours la 2e place. Exemple : *Er **spielt** mit dem Ball* (il joue avec la balle).
– Dans la subordonnée : le verbe est renvoyé en fin de phrase, ce qui complique l'affaire : *Er spielt mit dem Ball, der rot **ist*** (il joue avec la balle qui est rouge). La virgule devant le pronom relatif (ici *der*) est indispensable.
– *Attention :* les noms communs prennent toujours une majuscule. Exemple : *der Ball* (la balle).

Vocabulaire allemand de base

Bonjour (le matin jusqu'à 12h / toute la journée)	*guten Morgen, Grüß Gott / guten Tag*
Bonsoir	*guten Abend*
S'il vous plaît	*bitte* (prononcer le « e » !)
Merci (beaucoup)	*danke (schön)*
Au revoir	*auf Wiedersehen*
Salut !	*servus !*

Transports

Gare	*der Bahnhof*
Train	*der Zug*
Voiture	*das Auto*
Billet de train, ticket de métro	*die Fahrkarte*
Départ	*die Abfahrt*
Arrivée	*die Ankunft*
Entrée	*der Eingang*
Sortie	*der Ausgang*
Aéroport	*der Flughafen*
Bicyclette	*das Fahrrad*

À l'hôtel, au restaurant

Auberge de jeunesse	*die Jugendherberge*
Hôtel	*das Hotel*
Petit hôtel	*der Gasthof*
Complet ou occupé	*ausverkauft* ou *besetzt* (on l'entend souvent !)
L'addition (ou payer)	*die Rechnung* (ou *zahlen*)
Gardez la monnaie	*stimmt so*
Avez-vous une chambre ?	*Haben Sie ein Zimmer frei ?*
Menu / carte	*Menü / Speisekarte*
Plat du jour	*das Tagesgericht*
Petit déjeuner	*das Frühstück*
Snack	*der Imbiss*

Calendrier

Lundi	*Montag*
Mardi	*Dienstag*
Mercredi	*Mittwoch*
Jeudi	*Donnerstag*
Vendredi	*Freitag*
Samedi	*Samstag* ou *Sonnabend*
Dimanche	*Sonntag*

Chiffres

1	*eins*
2	*zwei* (ou *zwo*)
3	*drei*
4	*vier*
5	*fünf*
6	*sechs*
7	*sieben*
8	*acht*
9	*neun*
10	*zehn*
20	*zwanzig*
30	*dreißig*
40	*vierzig*
50, 60, 70, 80, 90	*fünfzig, sechzig, siebzig, achtzig, neunzig*
100	*einhundert*
200	*zweihundert*
1 000	*eintausend*

LIVRES DE ROUTE

– ***La Justice de l'inconscient, Du sang sur Vienne, Les Mensonges de l'esprit, Les Pièges du crépuscule, Communion mortelle*** et ***Petite musique de la mort*** (2006-2011) : série des ***Carnets de Max Liebermann,*** de Frank Tallis (10/18). L'auteur, lui-même docteur en psychologie, relate, au tout début du XXe s, les enquêtes d'un policier et d'un psychiatre-détective, tous 2 mélomanes de surcroît. On y croise Freud, Klimt et Schönberg. Étincelante restitution de la Vienne de la Belle Époque décrite avec beaucoup d'érudition mais sans pédanterie.

– ***L'Ordre du jour*** (prix Goncourt 2017), d'Éric Vuillard (Actes Sud). Récit des coulisses de l'Anschluss de l'Autriche en 1938 par l'Allemagne nazie. On y voit une armée rapide, moderne, dont le triomphe paraît inexorable. Mais on découvre la réalité des marchandages et des combinaisons d'intérêts. En fait, les glorieuses images de la Wehrmacht entrant triomphalement à Vienne dissimulaient un immense embouteillage de panzers.

– ***La Pianiste*** (1983), d'Elfriede Jelinek (Points Seuil). Erika Kohut enseigne le piano au Conservatoire de Vienne, vit encore chez sa mère à 36 ans et fréquente régulièrement les cinés porno. Sa vie va changer lorsque l'un de ses élèves se met en tête de la séduire. Commence alors une relation sadomasochiste, aussi attendue que destructrice. Une écriture crue, subversive et noire, mais drôle aussi. L'auteure a obtenu le prix Nobel de littérature en 2004. Adapté au cinéma en 2001 par Michael Haneke, avec Isabelle Huppert et Benoît Magimel.

– ***Vienne au crépuscule*** (1908), d'Arthur Schnitzler (Stock, « La Cosmopolite »). Arthur Schnitzler dépeint la Vienne de la fin du XIXe s : un monde embrumé de nostalgie magique avec ses palais, ses jardins, ses cafés littéraires, ses cénacles tenus par de riches juifs, et où les femmes du monde donnent la réplique aux musiciens et aux poètes. Mais déjà, derrière les valses langoureuses, se trament les 1res tragédies. Intensification de l'antisémitisme, désunion de la société juive face à la question sioniste, prémices du démembrement de l'empire. L'un des plus célèbres écrivains autrichiens.

– ***La Marche de Radetzky*** (1932), de Joseph Roth (Points Seuil, n° 8). Roth raconte, au travers de l'ascension puis de la déchéance de la famille von Trotta, les événements qui mènent inéluctablement l'Empire austro-hongrois à sa perte. La suite et l'épilogue sont narrés dans ***La Crypte des capucins*** (1938).

– ***Le Monde d'hier*** (1944), de Stefan Zweig (Le Livre de Poche, n° 14040). Dans cette autobiographie apparaît en filigrane le message d'un homme qui se suicida (1942), persuadé que la victoire nazie était acquise : méfiez-vous des gens qui marchent en groupe, des hommes qui parlent fort et du nationalisme. Écrit dans un style neutre, journalistique, ce livre est une puissante évocation de l'histoire de la 1re partie du XXe s. Du même auteur et situés à Vienne, *La Peur* (1910) et *Lettre d'une inconnue* (1922 ; adapté au cinéma par Max Ophüls en 1948).

– ***Le Troisième Homme*** (1950), de Graham Greene (Le Livre de Poche, n° 46). En 1945, Vienne est une cité dévastée. Au-dessus du Prater écrasé, envahi d'herbes folles, la grande roue tournoie sinistrement. Dans cette ville où les trafiquants du marché noir font fortune, Holly Martins erre sur les traces d'un ami que la police accuse de s'être livré à un trafic de pénicilline frelatée. Une quête vaine, à travers les rues sombres et les bistrots misérables de l'Innere Stadt, au cours de laquelle le héros verra s'effondrer, une à une, toutes ses illusions.

– ***L'Homme sans qualités*** (1930), de Robert Musil (Points Seuil). Un monument de la littérature européenne, pour ne pas dire un pavé : plus de 1 800 pages, et tout ça pour un roman resté inachevé ! « Entre l'essai et la comédie épique », comme disait Thomas Mann, ce roman délivre, à travers des tranches de la vie viennoise peu avant le déclenchement de la 1re Guerre mondiale, un message à valeur universelle et un questionnement sur la nature de l'homme moderne. Colossal !

– ***Le Neveu de Wittgenstein*** (1982) et ***Maîtres anciens*** (1985), de Thomas Bernhard (Gallimard, « Folio », n°s 2323 et 2276). Les éructations céliniennes du plus grand détracteur des Autrichiens dénonçant les travers nationaux que sont à ses yeux l'indolence, le conformisme, la corruption et la médiocrité. Dans *Le Neveu de Wittgenstein,* récit mettant en scène 2 amis malades à l'article de la mort, l'auteur rend hommage à son ami Paul Wittgenstein, neveu du célèbre philosophe.

Maîtres anciens, dont la trame se déroule dans le musée des Beaux-Arts de Vienne et à travers des personnages qui ne ménagent rien ni personne, évoque des motifs récurrents chez Bernhard comme la critique des industries de l'art et de la musique et de leurs plus grands représentants. Des lectures qui ne laissent pas indifférent, à découvrir après plutôt qu'avant le voyage.

- ***Mélodie de Vienne*** (1944) et ***Revenir à Vienne*** (1945), de Ernst Lothar (Liana Lévi). 2 romans historiques inspirés du vécu de l'auteur. Le 1er relate l'histoire de l'Autriche de 1888 à 1938 à travers celle de la famille Alt, dans leur demeure bourgeoise à Vienne. *Revenir à Vienne* traite de l'exil et du difficile retour de Felix von Geldern dans sa ville natale après la guerre.
- ***Histoire de l'empire des Habsbourg, 1273-1918*** (1990), de Jean Bérenger (Fayard). Une véritable bible pour qui veut comprendre la complexité de cette monarchie multiculturelle et dépasser les nombreux stéréotypes attachés au règne des Habsbourg.

Bandes dessinées

- ***Freud, une biographie dessinée*** (2011), de Corinne Maier (Dargaud). Une B.D.-biographie du pionnier de la psychanalyse écrite par une psychanalyste. Pas très sain tout ça... Mais le résultat est là : une œuvre drôle mais exacte, fantaisiste mais rigoureuse. On (re)découvre la vie de Freud, les principaux cas qu'il traita, ses relations tumultueuses avec ses pairs, etc. La Vienne des années 1920 est joliment recréée sous le crayon d'Anne Simon.
- ***Egon Schiele, vivre et mourir*** (2012), de Xavier Coste (Casterman). Pour son 1er album, le jeune Xavier Coste retrace ici la vie mouvementée et excessive de ce peintre majeur de la scène viennoise. Son amitié avec Klimt, sa passion pour les femmes et le sexe, son goût du scandale, son emprisonnement pour pornographie... Tout est évoqué par le biais de superbes dessins, au moins aussi torturés, sensuels et nerveux que l'étaient ceux du peintre. Un bel hommage.

POURBOIRE

Au resto il est d'usage de laisser un ***pourboire,*** même si celui-ci n'est pas obligatoire. Contrairement à la France, où on laisse l'argent sur la table après avoir payé, ici, au moment du règlement (quand on utilise sa carte de paiement) on indique oralement au serveur la somme totale (addition + pourboire) que l'on souhaite voir débiter. Ainsi celui-ci est ravi et vous remercie immédiatement. Si vous ne dites rien, il aura le sentiment que vous ne laisserez rien ! On gratifie en général le service de quelques euros (selon le niveau de l'établissement, évidemment).

SANTÉ

Comment se procurer une CEAM (Carte européenne d'assurance maladie) ?

Il suffit d'appeler votre centre de Sécurité sociale (ou de vous connecter au site internet de votre centre) qui vous l'enverra sous 15 jours environ. Cette carte fonctionne dans tous les pays membres de l'Union européenne, ainsi qu'en Islande, au Liechtenstein, en Norvège et en Suisse. C'est une carte plastifiée bleue du même format que la carte Vitale. Elle est valable 2 ans et est gratuite et personnelle (chaque membre de la famille doit avoir la sienne, y compris les enfants). Elle permet la prise en charge des soins médicalement nécessaires dans les établissements publics. Attention, la carte n'est pas valable pour les soins délivrés dans les établissements privés.

TABAC

Après de longues années de débat, l'Autriche a finalement mis un terme à une exception en Europe en interdisant le tabac dans les cafés et restaurants en novembre 2019. Le maintien de l'autorisation qui faisait de l'Autriche « le cendrier de l'Europe » était le résultat d'un accord entre la droite et l'extrême droite, au pouvoir jusque-là.

TÉLÉPHONE

- ***France ➢ Autriche :*** ☎ 00-43 + indicatif de ville (sans le 0 initial) + numéro du correspondant.
- ***Autriche ➢ France :*** ☎ 00-33 + numéro du correspondant (sans le 0 initial).
- ***Autriche ➢ Autriche :*** les préfixes téléphoniques en Autriche peuvent être source de confusion, et ne soyez pas surpris si les numéros n'ont pas tous le même nombre de chiffres, c'est normal ! Pour appeler un numéro dans votre région, composez seulement le numéro. Nul besoin de composer le préfixe. Pour appeler vers une autre région, commencez par 0 puis composez l'indicatif de la région en question. Les préfixes téléphoniques en Autriche sont de longueur variable ; pour certaines grandes villes, vous aurez juste un nombre à 2 chiffres (Vienne = 01), mais pour la plupart, c'est un nombre à 4 chiffres.

Pour émettre un ***appel depuis un téléphone mobile*** vers une ligne fixe, toujours ajouter le préfixe régional. Pour appeler à partir d'un mobile vers un autre téléphone mobile, il faut ajouter le préfixe de l'opérateur mobile de la personne que vous appelez : (0664 pour *A1,* 0699 pour *ONE,* 0676 pour *T-mobile,* 0650 pour *Tele-ring* et 0660 pour *3*).

En Autriche, quand on ne connaît pas son interlocuteur, il convient de dire son nom de famille en décrochant le téléphone et pas simplement « *Hallo* » ou « *Ja* » – ce qui est considéré comme impoli.

Le téléphone portable en voyage

Le voyageur européen titulaire d'un forfait dans son pays d'origine peut utiliser son téléphone mobile au ***tarif national*** dans les 28 pays de l'Union Européenne, sans craindre de voir flamber sa facture. Des plafonds sont néanmoins fixés par les opérateurs pour éviter les excès... Cet accord avantageux signé entre l'UE et ses opérateurs télécoms concerne aussi la consommation de ***données Internet 3G ou 4G,*** dont le volume utilisable sans surcoût dépend du prix du forfait national (se renseigner). Par ailleurs, si le voyageur réside plusieurs mois en dehors de son pays, des frais peuvent lui être prélevés...

Dans ces pays donc, plus besoin d'acheter une carte SIM locale pour diminuer ses frais.

La connexion Internet en voyage

Dans l'UE, notamment en Autriche, une majorité d'hôtels, de restos, de bars, et mêmes certains espaces publics disposent du wifi gratuit. Mieux que la connexion 3G et 4G qui peut entraîner des frais en usage intensif, le wifi permet aussi de profiter d'un débit parfois supérieur.

Une fois connecté au wifi, vous avez accès à tous les services de la ***téléphonie par Internet. WhatsApp, Signal, Messenger, Viber, Skype*** permettent d'appeler, d'envoyer des messages, des photos et des vidéos aux 4 coins de la planète, sans frais. Il suffit de télécharger – gratuitement – l'une de ces applis sur son smartphone. Elle détecte automatiquement dans votre liste de contacts ceux qui utilisent la même appli que vous.

Urgence : en cas de perte ou de vol de votre téléphone portable

Suspendre aussitôt sa ligne permet d'éviter de douloureuses surprises au retour du voyage ! Le plus simple est de demander la suspension de votre ligne depuis le site internet ou l'appli de votre opérateur. Voici sinon les numéros des 4 opérateurs français, accessibles depuis la France et l'étranger :

– **Free :** *depuis la France, ☎ 3244 ; depuis l'étranger : ☎ + 33-1-78-56-95-60.*
– **Orange :** *depuis la France, ☎ 3900 ; depuis l'étranger : ☎ + 33-969-39-39-00.*
– **SFR :** *depuis la France, ☎ 1023 ; depuis l'étranger : 📱 + 33-6-1000-1023.*
– **Bouygues Télécom :** *depuis la France, ☎ 1064 ; depuis l'étranger : 📱 + 33-6-60-61-46-14.*

Avant de partir, notez (ailleurs que dans votre téléphone portable !) votre numéro IMEI, utile pour bloquer à distance l'accès à votre téléphone en cas de perte ou de vol. Comment avoir ce numéro ? Il suffit de taper sur votre clavier *#06#.

TRANSPORTS

Se déplacer en voiture en Autriche

Pour circuler en toute légalité en Autriche, une vignette est obligatoire sur les autoroutes et voies rapides. Il y a très peu de péages, et à la frontière suisse ou allemande comme à Vienne, vous vous retrouvez presque automatiquement sur une autoroute dès que vous souhaitez sortir du centre ou de la ville. On peut donc emprunter l'autoroute involontairement sur 3 ou 4 km sans payer... or l'infraction peut coûter cher en cas de contrôle (environ 150 € d'amende).
Avec votre véhicule personnel, il vous faudra acheter à l'avance une ***vignette autoroutière.*** Elle vous sera délivrée, au choix, ***au format papier à coller sur le pare-brise*** ou ***au format numérique.*** En cas de location de voiture en Autriche, la vignette est normalement fournie par le loueur (à vérifier tout de même).
Si vous venez de l'étranger, elle est vendue dans les stations-service à proximité de la frontière (et à la frontière elle-même). Sinon, vous la trouverez dans certains bureaux de poste ou de tabac. On peut aussi commander en ligne une vignette à coller sur le pare-brise : • *tolltickets.com* •, ou sur le site de l'*Automobile Club Association* • *automobile-club.org* • Le format numérique est disponible sur • *asfinag.at/toll/vignette* • La vignette est vendue pour 10 jours (9,90 €), 2 mois (29 €) ou 1 an (96,40 €), valable jusqu'au 31 janvier de l'année suivante (***tarifs 2023*** pour les voitures de moins de 3,5 t). Demi-tarif environ pour les motos.
– Dans le centre des villes, le stationnement est presque toujours payant et relativement onéreux. ***Faites attention aussi aux zones bleues, qui limitent le temps de stationnement. Munissez-vous absolument d'un disque, à placer contre le pare-brise.***
– Respectez les ***limitations de vitesse*** : 130 km/h sur autoroute ; 100 km/h sur les routes à double voie ; 50 km/h en zone urbaine. Feux de croisement obligatoirement allumés de jour. Attention : il n'est pas rare de croiser des radars sur le bord des routes... En cas de verbalisation, l'amende est perçue sur-le-champ.
– Le ***taux d'alcool*** maximal toléré dans le sang est de 0,5 g, et 0,1 g pour les conducteurs ayant moins de 2 ans de permis. Et pas question de dépasser le seuil de tolérance...

– Notez qu'il est obligatoire d'avoir dans sa voiture un ***gilet de sécurité*** fluorescent et réfléchissant, que vous devrez porter si vous sortez du véhicule hors agglomération ou sur la bande d'arrêt d'urgence (notamment pour installer le triangle de signalisation en cas d'accident ou de panne). ***Ceintures de sécurité*** obligatoires.
– Les Autrichiens ont une conception particulière de l'ordre des priorités ***lors d'un croisement.*** D'une manière générale (mais il peut y avoir des exceptions), le véhicule qui circule sur la voie la plus importante bénéficie de la priorité sur les autres. Prudence, donc. En montagne, priorité au véhicule montant.
– Côté **carburant,** il faut savoir qu'ici le gazole s'appelle *diesel,* le super *benzine,* l'essence sans plomb 95 oct. *super,* et le sans-plomb 98 oct. *super plus.*
– De novembre à mi-avril, un ***équipement adapté aux conditions hivernales,*** de 4 pneus neige ou de chaînes sur les roues motrices, est obligatoire. Plus de précisions sur le site • *austria.info* • La location de chaînes est possible dans de nombreuses stations-service.

Stationnement à Vienne

Garer sa voiture dans les rues de Vienne revient cher, surtout dans les *Garagen,* où on paie aux caisses. Beaucoup d'arrondissements proches du centre réservent des places aux seuls riverains (signalées par des panneaux d'interdiction de stationnement). Sachez qu'il vous faudra acheter une ***carte de stationnement*** *(Parkschein)* en vente dans les bureaux de tabac *(Tabak Trafiken),* les stations-service, les gares et au guichet des transports publics. Ces billets sont à valider en cochant la date et l'heure et en les apposant de manière visible derrière le pare-brise. Compter 1,50 € pour 30 mn.
– Stationnement en ***zones bleues*** *(Blaue Zonen)* : du lundi au vendredi (sauf jours fériés) de 9h à 22h dans les arrondissements 1 à 9, ainsi que dans le 20e, durée maximum de 2h ; du lundi au vendredi (sauf jours fériés) de 9h à 19h dans les arrondissements 10 à 12 et 14 à 19, durée maximum de 3h ; du lundi au vendredi de 9h à 22h, et les week-ends et jours fériés de 18h à 22h autour de la *Stadthalle* (durée maxi 2h).
– Dans certains hôtels, vous pouvez vous procurer une carte de stationnement permettant de stationner dans le centre-ville 1 journée *(Tagespauschalkarte)* ou, plus souvent, 15 mn.
– La solution la moins onéreuse consiste à se garer en périphérie et à emprunter les transports en commun. Les parkings ***P + R (Park & Ride)*** sont particulièrement intéressants : situés en bordure des stations de métro, ils ne coûtent en moyenne que 3,50 € par jour.
Toutes les possibilités de stationnement dans Vienne sont recensées en ligne sur • *parken.at* • (où vous pourrez aussi télécharger une application smartphone, bien pratique).

Location de voitures

■ ***BSP Auto :*** ☎ *01-43-46-20-74 (tlj 9h-21h30 – 20h w-e).* • *bsp-auto.com* • Les prix proposés sont attractifs et comprennent le kilométrage illimité et les assurances. *BSP Auto* propose exclusivement les grandes compagnies de location sur place, vous assurant un très bon niveau de service. Les plus : vous ne payez votre location que 5 jours avant le départ. Remise spéciale de 5 % aux lecteurs de ce guide avec le code « ROUTARD24 ».

– Les loueurs demandent toujours de fournir une carte de paiement pour régler la location de voiture et bloquer une somme en guise de caution. Mais attention, il existe une ***différence entre une carte de débit et une carte de crédit*** et il arrive que certaines agences refusent votre location de voiture en cas de paiement par carte de débit. Certains loueurs acceptent quand même les cartes de débit mais ils vous demanderont alors de souscrire une assurance complémentaire souvent très chère en supplément. ***Il faut donc avoir une carte de crédit.*** Vérifiez bien si une mention « CRÉDIT » (débit différé) ou « DÉBIT » (débit immédiat) est inscrite sur votre carte de paiement, sinon renseignez-vous auprès de votre banque avant votre départ.

– Vous pouvez accéder à ces informations concernant les conditions de location des loueurs sur le site • *bsp-auto.com* • après avoir lancé votre recherche dans la rubrique « Informations détaillées ».

URGENCES

■ ***Police :*** *☎ 133.*
■ ***Pompiers :*** *☎ 122.*
■ ***Numéro d'urgence européen :*** *☎ 112.*
■ ***Ambulances et urgences médicales :*** *☎ 144.*
■ **Urgences médicales** *(pour un 1er diagnostic en français) :* *☎ 0800-633-42-46.*
■ **ViennaMed** *(service téléphonique de médecins pour touristes) :* *☎ 513-95-95.*
■ **Urgences dentaires :** *☎ 512-20-78 (répondeur en allemand).*
■ ***Pharmacies de garde :*** *☎ 14-55 (répondeur en allemand).*
■ ***Dépannages 24h/24*** *(voiture) :* ***ARBÖ,*** *☎ 123.* ***ÖAMTC,*** *☎ 120.*
■ ***Objets trouvés :***

– ***Fundservice der Stadt*** *(bureau des objets trouvés de la Ville ; hors plan par B6) :* *Siebenbrunnenfeldgasse 3. ☎ 40-00-80-91. • wien.gv.at • Lun-ven 8h-15h30 (17h30 jeu). Fermé w-e.*

– Pour les objets perdus dans les transports publics, s'adresser dans les 72h au ***Wiener Linien Fundservice*** *(plan d'ensemble) :* *Erdbergstr. 202 (Wien 3). ☎ 79-09-100. Tlj sauf w-e 8h-15h30 (17h30 jeu).* Passé 3 jours, les objets sont transférés au *Fundservice der Stadt*.

– Pour les objets perdus dans les trains, s'adresser à l'***ÖBB Fundbüro*** de la *Hauptbahnhof (gare principale ; plan E6).* *☎ 5-1778-9722-222. Lun-jeu 7h30-12h, 14h-16h30 ; ven 7h30-13h30. Fermé w-e.*

– ***En cas de perte ou de vol de document officiel*** (passeport, permis de conduire, etc.), le signaler au commissariat le plus proche, qui établira le rapport nécessaire pour que l'ambassade ou le consulat délivre une copie de ces papiers.

VIENNE

• Plan d'ensemble *p. 62-63* • Pour se repérer, voir le plan de la ville, le zoom et le plan du métro en fin de guide.

Capitale de l'empire des Habsbourg pendant près de 700 ans, puis de la république d'Autriche à partir de 1918, Vienne est la ville historique par essence, profondément marquée par le rôle éminent qu'elle joua tout au long des siècles. Voilà une ville dans laquelle on ne regrette pas d'avoir potassé autrefois les manuels d'histoire et de géographie !
Profondément meurtrie par les attaques ottomanes, puis par les guerres napoléoniennes et, enfin, par les bombardements de 1944-1945, Vienne se releva vaillamment à chaque fois. Cette volonté de maintenir le prestige et le rang de la ville, par rapport à sa propre histoire, fascine les visiteurs du monde entier. C'est de ce riche et long passé qu'on vient s'imprégner.
Le charme de Vienne, c'est aussi cet étonnant télescopage de tous les instants entre tradition et modernité. L'atmosphère romantique, désuète, parfois démodée de certains quartiers, cohabite avec l'audace et la créativité des rues voisines. Une ambiance bourgeoise, presque compassée parfois, qui s'estompe dès qu'on tourne le dos, comme s'il suffisait de changer de point de vue pour voir toutes ces empreintes de siècles de puissance et de gloire bousculées par la fantaisie et la légèreté. Une ville qui semble figée dans le temps et qui pourtant accepte d'être secouée par une jeunesse bouillonnante aux idées alternatives.
L'architecture pompeuse du Ring, ce boulevard célébrissime de plus de 150 ans, est contrebalancée par la découverte des grands ensembles ouvriers de la « Vienne rouge » conçus par des architectes qui n'en pouvaient plus des dorures et des effets de style de la Vienne impériale. Le talent de Vienne, c'est de vous faire aimer, comprendre, applaudir tous ces changements de décor, la pièce qui se joue ici n'étant jamais vraiment terminée. Et ce sont, comme toujours, les coulisses qu'on a envie de découvrir en priorité.
La beauté paisible du Belvédère et de ses jardins n'est qu'un merveilleux décor qui accueille en son sein les personnages torturés d'Egon Schiele et les figures symbolistes de Gustav Klimt. La joie de vivre apparente de la ville ne peut faire oublier que Freud se penchait sur Vienne comme sur une malade difficile à soigner. Aux flonflons du Prater, aux valses légères de Strauss, répondent aujourd'hui les pulsations électro des clubs underground. Une balade nocturne le long du canal du Danube, en été, risque d'en surprendre plus d'un, de scène rock improvisée en bars à bière s'étendant le long de quais noirs de monde. De jour comme de nuit, la nouvelle Vienne se révèle presque gaie, nonchalante, parfois insouciante, mais tolérante. Avec un art de vivre intelligent, des espaces verts où tous les âges se côtoient, d'authentiques bouts de campagne et même des coins de baignade dans le Danube à portée de tram ou de bus... et sans oublier les anciens villages vignerons où l'on part à la découverte des crus du coin à l'occasion de belles randonnées ! Ce n'est évidemment pas un hasard si, depuis quelques années, Vienne est régulièrement citée en tête du classement mondial des villes les plus agréables à vivre ! Freud aujourd'hui pourrait s'en donner à cœur joie sur la Toile...
Duelle, contradictoire, fascinante à souhait, si fertile en courants de pensée et mouvements artistiques qui marquèrent profondément le monde, Vienne

(et ses paradoxes !) échappe aux définitions. Chacun décrypte cette ville (dont le centre est inscrit au Patrimoine mondial de l'Unesco, avec le Ring) suivant ses propres fantasmes, illusions, clichés, et y découvrira sûrement autre chose que ce qu'il imaginait. En tout cas, si elle ne laisse jamais personne indifférent, elle déçoit rarement. L'enchantement se renforce même, avec une irrésistible envie d'y retourner. À ce stade, vous saurez que cette ville vous aura délicieusement et insidieusement piégé...

ADRESSES ET INFOS UTILES

Arrivée à l'aéroport de Vienne

La plupart des visiteurs non motorisés arrivent à Vienne par avion. On peut facilement rejoindre les gares de ***Hauptbahnhof*** et ***Wien Meidling*** depuis l'aéroport (2 trains/h).

EN AVION

L'aéroport de Vienne-Schwechat

✈ ℹ ***Aéroport*** *(Flughafen)* ***de Vienne-Schwechat :*** *à 19 km au sud-est de la capitale.* Petit office de tourisme dans le hall d'arrivée *(tlj 7h-22h).*

– ***Renseignements :*** • *viennaairport.com* •

Compagnies aériennes

■ ***Air France :*** ☎ *09-69-39-36-54 (tlj ; appel non surtaxé).* • *airfrance.fr* •

■ ***Austrian Airlines :*** ☎ *01-85-14-98-40 (9h-23h).* • *austrian.com* •

Comment rejoindre le centre-ville depuis l'aéroport ?

En train

🚂 ***Train ÖBB (S-Bahn) :*** relie l'aéroport à la gare Wien Mitte *(plan, F3-4)* en 20 mn. Départ ttes les 30 mn env, de très tôt le mat (avt 5h) à tard le soir (env minuit). Prix : 4,40 €. ***La solution la moins chère*** pour gagner le centre. Kiosque de vente des billets dans le hall de la gare, à côté du CAT ; suivre le fléchage « CAT », puis « ÖBB » pour gagner la station. Son trajet se poursuit jusqu'à *Wien Nord* et *Wien Floridsdorf.*

🚂 ***City Airport Train (CAT) :*** liaison directe en 16 mn entre l'aéroport et la gare ***Wien Mitte*** *(plan, F3-4).* Départ ttes les 30 mn 6h-23h30 env depuis l'aéroport ; 5h30-23h env dans le sens inverse. Billet : 14,90 € l'aller simple et 24,90 € l'A/R ; gratuit moins de 15 ans. Billets en vente dans le hall des bagages, au distributeur automatique ou en ligne sur • *cityairporttrain.com* •

En bus

En face du hall des arrivées.

– ***VAL1 : aéroport-Hauptbahnhof (corresp. U1), puis Westbahnhof*** et ***Europaplatz (corresp. U3, U6),*** en 40 mn ttes les 30 mn (6h-0h30). Mêmes fréquences dans le sens inverse 4h-0h30.

– ***VAL2 : aéroport-Morzinplatz/Schwedenplatz (corresp. U1, U4)*** en 22 mn. Départ ttes les 30 mn env.

– ***VAL3 : aéroport-Donauzentrum (corresp. U1)*** départ ttes les 30 mn env 6h-21h. En sens inverse, mêmes fréquences 5h-20h. Durée : env 40 mn. Tickets sur • *viennaairportlines.at* •, auprès du conducteur (en espèces) ou aux automates des *Vienna Airport Lines* à l'aéroport ou à la *Westbahnhof. Adulte : 9,50 € et A/R 16 € ; réduc ; gratuit moins de 6 ans.*

Le trajet de/vers l'aéroport est inclus dans la *Vienna City Card Transfer* et la *Vienna City Card Transfer + Tour.*

En taxi

🚕 ***Taxis :*** *env 50 € selon distance parcourue (durée min : 30-45 mn). Prix majorés 23h-6h et dim et j. fériés, ainsi que de la ville vers l'aéroport.* Pratique

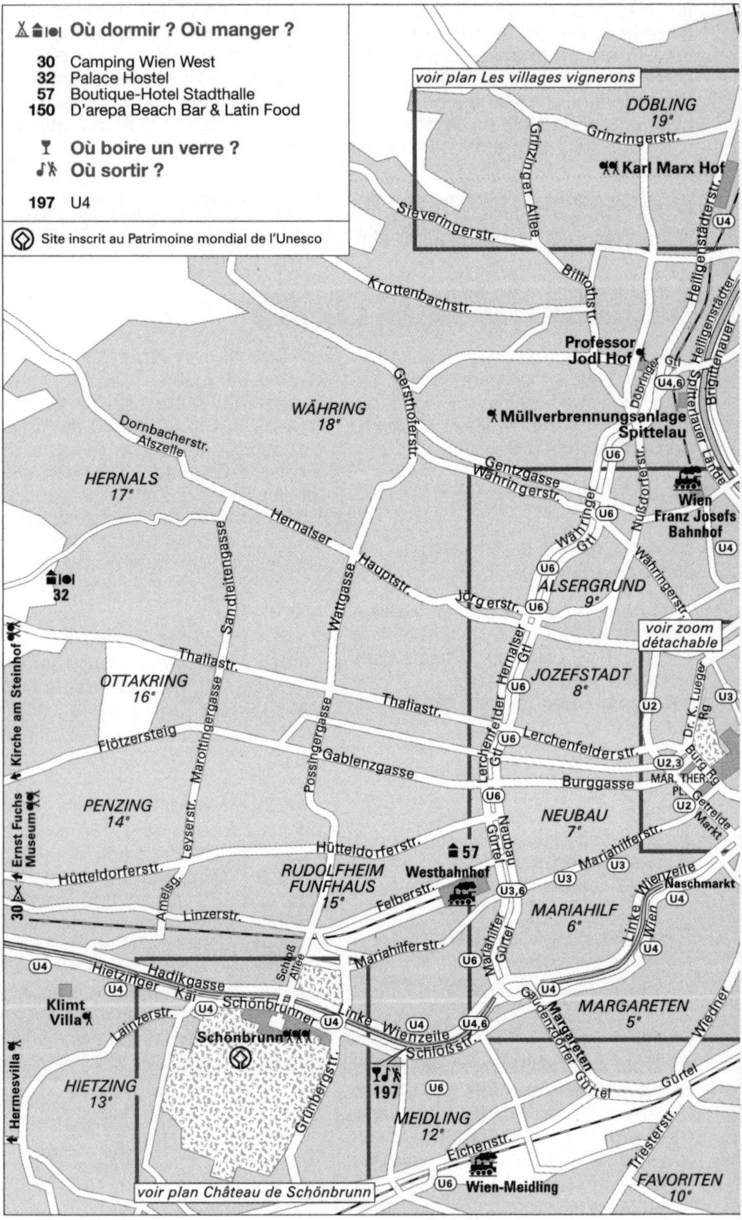
Où dormir ? Où manger ?
30 Camping Wien West
32 Palace Hostel
57 Boutique-Hotel Stadthalle
150 D'arepa Beach Bar & Latin Food
Où boire un verre ?
Où sortir ?
197 U4
Site inscrit au Patrimoine mondial de l'Unesco
voir plan Les villages vignerons
DÖBLING 19e
Grinzingerstr.
Grinzinger Allee
Karl Marx Hof
Sieveringerstr.
Billrothstr.
Heiligenstädterstr.
Krottenbachstr.
Professor Jodl Hof
Döblinger Gtl
Spittelauer Lände
Brigittenauer
WÄHRING 18e
Gersthoferstr.
Müllverbrennungsanlage Spittelau
Dornbacherstr.
Alszeile
HERNALS 17e
Gentzgasse
Währingerstr.
Währinger Gtl
Nußdorferstr.
Wien Franz Josefs Bahnhof
Hernalser Hauptstr.
Sandleitengasse
Wattgasse
ALSERGRUND 9e
Jörgerstr.
32
Kirche am Steinhof
Thaliastr.
voir zoom détachable
OTTAKRING 16e
Hernalser Gtl
JOZEFSTADT 8e
Dr. K. Lueger Rg
Flötzersteig
Maroltingergasse
Possingergasse
Gablenzgasse
Lerchenfelder Gtl
Lerchenfelderstr.
Burg Rg
Burggasse
MAR. THER. PL.
Getreide Markt
PENZING 14e
Ernst Fuchs Museum
Leyserstr.
NEUBAU 7e
Neubau Gürtel
Hütteldorferstr.
57
Mariahilferstr.
RUDOLFHEIM FUNFHAUS 15e
Westbahnhof
Felberstr.
Linke Wienzeile
Naschmarkt
30
Ameisg.
Linzerstr.
MARIAHILF 6e
Mariahilfer Gürtel
Schloß Allee
Hietzinger Kai
Hadikgasse
Klimt Villa
Lainzerstr.
Schönbrunner
Schönbrunn
MARGARETEN 5e
Gaudenzdorfer Gürtel
Margareten Gürtel
Schloßstr.
Wiedner
Gürtel
Hermesvilla
HIETZING 13e
Grünbergstr.
197
MEIDLING 12e
Eichenstr.
Triesterstr.
Wien-Meidling
FAVORITEN 10e
voir plan Château de Schönbrunn
U2
U3
U4
U4,6
U6
U2,3
U3,6

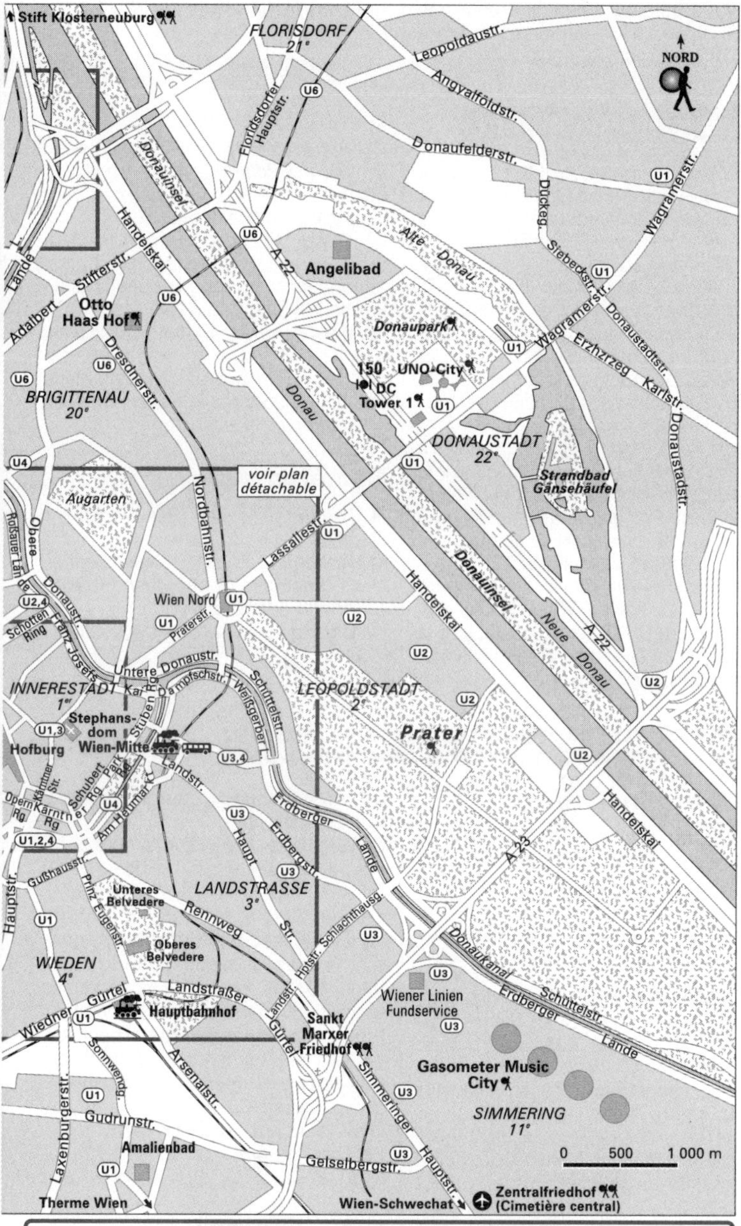

VIENNE – Plan d'ensemble

si vous êtes au moins 3, chargés et qu'il n'y a pas de station de métro à proximité de votre hébergement.

– **Renseignements :** ☎ *71-101 (7h-19h).*

Les gares de Vienne

Hauptbahnhof *(plan, E6)* **:** ● *hauptbahnhof-wien.at* ● La *Hauptbahnhof* est la plaque tournante du trafic ferroviaire des grandes lignes. Tous les trains de l'ÖBB s'arrêtent ici, ainsi qu'à la gare de *Wien Meidling* (un peu plus au sud). Les *Railjets* ainsi que les trains *Intercity Express* venant de l'ouest (trains de grandes lignes) passent aussi par la *Hauptbahnhof,* ce qui permet les correspondances. Les villes de *Bregenz, Innsbruck, Salzbourg, Linz* et *Sankt Pölten* sont directement reliées à l'aéroport de Vienne en passant par la *Hauptbahnhof.* Elle dessert également *Budapest, Prague, Bratislava* et le nord de l'Europe, mais aussi de nombreuses villes italiennes et slovènes.

Wien Mitte *(plan, F3-4)* **:** gare d'arrivée du ***train ÖBB*** et du ***City Airport Train (CAT),*** les trains qui font la liaison entre l'aéroport et la ville. Nombreux services.

Wien Meidling *(plan d'ensemble)* **:** accueille les trains régionaux et certains trains longue distance.

Wien Franz-Josefs-Bahnhof *(plan, C1)* **:** de là partent les trains régionaux pour le nord-ouest *(Tulln, Krems, Gmünd, Česke Velenice).*

Westbahnhof *(BahnhofCity ; plan d'ensemble)* **:** ● *bahnhofcitywienwest.oebb.at* ● Terminus des lignes venant de l'ouest, dont *Sankt Pölten, Melk* et *Amstetten.*

Numéros utiles

■ **Chemins de fer** (Bahnverkehr) **:** ☎ *05-17-17.* ● *oebb.at* ●

■ **Westbahn :** ☎ *899-00.* ● *westbahn.at* ● Compagnie reliant Vienne *(Westbahnhof)* à Salzburg.

■ **Autocars :** ☎ *05-17-17.* ● *postbus.at* ●

Informations et services touristiques

Infos touristiques

Tourist-Info Wien *(office de tourisme ; zoom, D4,* **1***)* **:** *Albertinaplatz 1 (Wien 1).* ☎ *24-5-55.* ● *wien.info/fr* ● *À l'angle d'Albertinaplatz et de Maysedergasse. Tlj 9h-18h. Aussi un petit comptoir d'info à l'aéroport.* Service de réservation d'hôtel pour le soir même ; 1re nuit payable d'avance (commission comprise). Visites guidées, billetterie des spectacles. Demander le *Vienna Intl,* magazine annuel gratuit qui présente la ville sous ses multiples aspects. Carte de la ville, *Spot* (dépliant recensant les manifestations du mois), brochures pour tous les goûts et tous les styles : Vienne pour les familles *(Für Familien),* Vienne *queer (Queer Guide),* etc. Aussi un livre de route (itinéraire) en anglais. Vente de la ***Vienna City Card*** (voir plus haut « Budget. Musées et sites touristiques » dans le chapitre « Vienne utile »).

Wien-Xtra Jugend-Info *(Info Jeunes ; zoom, C4,* **2***)* **:** *Babenbergerstr. 1 (Wien 1).* ☎ *400-08-41-00.* ● *wienxtra.at/jugendinfo* ● *Tlj sauf w-e 14h30-18h30.* Bureau d'information destiné aux jeunes, lycéens et étudiants. Infos sur les concerts, spectacles, expositions, manifestations à Vienne. Possibilité de tarifs réduits pour les 14-26 ans. La brochure *Jugendinwien* (à télécharger) répertorie les nombreuses activités proposées par la ville.

Wien-Xtra Kinder-Info *(Info Enfants ; zoom, C4,* **3***)* **:** *Museumsplatz 1 (Wien 7).* ☎ *400-08-44-00.* ● *wienxtra.at/kinderaktiv* ● *Dans le MuseumsQuartier. Tlj sauf lun 14h-18h (10h-17h sam-dim et j. fériés).* Pour savoir tout ce que vous pourrez faire ***en famille*** lors de votre séjour, et pour connaître les manifestations, musées ou activités qui sont proposés ou destinés particulièrement aux enfants.

■ Pour tout ce qui concerne les environs de Vienne, la vallée du Danube et la Wachau (Krems, Dürnstein et Melk), consulter le site de l'**office de tourisme de la Basse-Autriche** : ● *lower-austria.info* ●

Visites guidées

À pied

■ **Découvrir Vienne :** *0699-113-000-41. ● decouvrir-vienne.com ● Visites thématiques hebdomadaires en français. Départ de l'Albertinaplatz (zoom, D4). Durée : 1h30. Tarif : 25 € ; réduc ; gratuit moins de 11 ans.* C'est à une chaleureuse guide française, Anne-Isabelle Costa, que l'on doit cette initiative sympa. Idéal pour un petit groupe de 6-7 personnes car les prix de la prestation à la carte ne sont pas donnés. Sauf si vous voulez suivre, aux beaux jours *(avr-sept)*, le vendredi à partir de 18h, l'une des drôles de dames de l'équipe pour une plongée au cœur d'une ville que vous découvrirez d'un autre œil. Propose aussi des circuits à pied et à vélo.

■ **Dritte-Mann-Tour :** ☎ *4000-3033. ● drittemanntour.at ● Départ de la station Stadtpark (U4), sortie Johannesgasse (zoom, E4). Mai-oct, jeu-dim ttes les heures 10h-20h (mais 1 seule visite en anglais à 15h, sinon, c'est en allemand). Durée : 2h-2h30. Résa conseillée. Tarif : 10 € ; réduc. Interdit aux moins de 12 ans !* Une façon très originale de découvrir la ville, sur les pas du *Troisième Homme* et de Harry Lime, héros du film emblématique de Vienne. Possibilité, sur demande, de faire le circuit à vélo.

■ **Good Vienna Tours :** ☎ *554-43-15. ● goodviennatours.eu ● Tlj à 10h et 14h. Départ de l'Albertinaplatz (zoom, D4). Durée : 2h30. GRATUIT (mais en anglais uniquement).* Les budgets réduits (et anglophones) seront ravis d'apprendre qu'il existe aussi des visites guidées gratuites de la ville. L'occasion de découvrir les points les plus importants de Vienne, le tout agrémenté d'anecdotes sur la capitale et ses personnalités célèbres. Vraiment chouette !

À vélo

Pedal Power *(zoom, D4, **21**)* **:** *Bösendorferstr. 5.* ☎ *729-72-34. ● pedalpower.at ● Mai-sept, sur résa seulement. Visite guidée de 3h (15 km) et loc du vélo 47 €/pers ; réduc avec la Vienna City Card.* Une formule vraiment plaisante pour visiter Vienne en journée (départ à 10h ou à 14h). La tête et les jambes, en quelque sorte !

En bus et en bateau

■ **Vienna Sightseeing** *(zoom, D4)* **:** *Opernpassage, à côté de Karlplatz.* ☎ *712-46-83. ● viennasightseeing.at ●* Compagnie proposant de nombreuses visites guidées à thème en bus et des excursions en bateau.

VIENNE

Poste

✉ **Poste principale** *(zoom, E3)* **:** *Fleischmarkt 19 (Wien 1). ● post.at/en ● Tlj sauf dim 8h-19h (9h-18h sam).* Pour envoyer une lettre ou une carte postale vers la France, prévoir un affranchissement de 1 €. Plutôt que de chercher une poste et de faire la queue, ***demandez des timbres à la réception de votre hôtel.*** Les boîtes aux lettres sont de couleur orange et jaune.

Représentations diplomatiques

■ **Consulat de France** *(zoom, D3, **5**)* **:** *Wipplingerstr. 24 (Wien 1).* ☎ *502-75-210. ● at.ambafrance.org ● Tlj sauf w-e 8h45-12h15, plus mer 13h30-17h.*

■ **Ambassade de France** (plan, E5, **11**) **:** *Technikerstr. 2 (Wien 4). ☎ 502-750. • at.ambafrance.org • Tlj sauf w-e 8h45-12h15, plus mer 13h30-17h.* L'ambassade peut vous assister juridiquement en cas de problème.

■ **Consulat et ambassade de Belgique** (plan, D6, **12**) **:** *Schönburgstr. 10 (Wien 4). ☎ 502-070. • austria.diplomatie.belgium.be • Tlj sauf w-e 9h-12h, 14h-16h.*

■ **Consulat et ambassade de Suisse** (plan, E5, **13**) **:** *Prinz-Eugen-Str. 9a, 1030 Wien. ☎ 795-05. • eda.admin.ch • Lun-jeu 9h-12h. Fermé ven-dim.*

■ **Consulat et ambassade du Canada** (zoom, E3, **6**) **:** *Laurenzerberg 2 (Wien 1), 3e étage. ☎ 531-38-30-00. • canadainternational.gc.ca • Tlj sauf w-e 8h30-12h30.*

Écouter un concert ou assister à un opéra : où ? quand ? comment ?

Vienne est la seule ville au monde qui propose des opéras, opérettes et ballets, 10 mois durant, tous les jours de septembre à juin. Alors, c'est le moment de se faire plaisir !

Staatsoper (Opéra national ; zoom, D4) **:** *Opernring 2 (Wien 1). Résas : ☎ 514-44-22-50. • wiener-staatsoper.at •* L'un des théâtres lyriques les plus en vue de l'élite internationale du bel canto. Une cinquantaine d'opéras et autant de ballets donnent lieu à quelque 300 représentations par an. En mai-juin et septembre, vous pouvez même assister gratuitement à certaines diffusions en direct, sur la place voisine.

Volksoper (Opéra populaire ; plan, B1) **:** *Währinger Str. 78 (Wien 9). ☎ 514-44-36-70. • volksoper.at •* Autre salle chère au cœur des Viennois, permettant d'assister à des opéras, des comédies musicales, mais surtout des opérettes. Moins cher que le Staatsoper.

Kammeroper (Opéra-comique viennois ; zoom, E3, **8**) **:** *Fleischmarkt 24 (Wien 1). ☎ 588-30-29-03. • theater-wien.at •* Spécialisé dans les trésors peu connus de l'art lyrique : opérettes rarement jouées, comédies musicales et vaudevilles, opéras baroques et contemporains. En été, il offre aussi des représentations d'opérettes au château de Schönbrunn.

Theater an der Wien (plan, C4-5) **:** *Linke Wienzeile 6 (Wien 6). ☎ 588-30-29-03. • theater-wien.at •* Ce théâtre est spécialisé dans les opéras baroques et contemporains, mais il propose aussi différents concerts et spectacles de danse.

Comment choisir son orchestre ?

Le plus réputé est le ***Wiener Philharmoniker*** *(Philharmonique de Vienne)*, dont le port d'attache est au Musikverein. C'est aussi le plus cher, forcément ! Très demandé dans le monde entier ; mais avec un peu de chance, vous pourrez assister à l'un des concerts qu'il donne toute l'année, ou presque. Pour réserver des places, il faut s'adresser directement aux organisateurs du spectacle. Si vous désirez assister à l'un des 3 ***concerts*** dits ***du Nouvel An*** (31 décembre au soir, 1er janvier en matinée et en soirée), sachez qu'il faudra ***vous inscrire très tôt*** sur le site internet, les inscriptions étant closes dès... fin janvier (parfois en février, si vous êtes chanceux) pour le Nouvel An suivant ! Succès oblige, un tirage au sort est effectué. Heureusement qu'il reste la télé ! Pour en savoir plus, consultez le site *• wienerphilharmoniker.at •*

Il existe de nombreux autres orchestres de très haut niveau, même s'ils ne sont pas aussi prestigieux.

– **Wiener Mozart Orchester :** *concert quasi tlj à 20h15. ☎ 505-77-66. • mozart.co.at •* Quelque peu à part, il est réputé pour l'allure romantique de ses musiciens habillés en costumes du XVIIIe s. C'est l'orchestre le plus « touristique » d'Autriche.

– ***Wiener Hofburg Orchester :*** *plusieurs concerts/sem à 20h30.* ☎ *587-25-52.* • *hofburgorchester.at* • Concerts là aussi en costumes.

Quelle salle de concerts choisir ?

ꝏ ***Musikverein*** *(zoom, D4)* **:** *Musikvereinsplatz 1 (Wien 1).* ☎ *505-81-90.* • *musikverein.at* • *Guichet en été : en sem 9h-18h, sam 9h-13h.* De forme rectangulaire (très rare pour une salle de concerts), somptueusement décorée tel un temple baroque, dominée par un buffet d'orgue couvert de dorures, cette salle offre une acoustique étonnante. Elle abrite la plupart des concerts de l'Orchestre philharmonique et organise les fameux concerts du Nouvel An.

– Pour les fans des ***Wiener Sängerknaben*** (les « Petits Chanteurs de Vienne »), programmation de concerts dans la ***Hofburgkapelle*** (chapelle du Palais impérial) : *infos sur* • *wsk.at* • Le plus vieux groupe de garçons du monde (519 ans au compteur !) s'est vu offrir une salle de concerts bien à lui, dans le Augarten, le plus ancien parc baroque de Vienne : le ***MuTh*** *(plan, E1).*

ꝏ ***Konzerthaus*** *(zoom, E4)* **:** *Lothringerstr. 20 (Wien 3).* ☎ *24-20-02.* • *konzerthaus.at* • Construite en 1912 dans les styles Art nouveau et sécessionniste, la Konzerthaus réunit 3 superbes salles : la *Großer Saal* (la plus impressionnante !), la *Mozart-Saal* et la *Schubert-Saal.* En été, il n'y a pas de production maison, mais des concerts sont cependant organisés.

ꝏ Signalons aussi la ***salle Bösendorfer*** *(zoom, E3)* : *dans la Mozarthaus, Domgasse 5.* ☎ *512-17-91.* • *mozarthausvienna.at* •

– Nombreux autres concerts dans les ***églises de Vienne*** *(Stephansdom, Augustinerkirche, Evangelische Kirche, Ruprechtskirche, Karlskirche...)* et dans certains ***palais,*** comme le *palais Eschenbach* ou l'*Eroica-Saal du palais Lobkowitz.*

Où et quand acheter ses billets ?

■ ***Tourist-Info Wien*** *(office de tourisme ; zoom, D4,* ***1****)* **:** *Albertinaplatz 1.* ☎ *24-5-55.* • *wien.info* • *À l'angle d'Albertinaplatz et de Maysedergasse. Tlj 9h-18h.* Y consulter le programme des spectacles et s'y procurer la brochure gratuite *Spot.* Commission plus ou moins importante. La solution la plus économique reste d'acheter son billet en ligne pour être assuré d'avoir une place.

■ ***Vienna Ticket Office :*** ☎ *513-11-11.* • *viennaticketoffice.com* •

■ ***Vienna Classic :*** ☎ *890-55-55.* • *viennaclassic.com* •

■ ***Österreich Ticket :*** ☎ *900-94-960-96.* • *oeticket.com* •

Si l'on se décide à la ***dernière minute,*** on peut généralement trouver de la place en se présentant à la caisse 1h avant le concert. Beaucoup d'habitués agissent ainsi pour les places de concert, mais aussi pour le théâtre et l'opéra.

– ***Pour les étudiants :*** sur présentation de la carte d'étudiant, on peut obtenir des places de théâtre juste avant le début de la représentation. Ces billets sont généralement meilleur marché que les billets au tarif habituel.

– ***Pour les plus de 65 ans :*** pour certains concerts, tarifs préférentiels accordés aux seniors. Se munir d'une pièce d'identité.

VIENNE

Presse, librairies

– ***Presse internationale et nationale :*** pour lire la presse sans avoir à l'acheter, allez dans l'un des cafés indiqués dans la rubrique « Les plus fameux cafés viennois », et dans tous les lieux, mode ou non, qui ont pris la saine habitude d'en proposer. Mais les temps changent, là aussi, et ce sont les smartphones qui remplacent doucement les journaux.

■ ***Morawa*** *(zoom, E3,* ***9****)* **:** *Wollzeile 11 (Wien 1). Tlj sauf dim 9h-18h30 (18h sam).* Dans cette librairie, qui fait aussi maison de la presse, on trouve de nombreux titres de la presse autrichienne et internationale. Un grand rayon est consacré aux voyages avec un large choix de revues, de guides, de cartes (plusieurs langues mais surtout en allemand)...

■ ***Cartes et plans :*** *librairie **Freytag & Berndt** (zoom, D3, **10**), Wallnerstraße 3 (Wien 1). Tlj sauf dim 9h30-18h30 (18h sam).* Choix important de cartes routières de l'Autriche et de cartes détaillées pour les randonnées en montagne ou les balades à vélo le long du Danube.

Culture, cinéma

■ ***Institut français*** *(plan, C2)* **:** *Praterstr. 38 (Wien 2), dans le palais Rohan. ☎ 90-90-89-90. • institutfrancais.at • Tlj sauf dim 9h-17h30 (13h ven-sam).* Rencontres culturelles, films français, spectacles de danse, expos... Dans la médiathèque *(fermée dim-lun),* ouvrages, films et journaux, majoritairement en français.

■ **Burg Kino** *(zoom, D4)* **:** *Opernring 19 (Wien 1). ☎ 587-84-06. • burgkino.at • Billets : 9-10 € ; réduc.* Un cinéma historique qui passe, outre quelques-unes des dernières sorties, le film *Le Troisième Homme (The Third Man),* un classique des classiques du cinéma viennois, 2 ou 3 fois par semaine environ, et en v.o. (anglais), s'il vous plaît !

– ***Infos spectacles, soirées et clubbing :*** il est indispensable de se procurer la brochure gratuite *Spot* auprès du *Tourist-Info Wien* ou le magazine *Falter* (en allemand), l'hebdomadaire de la ville, qui indique spectacles, concerts, expositions du moment. *• falter.at •* Pour les jeunes, télécharger la brochure *Jugendinwien* sur le site *• wienxtra.at/jugendinfo •* (voir « Informations touristiques », plus haut).

Piscines, plages et thermes

■ ***Piscine couverte*** *(hors plan par E6 et plan d'ensemble)* **:** ***Amalienbad,*** *Reumannplatz 23 (Wien 10). ☎ 607-47-47. Ⓜ Reumannplatz (U1). Tlj mais horaires variables ; consulter le site • wien.gv.at •* Pour se baigner dans une piscine bien entretenue, au beau décor Art nouveau (seule piscine de ce style à Vienne). Sauna et bain turc.

■ ***Piscines en plein air :*** il en existe une bonne douzaine à Vienne, dont une à Schönbrunn, donnant sur le parc du château, mais on préfère celles posées au bord du Danube, telles que ***Angelibad*** *(plan d'ensemble ; an der Oberen Alten Donau, Wien 21)* ou **Gänsehäufel** *(plan d'ensemble ; Moissigasse 21, Wien 22).* La plus belle demeure la ***Krapfenwaldlbad*** *(hors plan Les villages vignerons par L10 ; Krapfenwaldgasse 65-73, Wien 19 ; tram : n° 38A),* située sur une colline qui domine Vienne. Vue superbe. *Ttes sont ouv aux beaux jours, de mi-mai à fin août, tlj 8h (9h w-e)-20h.*

■ ***Therme Wien*** *(hors plan d'ensemble) : Kurbadstr. 14 (Wien 10). 📱 680-09-96-00. • thermewien.at • Ⓜ Reumannplatz. Terminus de la ligne U1 (Oberlaa-Therme Wien). Tlj 9h-22h. Compter 28-30 € pour 3h ou 37-39 €/j. ; réduc.* Ces immenses thermes modernes comprennent pas moins de 26 bassins d'eau (intérieurs ou extérieurs), 24 saunas et hammams, des salles de massage, de nombreux jacuzzis et même 4 toboggans, un parc de jeux aquatiques et un théâtre de marionnettes pour les plus petits.

Plages au bord du Danube : elles s'étalent sur 42 km (logique, puisque l'île fait 21 km de long) ! Pour faire trempette, il faut aller sur l'île du Danube *(Donauinsel ; plan d'ensemble),* cette longue et mince bande de terre à la fois sablonneuse et caillouteuse, étirée au milieu du fleuve, à 2 km au nord du centre historique de Vienne. Accès seulement à pied ou en transports publics : métro U1 (station Donauinsel) ou U6 (station Neue Donau). En été,

c'est Vienne-sur-Mer, avec ses baigneurs rouges comme des écrevisses, son animation intense, sa ribambelle de bars et de guinguettes, son toboggan aquatique, le plus grand du monde, paraît-il... On joue même au beach-volley.
Si vous avez oublié le maillot, pas de problème, ***les plages marquées « FKK » sont réservées aux naturistes.*** C'est également ici qu'a lieu, le temps d'un week-end de juin, la ***fête de l'Île du Danube*** (la *Donauinselfest*), la plus grande fête européenne de la jeunesse. Sont alors organisés concerts et animations diverses. Plus d'infos sur ● *donauinselfest.at* ●

SE DÉPLACER EN VILLE

Vienne est une ville idéale pour les trekkeurs urbains. Le centre historique est peu étendu et se parcourt très facilement et rapidement à pied. Pour couronner le tout, ***les transports en commun sont sûrs, très bien conçus et couvrent toute la ville.*** En revanche, la circulation automobile étant assez dense et peu logique, rouler en voiture ne présente vraiment aucun intérêt (on insiste, mais c'est pour votre bien).

À pied

Le paradis du trek urbain ! Mais attention, traverser en dehors des passages protégés et au feu rouge est (théoriquement) passible d'une amende. Perdez donc rapidement vos mauvaises habitudes...
La concurrence avec les cyclistes est aussi rude. Les pistes cyclables ayant souvent été créées par division des trottoirs en 2, il faut bien respecter sa ligne. Si par mégarde vous, piéton, marchez dans le couloir réservé aux cyclistes, vous risquez fort de vous faire invectiver vertement ! Il arrive même que piétons et cyclistes partagent le même trottoir (trop étroit pour être divisé en 2). Tendez l'oreille, pour entendre les sonnettes, ne regardez pas trop en l'air, et ouvrez l'œil !

En transports en commun

– L'appli ***WienMobil*** offre aux détenteurs d'un smartphone la possibilité d'accéder gratuitement aux plans et horaires détaillés des métros, bus et tramways de la ville de Vienne.
– Sinon, n'hésitez pas à utiliser des applis de navigation GPS comme ***Google Maps*** ou ***Citymapper,*** qui vous donneront immédiatement les différents moyens de transport à proximité, avec les horaires et les points de passage, plus la durée du trajet.

Le métro *(U-Bahn)*

● Pour le plan du métro, se reporter au plan détachable en fin de guide.

Avec 5 lignes (elles sont numérotées de 1 à 6, mais il manque la 5 !), il couvre relativement bien la ville. Bien entretenu, spacieux, et très sûr. En semaine, départs très fréquents de 5h à minuit. Il circule 24h/24 du vendredi soir au dimanche matin et la veille des jours fériés. Le réseau se complète vers les faubourgs par les lignes du *S-Bahn,* une sorte de RER local.

Le bus et le tramway

Réseau extrêmement dense. Pour le plus grand bonheur des noctambules, une vingtaine de lignes d'autobus de nuit *(Nightline)* sillonnent la ville jusqu'à 5h environ. Fréquence : ttes les 30 mn. Les arrêts des bus de nuit sont marqués par un « N ».

Titres de transport

Ces titres sont valables dans tous les métros, bus et tramways du réseau Wiener Linien. À acheter aux distributeurs dans les stations de métro, à l'entrée ou directement sur les quais, dans les kiosques à journaux et bureaux de tabac.
- ***Ticket à l'unité :*** quel que soit le trajet (métro, bus ou tramway), le billet coûte 2,40 € (réduc ; gratuit pour les moins de 7 ans). Un ticket à l'unité oblitéré est valable pour un trajet seulement jusqu'à l'arrivée à destination, avec correspondances possibles. On peut l'acheter dans le tram directement, mais le prix est majoré (2,60 € ; réduc).
- ***Pass 24, 48 ou 72h :*** intéressant vu le prix du ticket à l'unité, on vous le conseille vivement, dès le 1er jour, si vous envisagez de quitter le centre historique (facilement accessible à pied, on le rappelle). Ticket à oblitérer au 1er voyage, au choix 24h (8 €), 48h (14,10 €) ou 72h (17,10 €), idéal pour un court séjour sauf si vous pensez faire beaucoup de musées (voir plus haut « Budget. Musées et sites touristiques » dans le chapitre « Vienne utile »).
- ***Carte journée :*** même système, mais pour la même journée (se termine à minuit) : 5,80 €. Selon votre programme, il peut être avantageux par rapport au *pass* 24h. À calculer.
- ***Carte hebdomadaire :*** même système mais pour 1 semaine, à partir de n'importe quel jour de la semaine, pour 17,10 €.
- Autre astuce : le ***ticket à sections 8 jours*** à 40,80 €. Il s'agit en fait d'un long billet avec 8 cases qu'il faut oblitérer au début de chaque journée. Ce billet non nominatif peut être utilisé à plusieurs (le nombre de jours est alors réduit), il suffit pour cela d'oblitérer une case par personne. Les 8 jours ne sont pas obligatoirement consécutifs.
- *Pour plus d'infos, les horaires en temps réel et l'achat de billets, consulter le site • wienerlinien.at • ou appeler le ☎ 790-91-00 (lun-ven 6h-22h, w-e et j. fériés 8h30-16h30).*

À vélo

Le vélo est ***très répandu*** à Vienne, et ce mode de transport est très soutenu politiquement. La preuve : la ville offre plus de 1 400 km de pistes cyclables (renseignements sur les différents circuits à l'office de tourisme) ! Ces longues voies réservées aux bicyclettes (en général de couleur lie-de-vin ou jaune) ont d'ailleurs priorité sur les automobilistes aux carrefours.
À savoir : les vélos sont ***admis dans certains wagons du métro et du S-Bahn*** à certaines heures de la journée (mais on les tient à la main).

Location de bicyclettes (Radverleih)

Vélopartage WienMobil : *infos et carte interactive des différents emplacements des bornes.* Plus de 3 000 vélos peuvent être empruntés aux 185 bornes réparties dans l'agglomération et être rendus à n'importe laquelle de ces bornes. Pour utiliser un vélo, Téléchargez l'appli ***Wien-Mobil*** sur votre smartphone. Tarif : 0,60 €/30 mn.

Pedal Power *(zoom, D4, **21**) : Bösendorferstr. 5 (Wien 1). ☎ 729-72-34. • pedalpower.at • Mars-oct, tlj 9h-18h. Loc de vélos 30-45 € (15 € de plus pour les vélos électriques). C'est cher !* Livraison possible devant la porte de votre hôtel. Avec le vélo, on vous remet un petit cahier explicatif (en français, en plus !) indiquant différents itinéraires dans la ville.

À cheval

Ou en fiacre, si vous préférez. Un site : *• fiaker-wien.at • Compter au départ de la cathédrale 55 € le fiacre pour 20 mn de balade (95 € pour 40 mn,*

120 € pour 1h). Voici, pour vous éviter de trotter, les 5 stations principales de la ville : *Stephansplatz, Michaelerplatz, Albertinaplatz, Petersplatz* et *Burgtheater.*

En taxi

Radio Taxis : ☎ *313-00, 401-00 ou 601-60. Tarifs majorés 23h-6h et les dim et j. fériés. Tarifs spéciaux pour l'aéroport (voir plus haut « Arrivée à l'aéroport de Vienne »).*

OÙ DORMIR ?

À l'exception des AJ (généralement d'un assez bon rapport qualité-prix), l'hébergement à Vienne peut vite coûter un bras. Budgets serrés, évitez le 1er arrondissement : à 1 ou 2 exceptions près, c'est hors de prix. Ceux des alentours offrent des tarifs plus raisonnables. La plupart des adresses d'hôtels et de pensions que nous proposons ne sont pas non plus excentrées. Le centre-ville reste donc à courte portée des inconditionnels de la marche et toujours facilement accessible en transports en commun.

Camping

Camping Wien West *(hors plan d'ensemble par l'ouest,* ***30****)* **:** *Hüttelbergstr. 80 (Wien 14).* ☎ *914-23-14.* • *campingwien.at/fr/camping-wien-west* • *À 8 km à l'ouest du centre.* Ⓜ *Hütteldorf (U4), puis bus nos 52A ou 52B. Arrêt Campingplatz Wien II. De mi-fév à fin sept. Compter 24-30 € pour 2 avec tente et voiture ; bungalows (2-3 pers) 50-80 €.* Excentré en lisière de forêt et à proximité des sentiers de randonnée, un camping confortable, avec supermarché, lave-linge, cafétéria, etc. En haute saison, les caravanes et tentes sont un peu les unes sur les autres, mais l'environnement reste agréable.

Auberges de jeunesse et *hostels*

Ces adresses se trouvent presque toutes dans la partie de la ville comprise entre le Ring (1re grande ceinture de boulevards) et le Gürtel (2e grande ceinture de boulevards desservant la gare de l'Ouest – *Westbahnhof* – et la gare principale – *Hauptbahnhof*). Dans certaines AJ, les séjours ne peuvent pas dépasser 4 nuits consécutives...

Bon à savoir : la chaîne ***Meininger,*** au concept qui mixe hôtel et *hostel,* dispose de 2 implantations à Vienne • *meininger-hotels.com* •

The Wombat's Naschmarkt *(plan, C5,* ***35****)* **:** *Rechte Wienzeile 35 (Wien 4).* ☎ *897-23-36.* • *wombats-hostels.com* • Ⓜ *Kettenbrückengasse (U4). Dortoirs (3-8 lits) 30-45 € ; doubles env 100-130 € ; petit déj-buffet 5,90 €.* Le plus central des *hostels,* idéalement placé en face du Naschmarkt et pouvant recevoir jusqu'à 500 personnes ! La réception donne le ton, avec son salon accueillant et son espace *lounge* bien aménagé. Chambres et dortoirs impeccables (2 sont réservés aux filles), aux murs blancs ravivés de couleurs, avec salles de bains nickel et casiers individuels. Vue dominante sur le marché depuis certaines chambres. Bar chaleureux avec billard et ambiance tamisée. En été, tour guidé de la ville chaque jour à 10h30 *(3 fois/sem hors saison).* Accueil adorable.

Franz Meininger Hotel – Wien Downtown Franz Hostel (plan, D1, **42**) : *Rembrandtstr. 21 (Wien 2). ☎ 720-88-20-65. • meininger-hotels.com • Ⓜ Schottenring (U2 ou U4). Résa conseillée. Dortoir (4-6 lits) env 30 €/pers ; doubles env 80-120 €. Petit déj-buffet 9,90 €.* Avec 130 chambres et près de 500 lits, cette AJ ultramoderne, sise dans un édifice tout rouge, propose des chambres se transformant en dortoirs (dont un réservé aux femmes) selon la demande. Impeccables, lumineuses, toutes avec sanitaires privés. Noter, sur chaque porte, les portraits façon hologramme évoquant de manière amusante l'empereur Franz. Cuisine dernier cri très complète à dispo. Une AJ à l'aise dans son époque, bien qu'assez aseptisée. Billard et location de vélos.

Hostel Ruthensteiner (plan, A5, **37**) : *Robert-Hamerling Gasse 24 (Wien 15). ☎ 893-42-02. • hostelruthensteiner.com • Ⓜ Westbahnhof (U6 ou U3). Résa conseillée. Dortoirs (6-10 lits) env 15-60 € ; doubles env 80-300 €. Séjour de 4 nuits max.* Petit immeuble bien tenu, abritant chambres, studios et dortoirs (mixtes ou non) de taille réduite, simples mais propres, modernes et agréables. Sanitaires à partager pour les dortoirs et certaines chambres doubles. Au rez-de-chaussée, bar et salles communes aux couleurs vives. Cuisine bien équipée et barbecue à dispo, laverie, garage (fermé) pour les vélos.

Westend City Hostel (plan, A5, **38**) : *Fügergasse 3 (Wien 6). ☎ 597-67-29. • viennahostel.at • Ⓜ Westbahnhof (U6 ou U3). Dortoirs (4-12 lits) 21-30 € ; doubles (lits superposés) 30-40 €/pers ; petit déj uniquement pour les groupes.* Dans une bâtisse datant du début du XXe s, à la façade rafraîchie dans des tons bleu-mauve assez vifs, chambres et dortoirs disposant tous de douche et toilettes privés. Laverie automatique. Petit jardin. Ambiance tranquille.

Jugendherberge Wien Myrthengasse (plan, B4, **36**) : *Myrthengasse 7 (Wien 7). ☎ 523-63-160. • 1070vienna.at • Bus nº 48A. Nuitées env 23,50-24,50 €/pers, petit déj compris. Sans la carte* Hostelling International, *séjour de 6 nuits max.* Dans une rue calme, cette bâtisse du XIXe s, à la belle façade et à l'intérieur moderne et fonctionnel, offre 260 lits répartis dans des chambres de 2 à 6 personnes, parfaitement tenues, certaines avec toilettes privées. Les dortoirs sont spacieux et propres. Le plus sympa reste la cour intérieure ombragée. Cafétéria proposant des repas bon marché le soir et laverie peu onéreuse. Bon accueil et ambiance à la cool.

Vienna Boutique Hostel (plan, A4, **33**) : *Kandlgasse 35 (Wien 7). ☎ 526-73-40. Ⓜ Westbahnhof (U3). Dortoirs 50-60 €/pers ; doubles 100-120 €.* Que d'élégance pour ces petits dortoirs aux lits (3 à 6, certains réservés aux femmes) superposés confortables, en bois foncé avec des rideaux rouges pour s'isoler, assortis à la moquette ! Aussi des chambres doubles, tout aussi élégantes et propres. Beau salon commun, à l'image du reste. Casiers. Accueil très gentil.

Palace Hostel (plan d'ensemble, **32**) : *Savoyenstr. 2 (Wien 16). ☎ 481-03-00. • hostel.at • Ⓜ Ottakring (U3), puis bus nos 46B ou 146B (très réguliers en sem). À l'ouest de la ville. Dortoir de 4 pers, compter 27 €/pers ; doubles 78 €, petit déj inclus (sinon 7 €). Possibilité de manger sur place. Parking gratuit.* Pour un séjour au château (celui de Wilhelminenberg), ou plutôt juste à côté, dans une adorable petite annexe nichée dans un écrin de verdure qui, de sa hauteur, offre une superbe vue embrassant Vienne. Chambres agréables avec salle de bains et toilettes privées, certaines avec terrasse. Laverie et kitchenette (micro-ondes et frigo) à dispo. Accueil sympa. Assez excentré, mais quelle belle adresse !

Bed & Breakfast

À l'est du Ring (3e arr.)

Hotel Spiess & Spiess *(plan, G4, **40**)* **:** *Hainburger Str. 19. ☎ 714-85-05. • spiess-vienna.at • Ⓜ Rochusgasse (U3). Studios et familiales 125-200 € pour 2, petit déj inclus (gratuit moins de 15 ans) ; 26 €/pers supplémentaire.* À la lisière du centre historique, studios (sans cuisine) d'environ 30 m², bien équipés, lumineux, calmes et à la propreté irréprochable. Certains bénéficient d'un agréable balcon donnant sur un petit jardin. Sauna *(tlj 13h-20h).*

Pensions et hôtels

IMPORTANT : le petit déj n'est pas toujours inclus dans le prix des chambres ci-après (c'est pourquoi nous le précisons). Consultez les sites internet pour profiter des meilleurs tarifs, ceux-ci variant notablement d'une semaine sur l'autre pour les grands hôtels, selon l'offre du moment.

Dans le centre historique (1er arr.)

De prix moyens à chic

Motel One Wien-Staatsoper *(zoom, D4, **72**)* **:** *Elisabethstr. 5. ☎ 585-05-05. • motel-one.com • Ⓜ Karlsplatz (U1, U2 ou U4). Doubles env 120-150 €, sans petit déj.* Les hôtels de chaîne ne sont pas vraiment notre tasse de thé, mais il faut reconnaître que celui-ci (400 chambres tout de même !), dans son magnifique édifice classé, tire brillamment son épingle du jeu. Vastes espaces communs où l'ancienne partie, richement ornementée et flanquée d'un charmant patio, se pare d'une déco design très réussie. Chambres du même acabit, où quelques éléments colorés viennent dynamiser la blancheur des murs, et excellente literie. Une bonne adresse, offrant un service pro et décontracté.

Pension Suzanne *(zoom, D4, **63**)* **:** *Walfischgasse 4. ☎ 513-25-07. • pension-suzanne.at • Ⓜ Karlsplatz (U1, U2 ou U4). Réception au 1er étage. Doubles ou apparts 120-200 € ; petit déj 13 €.* Un classique viennois ! Ne pas se fier aux escaliers froids et tristes, car les chambres s'avèrent confortables et élégantes, avec leur déco de rouge et de vert à l'ancienne. Aussi de petits apparts avec cuisine. Petit déj copieux.

Pension Dr Geissler *(zoom, E3, **60**)* **:** *Postgasse 14. ☎ 533-28-03. • hotelpension.at/dr-geissler • Ⓜ Schwedenplatz (U1 ou U4). Réception au 8e étage (ascenseur). Doubles env 55-155 €, avec petit déj ; les moins chères partagent les sanitaires. Réduc si résa en direct en ligne.* Une vingtaine de chambres habitent cette pension dont l'accueil et les prix font vite oublier le côté austère de l'immeuble. Chambres donnant sur rue (plutôt calmes à moins de dormir fenêtres ouvertes), petites et banales mais confortables.

City Pension *(zoom, D3, **61**)* **:** *Bauernmarkt 10. ☎ 533-95-21. • citypension.at • Ⓜ Schwedenplatz (U1 ou U4) ou Stephansplatz (U1 ou U3). Doubles env 140-230 € ; familiales. Petit déj 16 €. 3 nuits min.* La belle cage d'escalier mène aux chambres rénovées, confortables et impeccables, malgré des salles de bains un poil exiguës. Très calme.

Pension Riedl *(plan, E3, **41**)* **:** *Georg-Coch Platz 3. ☎ 512-79-19. • pensionriedl.at • Ⓜ Schwedenplatz (U1 ou U4) ou Stubentor (U3). Au 4e étage avec ascenseur. Congés : janv. Doubles 96-134 €.* Sur une place tranquille, dans un bel édifice Art nouveau, une pension charmante et paisible d'une dizaine de chambres à la déco contemporaine. Accueil discret.

De chic à très chic

Hotel Kärntnerhof *(zoom, E3, **65**)* **:** *Grashofgasse 4. ☎ 512-19-23. • karntnerhof.com • Ⓜ Schwedenplatz (U1 ou U4). Doubles env 150-290 €, petit* *déj compris. Parking privé à proximité (25 €/nuit).* Au fond d'une impasse, derrière une belle et grande façade Biedermeier, se cache le plus petit « Grand Hôtel » de Vienne, comme certains l'ont appelé. Plus rien à voir évidemment avec l'ancienne maison de passe de Mme Rosa, qui a donné son nom à l'une des suites. Toutes les chambres ont été rénovées dans un design intemporel très doux, le plus souvent dans des tons gris et bleu. Subsistent quelques beaux éléments d'origine comme de superbes carrelages et un ascenseur à l'ancienne. Un brin mélancolique ! Jolie terrasse sur le toit avec un bout de vue.

Hotel Wandl *(zoom, D3,* ***66****) : Petersplatz 9. ☎ 53-45-50. • hotel-wandl.com • Ⓜ Stephansplatz (U1 ou U3). Doubles 180-250 €, petit déj-buffet inclus. Promos en ligne.* Les prix élevés de cet hôtel se justifient par sa situation, en plein cœur historique. Chambres de grand confort, rénovées dans un style contemporain plaisant quoiqu'un peu tristoune, dans les tons blancs (avec parfois une touche bienvenue de rouge ou de doré).

Hotel König von Ungarn *(zoom, E3,* ***67****) : Schulerstr. 10. ☎ 51-58-40. • kvu.at • Ⓜ Stephansplatz (U1 ou U3). Doubles env 250-300 €, petit déj compris.* Belle demeure patricienne du XVIe s dans la pure tradition viennoise. Depuis 1746, elle a accueilli de nombreux personnages célèbres dans ses chambres toutes différentes, délicieusement cossues dans la partie ancienne, plus modernes dans l'autre. Beaux tissus et meubles anciens cohabitent avec le confort que l'on exige d'un établissement de luxe. Très agréable salon dans le patio couvert, où l'on peut aussi prendre un verre ou dîner.

Hotel Domizil *(zoom, E3,* ***68****) : Schulerstr. 14. ☎ 513-31-99. • hoteldomizil.at • Ⓜ Stephansplatz (U1 ou U3). Doubles env 185-215 €, petit déj inclus.* Un paisible hôtel 4 étoiles au confort discret et à l'accueil plein de gentillesse. Côté chambres, rien d'inoubliable car très classiques et sans fantaisie, mais impeccables et au confort irréprochable.

Hotel Topazz-Lamee *(zoom, D-E3,* ***69****) : Lichtensteg 3. ☎ 532-22-50. • hoteltopazzlamee.com • Ⓜ Stephansplatz (U1 ou U3) ou Schwedenplatz (U1 ou U4). Doubles 250-300 €, sans petit déj (29 € tt de même !). Promos en ligne.* Inspiré des travaux du peintre et décorateur Koloman Moser, ce superbe hôtel design se distingue par sa façade futuriste, toute noire, percée de grands et intrigants hublots. Cette austérité cache d'élégantes chambres à la déco contemporaine, soignée et bien pensée : tons noir et blanc, alternance entre bois de la chambre et marbre des luxueuses salles de bains... Dernier point fort, le superbe *rooftop*, ouvert à tous jusqu'à 1h, extra pour l'atmosphère, la vue sur la cathédrale et son côté *beautiful people* décontracté pour un verre en fin de journée. L'accueil et le service sont à la hauteur du standing : superbe petit déj et verre de vin (de la propriété) offert aux clients.

De l'autre côté du Donaukanal *(2e arr.)*

Prix moyens

Meininger Downtown Sissi Hotel *(plan, E2,* ***39****) : Schiffamtsgasse 15. ☎ 720-88-20-66. • meininger-hotels.com • Ⓜ Schottenring (U2 ou U4). Doubles env 80-120 € ; petit déj-buffet 11 €.* Bien que rehaussé de rouge, le bâtiment ne respire pas la gaieté. Son intérieur est pourtant très agréable, chaleureux et fonctionnel. C'est avant tout la modestie des prix qui attire, ainsi que la proximité du centre historique. Grand salon avec billard et cuisine à dispo. Noter les portraits de personnages habillés en Sissi sur les portes : amusant. Accueil au top.

Au sud du Ring *(4e et 6e arr.)*

De prix moyens à chic

Kolping Wien Zentral *(plan, C5,* ***53****) : Gumpendorfer Str. 39 (Wien 4). ☎ 897-23-36. Ⓜ Neubaugasse (U3) ou Kettenbrückengasse (U4). Doubles 100-200 €, petit déj inclus.* L'amusante façade colorée cache des chambres plus sobres, voire tristounes, mais agréables et confortables, avec beaucoup de rangements. Son point fort ? Un bon rapport qualité-prix, dans un secteur pourtant prisé : on est à peine à 10 mn à pied du MuseumsQuartier. Et pourtant, l'ambiance ici est vraiment calme.

Grätzl Hotel (plan, D6, **55**) : *Favoritenstr. 17/ 3-5 (Wien 4). ☎ 208-39-04. • graetzlhotel.com • Ⓜ Taubstummengasse (U1). Résa indispensable. Studios pour 2 pers à partir de 110-150 €.* Une équipe de 3 jeunes designers transforme d'anciens locaux commerciaux en coquettes *street suites* (25-35 m² pour 2 personnes). On compte 8 studios dans un petit périmètre autour du siège (à 5 mn à pied maximum). Pour une expérience de Vienne très urbaine. Autres studios proches de *Karmelitermarkt* et de *Meidlingermarkt*, près de Schönbrunn.

À l'ouest du Ring

(7e et 8e arr.)

Prix moyens

Pension Wild (plan, B3, **45**) : *Lange Gasse 10 (Wien 8). ☎ 406-51-74. • pension-wild.com • Ⓜ Volkstheater (U2 ou U3). Congés : 2 sem fin déc. Doubles env 125 €, copieux petit déj-buffet inclus. Parking (15 €/j).* Pension à l'ancienne (1960) dans un quartier vivant et central. Pas de charme particulier, mais les chambres sont propres, spacieuses et confortables (les moins chères avec douche et w-c à l'extérieur à partager). Accueil convivial.

De prix moyens à très chic

25hours Hotel Wien (plan, B3-4, **46**) : *Lerchenfelder Str. 1-3 (Wien 7). ☎ 521-510. • 25hours-hotels.com • Ⓜ Volkstheater (U2 ou U3). Doubles avec ou sans kitchenette 110-220 € ; petit déj 25-28 €.* Probablement l'un des hôtels les plus inventifs et audacieux de Vienne ! Cet ancien foyer pour étudiants a été entièrement remanié en 220 chambres décorées sur le thème du cirque, avec grandes fresques aux murs, objets rigolos en pagaille et petites attentions en forme de clins d'œil (balles de jonglage, tapis de gym ou de yoga...). Confort, humour et modernité cohabitent ici avec bonheur. Les 12 chambres panoramiques, dotées d'immenses baies vitrées s'ouvrant sur la ville, sont absolument uniques. Certaines ont même une baignoire sur le balcon ! Au 8e étage, en accès libre, le bar avec *Der Dachboden,* une terrasse dominant la ville (voir « Où boire un verre tout en grignotant ? Où sortir ? Où écouter de la musique ? »). Resto *Ribelli* au rez-de-chaussée (voir « Où manger ? »). Location de vélos. Une adresse vraiment exceptionnelle.

Hotel Rathaus Wein & Design (plan, B3, **50**) : *Lange Gasse 13 (Wien 8). ☎ 400-11-22. • hotel-rathaus-wien.at • Ⓜ Volkstheater (U2 ou U3). Doubles env 250 € ; petit déj 20 €.* Derrière une sage façade du XIXe s se cache un concept original, qui se décline autour des vins autrichiens. Chacune des chambres est liée à un viticulteur, avec les portes reproduisant – format XXL – les étiquettes de leurs meilleures bouteilles. Le reste de la déco est épurée. Confort parfait (superbes salles de bains) et dégustation possible au *Wein Lounge.* Excellent petit déj-buffet, l'un des meilleurs de la ville (mais cher) ! Une belle adresse, calme de surcroît et parfaitement centrale.

Altstadt Vienna (plan, B4, **49**) : *Kirchengasse 41 (Wien 7). ☎ 522-66-66. • altstadt.at • Ⓜ Volkstheater (U2 ou U3). Réception au 1er étage. Doubles 200-250 €, petit déj compris ; suites et apparts.* Une adresse de caractère que ne laissent pas soupçonner l'entrée et la réception. Son propriétaire, grand voyageur, a arpenté la planète et en a rapporté une idée de l'hôtellerie bien personnelle. Il propose sur 5 étages une soixantaine de chambres et suites à l'espace très généreux (l'immeuble, de 1902, le permet), certaines avec kitchenette. Les plus lumineuses, à l'avant, ont vue sur le clocher de Sankt Ulrich, les plus calmes, à l'arrière, sur des terrasses aménagées. Chambres confortables, toutes différentes, mais ce sont vers les suites agencées dans le style années 1920-1930 que vont tous les suffrages. Copieux buffet au petit déj.

Hotel Trend Rathauspark *(zoom, C3, **71**) : Rathausstr. 17 (Wien 7). ☎ 404-120. • radissonhotels.com • Ⓜ Schottentor. Doubles 80-270 € ; junior suites ; petit déj 19 €.* Niché dans un édifice du XIXe s au calme, l'établissement propose un charme discret et un confort total. À l'intérieur se dégage une atmosphère douillette et cossue à la fois. Chambres de grand confort, avec une excellente literie et un superbe petit déj.

Max Brown Hotel *(plan, A4, **51**) : Schottenfeldgasse 74 (Wien 7). ☎ 376-10-77. • maxbrownhotels.com • Ⓜ Burggasse-Stadthalle. Resto tlj 17h-minuit (1h ven-sam). Doubles 100-160 €, petit déj 20-24 € (!). Plats 9-19 € ; viandes plus chères.* La façade kaki tristounette cache un intérieur gai comme un pinson. Vintage, créatives et contemporaines, voilà les 3 adjectifs qui viennent à l'esprit pour qualifier les chambres, sises dans 2 édifices séparés par une courette. Meubles dépareillés, murs de béton brut, déco décalée... On aime les tourne-disques dans les chambres (quelques vinyles à dispo et *bluetooth* !). Salon agréable en demi-sous-sol, un autre avec billard et mobilier de récup. Et même une étonnante petite salle de ciné. Location de vélos. Le grand resto au rez-de-chaussée, ***Seven North,*** à la déco industrielle revisitée, propose une cuisine méditerranéenne variée et de qualité (plats de légumes, pizzas, etc.).

The Levante Rathaus *(plan, B2, **47**) : Laudongasse 8 (Wien 8). ☎ 228-282-00. • thelevante.com • Bus n° 13A. Ⓜ Rathaus (U2). Ⓣ n° 33. Apparts-hôtels tt confort 120-300 €.* Un petit hôtel à la déco intime et plaisante. Chambres donnant sur rue ou sur cour et studios et apparts cosy, certains avec kitchenette et coin salon *(à réserver en direct).*

Hotel Am Brillantengrund *(plan, B4, **56**) : Bandgasse 4 (Wien 7). ☎ 523-36-62. Ⓜ Zieglergasse (U3). Doubles 180-240 €, petit déj inclus ; aussi des suites et des apparts.* Que de beauté ! Lovées dans un bâtiment protégé de style Biedermeier, les chambres se répartissent sur les étages autour d'une belle cour intérieure colorée et verdoyante. On se croirait presque dans les villages vignerons ! Chambres vintage, toutes différentes, qui ramènent quant à elles dans les années 1950 à 1980. L'hôtel organise aussi régulièrement des événements style expos, lectures, concerts... ainsi que des randos à vélo *(location sur place).*

À proximité du château de Schönbrunn
(12e et 15e arr.)

De prix moyens à chic

Boutiquehotel Stadthalle *(plan d'ensemble et hors plan par A4, **57**) : Hackengasse 20 (Wien 15). ☎ 982-42-72. • hotelstadthalle.at • Ⓜ Burggasse-Stadthalle (U6), Westbahnhof ou Schweglerstr. (U3). Doubles env 130-260 €.* Un charmant boutique-hôtel dont les chambres, avec des décos différentes et amusantes, sont gaies, spacieuses, très calmes et bien équipées. En prime, beau jardin, véranda vitrée et patio aux murs végétalisés. Petit déj bio, bilan carbone nul grâce aux installations solaires et éoliennes, récupération des eaux de pluie... l'hôtel multiplie les initiatives écolo, et ça se sent !

OÙ MANGER ?

IMPORTANT : si d'ordinaire, les Autrichiens déjeunent et dînent relativement tôt, les cuisiniers sont aux fourneaux dès 11h et jusqu'à 22h30. Vous pouvez manger à toute heure ou presque dans une brasserie ou un *Beisl,*

café-restaurant à l'ancienne revenu au goût du jour. Pour avoir une chance de dîner, on vous conseille de chercher une table le soir avant 21h30 ou, au mieux, de réserver.
Ne perdez pas de vue que dans les restos viennois, on paie le pain en plus, et que parfois de petits *zakouski* (hors-d'œuvre) sont déposés sur la table sans avoir été commandés. Si vous ne voulez pas les payer (et c'est votre droit), n'y touchez pas.
ATTENTION ! Dans ce chapitre, vous ne trouverez pas les innombrables cafés-restaurants aménagés dans les musées, ceux-ci étant signalés dans les pages « À voir » à la fin de chaque texte. Des lieux souvent agréables pour manger sur le pouce, ou se poser le temps d'un goûter rapide.

Dans le centre historique
(1er arr.)

Sur le pouce

Si vous souhaitez manger un bout rapido, vous n'aurez aucune peine à dégoter un *Würstelstand* à chaque coin de rue. Il s'agit de cabanes qui débitent différentes sortes de saucisses (la traditionnelle *Käsekreiner*, la *Burenwurst* mais aussi la *Currywurst allemande* ou la *Frankfurter*) généralement accompagnées d'un *Brötchen,* petit pain de farine blanche. Bon et pas cher.

Bitzinger *(zoom, D4,* ***89****) : Augustinerstr. 1. ☎ 533-10-26. Tlj 8h-4h du mat (3h lun-mar) ! Compter 4-5 €.* Au pied de l'Albertina, on trouve ce *Würstelstand* (kiosque à saucisses) au design moderne. Considéré comme le plus chic du centre, il possède un petit frère à l'entrée du Prater. Le ***Würstelstand am Hohen Markt,*** tout comme ceux proches de la *Kärtner Straße* (ouverts de 7h ou 9h jusqu'à 4h du mat), devraient vous satisfaire tout autant... Pour la fraîcheur des produits, les Viennois vous conseilleront toujours les stands du centre, vu le passage.

Trzesniewski *(zoom, D3,* ***90****) : Dorotheergasse 1. ☎ 512-32-91. Lun-ven 8h30-19h30, sam 9h-18h, dim 10h-17h. Canapé 1,70 €.* On ne se risquera pas à essayer de le prononcer... Héritage de la gastronomie tchèque, ce lieu populaire permet de manger sur le pouce (mais souvent debout) : pratique, rapide et pas cher. En plus, l'ambiance y est conviviale ! Cadre tout simple : un comptoir, quelques tables. Spécialisé dans la préparation de petites tartines de pain de seigle garnies de thon et œuf mimosa, hareng, champignons en purée, foie... le tout délicatement parfumé. Pour arroser ça, bière (appelée « Pfiff ») servie dans des minichopes. Parfait pour une petite grignote pas chère.

De très bon marché à prix moyens

Hiddenkitchen City *(zoom, D3,* ***88****) : Färbergasse 3. ☎ 276-83-98. Tlj sauf w-e 11h-15h. Congés : 3 sem août et 2 sem fêtes de fin d'année. Menus 12-17 €.* Une excellente cantine tout en simplicité, qui propose des salades riches et variées, à choisir dans les grands plats présentés sur le comptoir. Aussi des soupes et du ragoût, avec des options végé, végan, et sans gluten. Une adresse saine, dans la mouvance de la Vienne actuelle, revendiquant le retour aux produits du potager. Frais, sain, coloré. 2 autres adresses : Hidden Kitchen Park *(Invalidenstr. 19)* et Kiosk *(Langegasse 63).*

Miznon *(zoom, E3,* ***92****) : Schulerstr. 4. ☎ 512-10-53. Tlj sauf dim-lun 12h-23h. Pitas 9-14,50 €, légumes grillés 6,50-10,50 €.* Cette cantine méditerranéenne très branchée, tenue avec gentillesse par une jeune proprio originaire de Tel Aviv, a fait des petits à travers le monde. Vienne, mais aussi New York, Melbourne et Paris accueillent ce temple de la pita. Dans un joyeux bazar, on commande au comptoir une *street food* colorée, fraîche, copieuse et volontiers portée sur les légumes bio (plein d'options végés). On déguste des pitas bien garnies, une ratatouille colorée et goûteuse ou de simples légumes grillés, en terrasse ou sur les tables du fond. Excellente citronnade maison.

Kleines Café (zoom, E3, **164**) : *Franziskanerplatz 3. Tlj 10h-2h (jusqu'à minuit dim). Petits en-cas 10-12 €. CB refusées.* Minuscule, comme son nom l'indique (*kleines* signifie « petit »), mais charmant, sur l'une des places les plus attachantes de la vieille ville. À l'intérieur, moleskine et jeux de glaces meublent une mignonne salle voûtée. Atmosphère le plus souvent calme et intime. À la carte, de bons petits déjeuners, des omelettes, salades mais aussi de généreuses tartines de pain couvertes de plein de bonnes choses. Jolie terrasse, calme et convoitée.

Prix moyens

Huth (zoom, E4, **95**) : *Schellinggasse 5. ☎ 513-56-44. Tlj sauf lun 12h-23h (cuisine jusqu'à 22h). Menu midi en sem env 14-16 € ; plats env 16-29 €.* Une institution : il y a des *Huth* de chaque côté de la rue, le patron possédant aussi le *Max Grill House* et la pizzeria *Huth Da Moritz* *(pizzas env 11-21,50 €).* Mais c'est sa *Gasthaus* traditionnelle que l'on aime le plus. On préfère sa terrasse accueillante à la salle assez banale. Dans tous les cas, accueil pro et bonne carte de spécialités locales, cuisinées et servies dans les règles de l'art. Vrai *Tafelspitz,* notamment. Et toujours une option végé !

Qero (zoom, D2, **93**) : *Börsepl. 5. ☎ 532-03-95. Tlj sauf dim 11h (17h sam)-minuit. Plat du jour le midi 12 € ; sinon, plats 16-28 €.* Bienvenue au Pérou ! Sur la terrasse face au parc pour enfants, ou dans une salle élégante mais pas guindée du tout, on déguste une bonne cuisine péruvienne, à accompagner pourquoi pas d'un *pisco.* Le midi, menu unique du jour à prix abordable. Le soir, délicieuse carte courte.

Ofenloch (zoom, D3, **101**) : *Kurrentgasse 8. ☎ 533-88-44. Tlj sauf dim 12h-23h ; (21h45 cuisine). Plats 17-29 € ; menus soir 42,50-50 €.* Depuis 1704, cette taverne située dans une ruelle pavée du quartier juif, à 2 pas d'Am Hof, nourrit et abreuve les clients. Superbe immeuble baroque qui abritait autrefois le palais des légats. Dans un intérieur chaleureux, plusieurs salles voûtées, banquettes confortables et tables en bois donnent à l'ensemble un aspect rustique. Spécialités autrichiennes simples et savoureuses. La liste des vins est affichée sur une ardoise suspendue au plafond. En été, terrasse très agréable bordée de lierre.

Figlmüller (zoom, E3, **96**) : *Wollzeile 5. ☎ 512-61-77. Tlj 11h-22h30 (21h30 cuisine). Résa conseillée. Plats 13-26 €.* Un lieu touristique, toujours bondé, où l'on prend place dans l'une des petites salles coquettes et chaleureuses. Parfait pour une escalope (évidemment viennoise !) taille XXL, accompagnée d'une salade de pommes de terre et d'un verre de rouge du Burgenland. Bon *veal goulash* pour les amateurs. *2de adresse : Bäckerstr. 6 ; ☎ 512-17-60 ; tlj 11h30-23h30.*

Lugeck (zoom, E3, **98**) : *Lugeck 4. ☎ 512-50-60. Tlj 11h30-minuit (22h cuisine). Plats 18,50-29,50 €.* La célèbre dynastie Figlmüller propose ici une version XXIe s de l'auberge viennoise traditionnelle. Déco contemporaine derrière cette superbe façade classée, aux accents Art déco, avec de grands carreaux vert d'eau et un élégant escalier de bois en spirale. Belle terrasse pour (re)découvrir la *Wiener Schnitzel* (copieusement servie) et plus raffinée que dans d'autres restos traditionnels. Tous les classiques de la cuisine autrichienne sont bien présents, en version allégée. Si la salle du bas est un peu bruyante, grimpez donc à l'étage, plus calme.

KLYO (plan, F3, **133**) : *Uraniastr. 1. ☎ 710-59-46. Tlj 9h-minuit ; terrasse à partir de 17h (10h w-e). Plats 10-23 €.* Au bord du Donaukanal, une terrasse en hauteur pour profiter du coucher de soleil sur l'eau. La route est toute proche, mais on l'entend à peine, concentré sur son cocktail (dont plusieurs créations sur le thème de l'astrologie pour ceux qui aiment). On profite aussi pour goûter un bon burger, une salade, ou un plat choisi dans la courte carte.

De chic à très chic

Labstelle *(zoom, E3, **97**) : Lugeck 6. ☎ 236-21-22. Tlj sauf dim, midi et soir. Menus déj en sem 21-30 € ; Frühstück/brunch sam 39 € ; plats 24-34 € ; menus soir 45-95 €.* Un lieu adepte de la mouvance locavore et saisonnière, où l'on vient « se régaler » ou « se rafraîchir » (*laben* en v.o.). Salle contemporaine et stylée, bien dans son époque et terrasse élégante dans la ruelle piétonne verdoyante. Parfait aussi pour un brunch le samedi.

Zum Schwarzen Kameel *(zoom, D3, **103**) : Bognergasse 5. ☎ 533-81-25. Tlj 8h-minuit. Côté bistrot, délicieux petits canapés ; côté resto, plats 26,50-31 €, menus 5 plats 75,50-99 €.* Un grand classique de Vienne, ouvert depuis plus de 400 ans ! Une partie épicerie fine-bar permet de déguster de délicieux petits canapés avec un verre de vin, pour se mettre dans l'ambiance de cet établissement où rien ne semble avoir bougé, plein de charme avec sa superbe déco *Jugendstil*. La partie resto est plus chic, voire très chic, et les prix s'en ressentent. La carte n'y est pas très longue, mais les plats sont goûteux et servis avec style.

Salon Plafond *(plan, E3, **120**) : Stubenring 5. ☎ 226-00-46. Tlj 10h-minuit. Plats 16-29 €.* Dans l'enceinte du musée MAK, ce lieu design prend sa source dans le style des années 1950. Vaste salon chaleureux, dont le riche plafond à caissons complète avec humour le patronyme. Plats issus du fond de sauce culinaire classique autrichien, mais largement revisité : une réussite ! Excellent service.

De l'autre côté du Donaukanal (2e arr.)

Au marché !

Karmelitermarkt *(plan, E2) : tlj sauf dim.* À 10 mn du centre ancien, de l'autre côté du pont sur le Donaukanal, un marché de quartier, agrémenté de kiosques qui abritent des bars et petits restos sympas comme tout. Le lieu est devenu un vrai rendez-vous de la vie viennoise, en fin de semaine notamment. On achète bio, local de préférence, avant de se poser au coin d'un stand pour un petit déj sucré-salé. Selon l'humeur, on s'installe à la terrasse du ***Zimmer 37*** *(en principe mar-jeu 10h30-18h, ven 8h30-18h, sam 8h30-14h, fermé dim-lun ; parfois plus tôt et plus tard si beau temps ; menus env 12,50-14,50 €, plats env 6-11 €),* une adresse bio où l'on déguste une bonne soupe maison ou un plat du jour bien ficelé. Autre halte sympa, chez ***Kaas am Markt*** *(tlj sauf dim 8h-19h – 15h lun, 14h sam),* juste à côté, où l'on peut aussi faire quelques emplettes.

VIENNE

De très bon marché à prix moyens

Pizza Mari' *(plan, E2, **142**) : Leopoldsgasse 23A. 📱 0676-687-49-94. Tlj sauf dim-lun 12h-15h, 18h-22h30. Pizzas env 8-18 €.* Une authentique pizzeria italienne qui fait toujours le plein. Bonnes pizzas cuites au feu de bois dans un four napolitain. Bien si on loge dans le secteur, mais on ne fait pas le déplacement exprès.

Caffe Altenberg *(plan, E2, **121**) : Leopoldsgasse 33. 📱 0660-723-38-52. Lun-jeu 16h-2h, ven-sam 9h-2h, dim 9h-minuit. Menu midi en sem env 17 € ; plats env 12-18 €.* On aime bien se retrouver dans ce chaleureux troquet-resto après le marché (juste à côté), dans la salle ornée de grands portraits retravaillés ou sur le bout de terrasse cerné de plantes. À la carte, des plats italiens de bon aloi, servis avec le sourire. Tout aussi sympa le soir, pour un bon verre de vin (italien ou autrichien), à la rencontre des gens du quartier.

De prix moyens à chic

Skopik & Lohn *(plan, E2, **143**) : Leopoldsgasse 17. ☎ 219-89-77. Tlj sauf dim-lun 18h-minuit (23h cuisine). Plats 12,50-26 €.* Une des belles adresses du quartier. Plutôt classique côté cuisine, avec une carte qui puise dans le répertoire austro-hongrois et italien, elle se démarque vraiment par sa déco, due à Otto Zitko, un artiste réputé pour son originalité. Parfaite incarnation de la modernité dans la culture des bistrots viennois. Superbe terrasse côté rue, cernée de plantes vertes.

Schweizerhaus *(plan, G2,* ***119****) : à l'intérieur du Prater. De mi-mars à oct, tlj 11h-23h. Plats 11-22 €. CB refusées.* Un *Biergarten* haut en couleur ! Une adresse chère à tous les Viennois qui y vont en famille ou entre amis après une balade dans le parc. Souvent pas mal de monde, alors on tente sa chance, côté jardin ou à l'intérieur, et on est gentil avec les serveurs si on veut être servi rapidement. Côté carte, c'est simple, tout le monde vient ici pour partager à 2 un jarret grillé *(Schweinsstelze)* accompagné d'une bière maison moussue. Saucisses et salades pour ceux qui manqueraient d'appétit.

Café Ansari *(plan, E2,* ***145****) : Praterstr. 15 ☎ 276-51-02. Lun-sam 8h-minuit, dim 9h-14h30. Plats 17-25 €.* Élégant bistrot à la déco contemporaine et feutrée, égayée par de jolis bouquets sur les tables. Dans les assiettes, le patron libanais et sa femme, d'origine géorgienne, lancent des passerelles entre les cuisines de leurs pays respectifs. Cela donne de petits plats savoureux et originaux : raviolis à la géorgienne, salades saupoudrées de grenade, houmous, viandes grillées à la broche... Grand choix de vins, avec quelques crus géorgiens vieillis en amphores. Dépaysant et raffiné. Jolie terrasse pour les beaux jours.

Au sud et à l'est du Ring

(3e et 4e arr.)

De bon marché à prix moyens

Salm Bräu *(plan, E5,* ***140****) : Rennweg 8 (Wien 3). ☎ 799-59-92. Tlj 11h-23h30 (22h30 cuisine). Formule déj env 12 € ; bons plats traditionnels env 17-26 € ; énorme jarret de porc 30,50 € servi pour 2 pers.* Une authentique brasserie, avec bière pression et ambiance garanties maison. On a bien aimé le jarret de porc braisé, leur spécialité. Excellents travers de porc et classique *Wiener Schnitzel*. Éviter la salle en sous-sol et préférer une table près des cuves (c'est aussi une brasserie) ou dans la *Georgsaal* datant de 1717 (vous êtes dans le cloître des Salésiens !). Sinon, agréable terrasse dans la cour aux beaux jours.

Joseph Brot *(plan, F4,* ***126****) : Landstr. 4 (Wien 3). ☎ 710-28-81. Lun-ven 7h30-19h, w-e 8h-17h (18h dim).* Une boulangerie-pâtisserie très réputée à Vienne, qui fournit nombre de grands restaurants. Une partie resto est installée dans une grande salle design et épurée. On surfe sur la vague bio (mais pas exclusivement) et locavore ! Plusieurs formules de petits déj délicieux, sandwichs, salades, jus de fruits frais, bagels, soupe du jour... Impeccable pour satisfaire toutes les petites faims de la journée. 6 autres adresses à Vienne.

Café-restaurant Resselpark *(zoom, D4,* ***105****) : Wiedner Haupstr. 1 (Wien 4). ☎ 505-56-28. Tlj 11h-21h (20h w-e). Menu déj en sem env 10 € ; plats 11-23 €.* Cuisine traditionnelle servie sur la terrasse quand les journées sont belles, ou dans une salle agréable avec vue sur le parc. Voici une adresse pas forcément touristique (on est tout près de la *Karlsplatz*), qui continue de proposer un menu copieux à prix imbattable le midi, des vins à prix doux et des plats qui vous permettront de repartir du bon pied. Spécialités de délicieuses *Knödel* (boulettes) à la viande, aux pommes de terre ou épinards-fromage selon la saison.

Aguacate Latin Food *(plan, F6,* ***132****) : Landstraßer Gürtel 19. ☎ 320-99-95. Tlj sauf lun 11h-20h (11h30-17h dim). Plats env 9-13 €.* Tout près du Belvédère et du Jardin botanique, au bord de la route, une adresse vénézuélienne qui sert *arepas, bowls,* et tapas à petits prix. Quelques tables seulement à l'intérieur, mais on peut aussi emporter et manger dans l'un des jardins attenants quand il y a du monde (et c'est souvent le cas !).

Chic

Meierei im Stadtpark *(plan, E4, **144**) : Am Heumarkt 2A (Wien 3). ☎ 713-31-68-10. Tlj sauf dim 8h-23h (9h-19h sam). Brunchs 21-25 € ; plats 14,50-32,50 € le midi ; menus 66,66-88,88 € le soir.* Attention, ne vous trompez pas d'entrée : *Meierei im Stadtpark* dépend de l'une des plus grandes tables de la ville qui se cache à l'est du *Stadtpark*, le *Steirereck (menus 205-225 €, si vous avez envie de vous l'offrir...).* Un bar à lait et à fromages très classe, relooké par un designer contemporain, moins guindé que le restaurant classé parmi les meilleurs d'Europe, mais pas l'endroit où venir en short malgré tout. Une « laiterie », devrait-on plutôt dire (*Meierei* en v.o.), puisqu'ici ce sont les fromages qui sont à l'honneur, ainsi que les produits laitiers, tout comme ceux du potager. Très bon, très frais, forcément, la cuisine étant commune avec le gastro. Large choix de desserts. Belle terrasse avec vue sur la Vienne.

Au sud du Ring, près du Naschmarkt (4e et 5e arr.)

À distance convenable du centre, et prolongement naturel du précédent, ce quartier populaire en pleine réhabilitation est devenu ***très tendance***, et les tables qui s'y ouvrent vous changeront des tavernes habituelles. Tout tourne en fait autour du cosmopolite ***Naschmarkt*** *(Ⓜ Karlsplatz)*, riche de surprises. En s'éloignant un peu du marché, au croisement de la Schlossgasse et de la Margaretenstraße *(Ⓜ Pilgramgasse)*, on découvre un autre quartier attachant de Vienne, avec ses maisons basses de style Biedermeier et ses nombreuses petites cours intérieures, où ont fleuri de charmants *Beisl* (auberges).

Au marché !

Stands du Naschmarkt *(plan, C-D4-5) : Wien 4. Tlj sauf dim. Repas env 10-25 €.* Les Viennois adorent s'y retrouver, moins pour faire leur marché que pour déjeuner ou dîner sur place. Vous n'aurez ici que l'embarras du choix. Laissez votre nez et vos yeux vous guider parmi les superbes étals d'épices, de fleurs, de produits bio. Les épiceries, boucheries, poissonneries et autres enseignes traditionnelles continuent de prospérer, au milieu des échoppes consacrées à la cuisine, toujours plus nombreuses. Les terrasses prennent leurs aises dès les 1ers beaux jours. Le plus difficile sera de vous décider entre les spécialités viennoises, indiennes, chinoises, turques, japonaises, grecques et bien d'autres encore... Sans oublier la cuisine juive, bien représentée par ***Neni*** et ses satellites. Même s'il n'y a plus de place en terrasse, grignotez sur le pouce une tartine au fromage, du poisson mariné, quelques huîtres ou un pain garni de *Leberwurst,* à moins que vous ne soyez accro aux sucreries. Si vous êtes plutôt bio, rendez-vous chez ***Tewa.*** Vous préférez le poisson ? Direction ***Umarfisch.*** Le Naschmarkt offre un voyage culinaire à bon compte (enfin, presque !) en plein cœur de Vienne.

De bon marché à prix moyens

Café Anzengruber *(plan, C5, **131**) : Schleifmühlgasse 19, angle Mühlgasse (Wien 4). ☎ 587-82-97. Tlj sauf dim-lun 16h-1h. Plats env 16,50-26,50 € servis non-stop jusqu'à 23h. CB refusées.* Un *Beisl* mythique, entre café viennois et bistrot de quartier. On vient y passer quelques heures à refaire le monde, ou regarder un match sur grand écran. Excellent goulasch. S'y retrouvent joyeusement artistes, intellos, étudiants et habitués du quartier.

De prix moyens à plus chic

Silberwirt *(plan, C6, **135**) : Schlossgasse 21 (Wien 5). ☎ 544-07-67. Ⓜ Pilgramgasse (U4). Un peu plus éloigné du Naschmarkt. Tlj 12h-minuit (22h30 cuisine). Formule déj env 9-10 € ; plats 12-24 €.* Dans un vieux quartier attachant, avec de longues maisons basses à un étage. Celle-ci

VIENNE

ne compte pas moins de 70 fenêtres en façade ! C'est un *Biergarten* populaire (depuis 1786), chaleureux et animé, particulièrement agréable côté jardin. Cuisine classique et belle carte des vins. Beaucoup de monde le week-end.

Motto (plan, C5, **134**) : *Schönbrunner Str. 30, entrée Rüdigergasse (Wien 5). ☎ 587-06-72. Ⓜ Pilgramgasse (U4). Tlj 18h-2h (4h ven-sam). Brunch le w-e 11h-16h. Résa vivement conseillée. Plats env 15-40 €.* La maison mère d'une enseigne aujourd'hui très tendance. L'entrée, par une porte en aluminium presque cachée, dissimule une vaste salle voûtée, à l'éclairage tamisé. À l'arrière se cache un agréable jardin partiellement ombragé. Grande fresque osée au fond, mêlant photos et peinture. Cuisine dans l'air du temps et ambiance musicale rythmée. Look branché des serveurs, en adéquation avec le lieu.

Wieden Bräu (plan, D5, **136**) : *Waaggasse 5 (Wien 4). ☎ 734-02-65. Tlj 11h-23h. Cuisine jusqu'à 22h30. Plats 10-25 €.* Une authentique brasserie néorustique qui anime un quartier plus fréquenté par les jeunes locaux que par les touristes, profitez-en si vous êtes dans le secteur ! Cuisine familiale simple et roborative pour accompagner l'une des excellentes bières brassées sur place. Terrasse dans la cour en saison.

Gasthaus Wolf (plan, D5, **137**) : *Große Neugasse 20 (Wien 4). ☎ 581-15-44. Tlj sauf w-e 18h-minuit (22h cuisine). Plats env 15-22 €.* Décor de vieux bistrot typiquement viennois, avec ses hauts plafonds, panneaux en bois, joli comptoir animé et tables en formica. Dans la salle du fond, nappes blanches et ambiance plus feutrée. Carte assez restreinte, proposant une cuisine moderne pleine de saveurs équilibrées. Belle sélection de vins. Service soigné.

On (plan, C5, **138**) : *Wehrgasse 8 (Wien 5). ☎ 585-49-00. Tlj 11h-23h. Plats env 15-21 €.* Ce petit resto figure en bonne place dans le carnet d'adresses des Viennois amateurs de cuisine asiatique. Par une belle journée d'été, c'est dans la cour à l'arrière qu'il faut s'installer. Les plats marient avec créativité les saveurs d'Asie et d'Occident, comme cet étonnant risotto à l'encre et aux fruits de mer, revisité à la mode chinoise. Service discret et tranquille, à l'image du lieu.

Zum Alten Fassl (plan, C6, **139**) : *Ziegelofengasse 37 (Wien 5). ☎ 544-42-98. Tlj 17h-minuit (coupure entre 15h et 17h dim). Plats env 14-20,50 €.* Cuisine traditionnelle, savoureuse et généreusement servie dans d'agréables salles lambrissées et tapissées d'affiches, style petit cocon douillet. On y vient surtout pour les classiques *Wiener Schnitzel* et *Gekochter Tafelspitz.* Dès qu'un quart de demi-soleil apparaît, on dîne dans la grande cour ombragée, blottie autour d'un grand arbre. Atmosphère de quartier un peu hors du temps.

À l'ouest et au nord du Ring

(7e, 8e, 9e et 16e arr.)

La plupart des touristes se contentent de fréquenter le pittoresque quartier de **Spittelberg** entre une visite au *MuseumsQuartier* et une balade autour du *Rathaus.* Pourtant, été comme hiver, ce quartier offre de belles maisons baroques, mais aussi une vraie vie de quartier. Quelques rues, pas plus, coincées entre la *Burggasse* et la *Neustiftgasse,* où l'on trouve de ***sympathiques restos*** qui séduisent aussi bien les locaux que les touristes qui s'y aventurent.

Mais c'est en poussant plus loin vers l'ouest, autour du **Brunnenmarkt**, ou en traînant dans le MuseumsQuartier, que vous pourrez prendre le pouls de la Vienne actuelle, jeune et cosmopolite. Ou encore, à partir de la très commerçante ***Mariahilfer Straße,*** le quartier ***gay et tendance***, en direction du Naschmarkt.

Au marché !

Brunnenmarkt et Yppenplatz (plan, A2-3, **122**) : *Wien 16. Tlj sauf dim.* Un grand marché cosmopolite de plus de 170 étals court le long de la *Brunnengasse* pour aboutir, au nord, sur *Yppenplatz.* Ces dernières années, ce quartier est devenu l'un des plus branchés, alternatifs et animés de la ville (surtout le samedi). Ambiance multiethnique réjouissante. Sur et autour d'*Yppenplatz,* plusieurs restos sympas, en terrasse aux beaux jours. Difficile de faire un choix, mais on a tout de même un petit faible pour le ***Wetter*** *(en principe, jeu-ven 17h30-23h, plus sam 10h-15h),* installé dans une ancienne laverie. Toujours sur la place, au nº 7, un sympathique bar à vins ouvert par un producteur de la région du Burgenland, ***Truksitz Vinothek Weinbar*** *(tlj sauf dim 18h-23h).*

Bon marché

|●| ***Naturkost St. Josef*** *(plan, B4,* ***123****) : Zollergasse 26 (Wien 7). ☎ 526-68-18. Tlj sauf dim 10h-18h (16h sam). Petits plats 3,50-8 € ; assiettes du jour 12,60-14,20 €.* Grande boutique bio et alternative (mais chère !), où l'on s'installe sur un coin de tabouret au rez-de-chaussée, ou plus confortablement en mezzanine. Cuisine végé et végane bien fraîche. Une adresse reposante pour votre régime après quelques jours de *Wiener Schnitzel,* goulasch et autres pâtisseries crémeuses (même si on sert ici aussi quelques viennoiseries et gâteaux typiques)...

|●| ***Schnitzelwirt*** *(plan, B4,* ***147****) : Neubaugasse 52 (Wien 7). ☎ 523-37-71. Tlj sauf dim-lun 11h-22h. Plats 10-19 €. CB refusées.* Plus d'un demi-siècle que cette taverne traditionnelle sert de généreux *Schnitzels* (15 sortes !), parmi les plus réputés de la ville. Agréable terrasse sur la rue, où l'on joue des coudes pour trouver une place. Sinon, intérieur à l'ancienne, avec boiseries et déco dans son jus. Plusieurs salles en enfilade, ce qui donne l'occasion de passer devant les cuisines ouvertes pour en humer les bonnes odeurs.

|●| ***Amerlingbeisl*** *(plan, B4,* ***125****) : Stiftgasse 8 (Wien 7). ☎ 526-16-60. Tlj 12h (10h dim)-2h. Petit déj 10 € ; plats 12-16 €.* Un lieu charmant et contemporain, idyllique aux beaux jours, avec salles accueillantes et courette pavée sous une tonnelle adorable. Parfait pour boire un verre ou prendre un repas simple (wraps, houmous, tzatziki, assiettes variées) dans une atmosphère estudiantine décontractée.

De bon marché à prix moyens

|●| ***Glacis Beisl*** *(zoom, C4,* ***100****) : Breite Gasse 4 (Wien 7). ☎ 526-56-60. Tlj 12h-minuit (22h30 cuisine). Plats env 14-33 €.* Ce restaurant avec pergola, bien caché à l'arrière du MuseumsQuartier, est idéal pour un soir d'été romantique sous les châtaigniers, côté jardin. Profitez-en pour découvrir, à l'entrée, des œuvres que les amateurs de *street art* reconnaîtront *(Busk, Invader).* Outre l'escalope viennoise, d'autres plats plus colorés et novateurs mettent à l'honneur les produits locaux.

|●| ***Ulrich*** *(plan, B4,* ***148****) : Sankt-Ulrichs-Platz 1 (Wien 7). ☎ 961-27-82. Tlj 7h30 (9h w-e)-1h (service 12h-23h). Plats 14-20 € (steaks plus cher) ; lunch menus en sem 12,50-15 €.* Sur l'une des plus charmantes places de Vienne, un resto branché où les habitants du coin se retrouvent pour déjeuner en terrasse, prendre l'apéro ou dîner. Cuisine internationale fraîche et savoureuse : soupes, *couscous bowl,* gnocchis, agneau... Plusieurs options végés et véganes. Excellents cocktails pour ceux qui veulent prolonger le plaisir et profiter de la bonne ambiance.

|●| ***Ribelli*** *(resto du 25hours Hotel Wien ; plan, B3-4,* ***46****) : Lerchenfelder Str. 1-3 (Wien 7). ☎ 521-51-845. Ⓜ Volkstheater (U2 ou U3). Tlj 12h-minuit (7h-15h dim). Pasta et pizzas 10,50-21 €.* N'hésitez pas à pousser la porte de ce lieu moderne, façon vieil entrepôt revisité, avec son bar central et son ambiance relax. La tendance culinaire est ici à l'Italie, avec une sélection d'*antipasti, pasta* et pizzas, constituant une carte flatteuse et bien ficelée. Bons fromages également.

|●| ***Pizza Bussi Ciao*** *(plan, B3,* ***129****) : Piaristengasse 15 (Wien 7). ☎ 924-48-59. Tlj 17h-22h (23h jeu-sam). Pizzas 9,50-22,50 €.* Une petite salle tout de rose et une terrasse sur la rue... quasiment toujours pleine : venez tôt ou réservez ! Le week-end, c'est quasi obligatoire ! Eh oui, ces délicieuses pizzas, servies avec amour (ou en tout cas avec le sourire), sont victimes de leur succès... On s'attarde volontiers après le dîner pour finir

son *Spritz* dans une ambiance animée et pleine de bonne humeur.

Il Sestante (plan, B3, **128**) : *Piaristengasse 50 (Wien 8). ☎ 402-98-94. Tlj 11h30-23h (22h cuisine). Pâtes et pizzas 7,50-14,50 € ; viandes et poissons 18-22,50 €.* Un authentique resto italien servant des pizzas cuites au feu de bois et un large choix de plats originaires de la Botte. Salle simple et chaleureuse, à l'ambiance de cantine de quartier. Terrasse dès les beaux jours.

7 Stern Bräu (plan, B4, **127**) : *Siebensterngasse 19 (Wien 7). ☎ 523-86-97. Tlj 11h-23h (22h dim-mar) ; cuisine fermée 1h avt. Plats 14-23 € ; le midi, plat du jour 9 €.* On descend les quelques marches de cette superbe maison du XVIIIe s pour entrer dans une immense salle. Grand bar central en U éclairé par une verrière et flanqué de 2 rutilantes cuves en cuivre où l'on brasse la bière maison, s'il vous plaît ! Plaques émaillées publicitaires en guise de déco. Brasserie animée et bruyante, à l'ambiance 3e mi-temps à certaines heures. On vient y boire un verre, ou y manger sans attendre de grands émois gustatifs un plat traditionnel et bien copieux. Agréable jardin à l'arrière en été.

Rebhuhn (plan, C2, **130**) : *Berggasse 24 (Wien 9). ☎ 319-50-58. Tlj (sauf w-e juil-août) 11h (18h w-e)-minuit (22h30 cuisine). Plats 12-25 €.* Resto traditionnel et familial (*Wiener Schnitzel* à l'honneur !) dans une pièce tout en longueur cernée par une banquette. Les nappes blanches et les petits bouquets sur les tables apportent une touche de fraîcheur dans cet intérieur de bois. Un lieu idéal pour goûter aux spécialités autrichiennes servies généreusement et avec le sourire.

Zu ebener Erde und erster Stock (zoom, C4, **106**) : *Burggasse 13 (Wien 7). ☎ 523-62-54. Tlj sauf dim-lun, 12h-minuit. Plats env 18-25 €.* Belle bâtisse en modèle réduit de l'architecture Biedermeier. Cet établissement compte parmi les classiques viennois, dans le registre cuisine traditionnelle, avec son *Beisl* au rez-de-chaussée et la salle du resto à l'étage. Large carte des vins.

Zum Moghulhof (zoom, C4, **91**) : *Burggasse 12 (Wien 7). ☎ 526-28-64. Tlj 11h30-14h30, 18h-23h30. Plats 9-11 € le midi, 12-20 € le soir.* Dans la salle à la décoration faste pleine de grands tableaux de personnalités indiennes, ou sur la petite terrasse par beaux jours. Bonne cuisine de là-bas, goûteuse sans être trop épicée, à des prix imbattables le midi, mais pas non plus excessifs le soir. Une bonne affaire !

Chic

Witwe Bolte (zoom, C4, **107**) : *Gutenberggasse 13 (Wien 7). ☎ 523-14-50. Tlj 17h30-22h30. Plats 16-29 € ; menus 25,50-28,50 €.* Dans une jolie maison de style baroque, cette auberge aurait accueilli Joseph II, venu incognito, qui s'en serait fait un jour chasser pour inconduite caractérisée. Il est vrai qu'à l'époque, le *Spittelberg* était connu pour héberger les prostituées viennoises. Un lieu bien plus sage aujourd'hui, autant dans la déco que dans les assiettes, au service d'une cuisine traditionnelle qui tient au corps. Très agréable terrasse ombragée.

I Ragazzi (zoom, C4, **109**) : *Burggasse 6-8 (Wien 7). ☎ 522-63-25. Tlj sauf lun-mar 16h30 (12h w-e)-23h. Pasta, pizzas, risottos 10-20 €. CB refusées.* Trattoria-pizzeria appréciée des noctambules du *Spittelberg* et des touristes qui résident dans le secteur. Excellente cuisine de la péninsule : *antipasti* de légumes grillés, minestrone, pizzas à pâte fine bien garnies, pâtes fraîches, sans oublier le risotto. Tiramisù à tomber.

Côté Danube (22e arr.)

D'arepa Beach Bar & Latin Food (plan d'ensemble, **150**) : *Copa Beach. Tlj 11h-22h (13h-20h cuisine). Street food env 8-13 € ; aussi des snacks moins chers.* Tout au bord du Danube (où vous pouvez vous baigner, entre 2 cocktails !), une baraque à tapas où l'on sert des *arepas* (pains au maïs vénézuéliens) garnis de tout un tas de bonnes choses, en mode sandwich. Menu enfants, plats végés et végans, il y en a pour tous les goûts ! Ambiance estivale avec les tables sous parasols tout autour.

LES PLUS FAMEUX CAFÉS VIENNOIS

Commander un café dans un *Kaffeehaus* viennois n'est pas une affaire banale. Pour plus d'informations, reportez-vous à la rubrique « Cafés viennois. Petit lexique pour amoureux du café » dans le chapitre « Hommes, culture, environnement » en fin de guide. Les cafés viennois perpétuent, pour la plupart, la tradition du double K *(Kaffee-Kuchen)* : la fameuse pause sucrée autour d'un café et d'une part de tarte ou de gâteau. Parmi les plus célèbres, *Demel* et *Sacher,* qui ont réussi à conclure un compromis historique, à la mode autrichienne, à propos du gâteau le plus célèbre de la ville : la *Sachertorte. Sacher* détiendrait la recette « originale », mais *Demel* aurait conservé « l'authentique ». Trop fort !

Passons aux us et coutumes. D'abord, il convient d'attendre qu'on vous attribue une place, ensuite, le plus simple pour vous est de vous rendre directement au comptoir, où sont présentés les gâteaux, pour choisir. Certains de ces établissements, où il fait bon prendre son temps, proposent régulièrement de petits concerts.

Voici notre sélection du moment, mais il y en a plein d'autres à découvrir en chemin. D'excellentes adresses qui ont toutes une histoire à raconter, comme vous le découvrirez au fil de vos pérégrinations.

Dans le centre historique (1er arr.)

Café Prückel *(plan, E3,* ***170****) : Stubenring 24. ☎ 512-61-15. Tlj 8h30-22h. Concerts de piano lun, mer et ven 19h-22h. Plats 9-17 €. CB refusées.* Posé sur le Ring, un des grands classiques, créé en 1903 par Maxime Lurion, champion de cyclisme très en vogue en son temps. Charmante et vaste salle lumineuse dont la déco vintage ne semble pas avoir bougé depuis les années 1950. Habitants du quartier, étudiants, ou joueurs de bridge en ont fait leur lieu privilégié de rencontre. Terrasse au soleil, vite prise d'assaut.

Café Bräunerhof *(zoom, D3,* ***161****) : Stallburggasse 2. Lun-sam 8h-19h (18h sam), dim 10h-18h. En principe, musique classique w-e ap-m. CB refusées.* Un *Kaffeehaus* authentique, populaire, vieillot, mais charmant. Des photos rappellent que l'écrivain Thomas Bernhard aimait y venir. Salle spacieuse usée et patinée. Nombreux journaux à dispo. Ambiance décontractée. Ici, on prend le temps de vivre, de réfléchir et, parfois, d'écouter la douce mélodie des concerts de musique classique. Bonne sélection de gâteaux. Attention, parfois beaucoup de monde ; il vaut mieux réserver si vous voulez y déjeuner.

Café Landtmann *(zoom, C3,* ***102****) : Universitätsring 4. ☎ 241-001-20. À côté du Burgtheater. Tlj 7h30-minuit.* Depuis son ouverture en 1873, il reste l'un des cafés-brasseries-pâtisseries les plus célèbres de la ville. Décor chic de bois marqueté, lustres vieillots, atmosphère feutrée. Outre la belle terrasse, la grande salle se révèle cosy et séduisante. La maison a vu passer bon nombre de personnalités, dont Freud, Marlene Dietrich, Romy Schneider, Burt Lancaster... et puis vous et nous. Grande terrasse fleurie en été et chauffée en hiver. Petits salons pour le thé et les excellents gâteaux. On peut aussi y prendre un repas à toute heure de la journée (dès le petit déj), mais les plats s'avèrent chers pour la quantité... Contentez-vous d'un verre ou d'un goûter !

Demel *(zoom, D3,* ***165****) : Kohlmarkt 14. ☎ 535-17-17. Tlj 10h-19h. Le midi, petits plats 9-18 € ; pâtisserie env 7-8 €.* La pâtisserie la plus célèbre d'Autriche, longtemps fournisseur de la famille impériale. Rien que ça ! On pourrait y venir rien que pour son cadre légendaire de miroirs biseautés et gravés, lustres en cristal, dorures, bibelots, etc. Forcément agréable d'y prendre un café (viennois ou non), un chocolat chaud, un thé... Encore mieux, évidemment, si on l'accompagne d'un savoureux gâteau. Nos préférés : le *Fäche cake,* la *Sachertorte,* le *Anna cake...* ou bien le classique mais indémodable *Apfelstrudel.* Difficile de choisir, en fait ! Un conseil, restez sur les gâteaux et évitez les plats à la carte, chers et chiches. Service élégant dans la tradition. Boutique à l'arrière.

Café Diglas (zoom, E3, **163**) : *Wollzeile 10. ☎ 512-57-65. Tlj sauf dim 8h (9h w-e)-22h30. Pâtisserie env 6 € ; plats 17,50-24 €. Musique tlj 19h-22h. CB refusées.* Salles joliment voûtées, murs écrus, bois verni, tables en marbre et banquettes de velours rouge. Classique donc, mais quelques touches de fantaisie dynamisent l'ensemble. Excellentes pâtisseries et carte très viennoise (traduite en français). Terrasse pour prendre l'air. Piano-bar. Une curiosité : les portes transparentes des toilettes qui s'obscurcissent quand on y entre !

Café Central (zoom, D3, **167**) : *Herrengasse 14. Tlj 8h (10h dim)-22h. Concert de piano tlj sauf mar à partir de 16h30. Plats 8-20 €.* Dans le splendide décor néo-Renaissance du palais *Ferstel,* un des grands cafés légendaires de Vienne, aujourd'hui devenu très touristique. Fréquenté par Musil, Karl Kraus, Schnitzler, entre autres... Trotski y attendait tranquillement le déclenchement de la révolution de Février en Russie. Très grande salle voûtée d'ogives sur des colonnes de marbre, éclairée par de larges baies. On y célèbre le culte de l'élégance, du raffiné, aux notes aigrelettes d'un pianiste désenchanté juste comme il faut. À l'entrée, une sculpture représente Peter Altenberg, le poète sans demeure, aux fameuses moustaches de morse. Célèbre autrefois pour sa gastronomie, le lieu s'admire plutôt aujourd'hui à l'occasion d'une pause sucrée.

Café Sacher (zoom, D4, **162**) : *Philharmonikerstr. 4. ☎ 514-560. Tlj 8h-22h.* Juste derrière l'Opéra, une institution aujourd'hui très touristique, créée en 1876 par le fils de l'inventeur de la célèbre *Sachertorte.* C'est en 1832 que Frank Sacher eut l'idée de ce gâteau composé de chocolat moelleux avec une fine couche de confiture d'abricots, qui a fait depuis le tour du monde. On y vient donc essentiellement pour cette tarte, porte-étendard de la maison, à déguster dans l'un des 2 salons revêtus de rouge. Quant à l'hôtel (très cher), il servit de lieu de tournage à quelques scènes du *Troisième Homme* de Carol Reed.

Café Museum (zoom, D4, **168**) : *Operngasse 7. Ⓜ Karlsplatz (U1, U2 ou U4). Tlj 8h-21h. ☎ 241-00-620. Menu midi en sem 15 € ; snacks 10,50-17 €, plats 17-25,50 €. Concert de piano ven-dim 17h-20h.* Une création du grand architecte Adolf Loos. Fréquenté par Klimt et Egon Schiele, il possède des volumes intérieurs équilibrés avec élégance. Ambiance chic mais pas guindée, parfaite pour déguster les bons gâteaux, au cœur de l'art de vivre si spécifique de cette ville ! Et dès les 1ers rayons de soleil, on profite de la superbe terrasse, où 2 pianos s'offrent aux doigts des amateurs.

Café Korb (zoom, D3, **171**) : *Brandstätte 9. ☎ 533-72-15. • cafe korb.at • Ⓜ Herrengasse. Tlj sauf dim 8h-minuit (23h cuisine). Menu midi en sem 14,50 €.* Agréable coin de terrasse bondée dès les beaux jours, devant une jolie petite fontaine, et salle à l'ancienne, bien dans son jus, façon vieux troquet des années 1930. Et c'est pour ça qu'on l'aime. En vitrine, des gâteaux tout beaux tout frais. Scène plutôt active au *Art Lounge* en sous-sol, qui accueille concerts, conférences de philosophie, lectures (parfois multilingues)... Programme sur le site.

Du côté du Naschmarkt (6e arr.)

Café Savoy (plan, C5, **172**) : *Linke Wienzeile 36. ☎ 430-33-04. Tlj 10h (9h sam)-1h (2h ven-sam) ; cuisine jusqu'à 21h30.* Ce café plus que centenaire (1897) offre un ravissant cadre *Jugendstil* : boiseries, lustres en cristal, grandes glaces, cuivres. Idéal pour faire une pause après vos achats aux puces du Naschmarkt, ou commenter les magnifiques façades d'Otto Wagner toutes proches. Avec les années, le café est notamment devenu un rendez-vous gay réputé.

☕ |●| **Café Sperl** (zoom, C4, **169**) : *Gumpendorfer Str. 11. ☎ 586-41-58. Tlj (sauf dim juil-août) 7h-22h (20h dim). Plats 5-17 € ; pâtisserie env 5 €.* L'un des plus beaux cafés de Vienne, en activité depuis 1880, jadis fréquenté par les artistes sécessionnistes et aujourd'hui par toutes les générations. Grandes salles hautes de plafond ; lampes de cuivre, moulures, boiseries sombres sculptées, chaises de bistrot Thonet, etc. En plus, 3 belles tables de billard, dont l'une accueille tous les journaux, à feuilleter en buvant un verre ou en dégustant une pâtisserie réputée ou un plat soigné.

Du côté de Mariahilf (6e arr.)

☕ |●| **Café Ritter** (plan, B5, **173**) : *Mariahilferstr. 73. ☎ 587-82-38. Lun-sam 7h30-22h, dim 9h-21h. Pâtisseries 4-8 €. CB refusées.* Le centre-ville n'a pas l'exclusivité des cafés viennois ! Un peu en retrait de la grande artère de Mariahilferstraße, celui-ci peut se targuer d'une riche histoire : ouvert dès 1867 au sein du palais d'été du prince Esterházy, il connut plusieurs adresses. Le décor de Joseph Zotti, disciple de Hoffmann, n'a guère changé depuis les années 1930, avec chaises Thonet, panneaux de bois et plafonds en stuc. Les habitués y parcourent les journaux devant un *Kleiner Brauner* (café noisette) et une pâtisserie.

Du côté de Josefstadt (10e arr.)

☕ |●| **Café Eiles** (zoom, C3, **174**) : *Josefstädterstr. 2. ☎ 405-34-10. Tlj 7h (8h w-e)-minuit (23h cuisine).* Superbe décor plus que centenaire minutieusement reconstitué en 2016. Les confortables banquettes sont disposées en petites alcôves créant une agréable intimité. Les politiques, qui siègent au *Rathaus* et au Parlement voisins, s'invitent volontiers dans l'établissement. Alexander Van der Bellen, le chef de l'État autrichien, est paraît-il un habitué... Mais bon, on vient surtout pour les délicieux gâteaux et les boissons chaudes ! Aussi de quoi prendre le petit déj ou un repas sur le pouce (option végane).

OÙ BOIRE UN VERRE TOUT EN GRIGNOTANT ? OÙ SORTIR ? OÙ ÉCOUTER DE LA MUSIQUE ?

Vienne vit plus que jamais la nuit, dans des lieux aussi éclectiques que nombreux ! Les noctambules y seront à la fête. Les week-ends et certains soirs d'été, réussir à pénétrer dans les bars et boîtes les plus connus de la ville relève de l'exploit.

Le quartier à l'ouest de la *Schwedenplatz (zoom, E3),* bien desservi par le métro, le tram et les bus, attire une clientèle assez hétéroclite. La tendance actuelle pousse les clubbers à se perdre dans les ruelles entre la partie haute de *Gumpendorfer Straße* et *Linke Wienzeile (plan, B-C5-6),* au sud-ouest du Ring. Quartier de la mode, quartier gay, quartier où l'on ne s'ennuie jamais !

Pour pousser les décibels au bout de la nuit, il faut vous rendre sous les arcades de la ligne de métro U6, entre les stations *Alser Straße (plan, A2)* et *Thaliastraße (plan d'ensemble),* pour retrouver les jeunes de la *Wiener Szene.* On se laisse guider par le feeling, les rencontres et la musique (plutôt rock, mais pas que). Atmosphère festive et réjouissante en été !

– Pour une liste complète des clubs et discothèques, avec dates et lieux de concert, consulter le *Falter* (● *falter.at* ●), l'hebdo le plus complet sur les questions culturelles, ou ● *events.at* ●

VIENNE

Dans le centre historique (1er arr.)

Kaffee Alt Wien (zoom, E3, **180**) : *Bäckerstr. 9. Tlj 8h-minuit (1h ven-sam). Menus midi 13,40-14,40 € ; goulasch, soupes, saucisses et quelques autres plats typiques.* Le bar étudiant par excellence, mais à la clientèle diversifiée, les bobos se mêlant aux nouvelles générations. 2 grandes salles feutrées et chaleureuses, aux murs couverts d'affiches. À l'arrière, une salle plus chic sert de resto, avec longs canapés de velours. Nourriture familiale plutôt réussie.

1516 Brewing Company *(zoom, D4,* ***182****) : Schwarzenbergstr. 2. Tlj 10h-2h. Plats env 10-20 €.* Un pub à l'autrichienne, bondé tous les soirs. Décor de cuves en cuivre, dans lesquelles on brasse une dizaine de bonnes bières saisonnières, de la *lager* à la brune, en passant par l'*IPA* ou la *weiss*. Tables hautes, écrans pour retransmettre les matchs de *Fußball*... Ceux qui recherchent de l'intimité iront voir ailleurs. Grande et agréable terrasse protégée de la rue par des plantes vertes.

Loos American Bar *(zoom, D3,* ***181****) : Kärntner Durchgang 10. Tlj 12h-4h.* Un bar de légende dessiné en 1908 par le célèbre architecte Adolf Loos. Dans une ruelle toute proche de la cathédrale Saint-Étienne et pourtant encore étonnamment au calme. Ambiance chic, élégance et sobriété vous donnent rendez-vous : plafond à caissons, miroirs agrandissant l'espace, banquettes de moleskine verte, boiseries d'acajou et hauts tabourets, éclairage sophistiqué, carreaux de marbre et d'onyx... Ian Fleming y situa un épisode des aventures de James Bond dans *Casino Royale*. Musique jazzy savamment distillée. Excellents cocktails (quoique chers, on vous prévient), comme le *Bobe Special* fruité au gin, pour ne citer que lui, mais carte longue comme le bras. Tout un univers de nostalgie classieuse. Attention, l'intérieur est soumis à un *dress code* : pas de gros sac à dos ni de short ou de tongs. Les recalés pourront tout de même siroter, si la place le permet, sur le petit bout de terrasse dans la rue piétonne.

Planter's Club *(plan, D2,* ***184****) : Zelinkagasse 4. Tlj sauf dim 17h-minuit (2h ven-sam).* Un bar à cocktails feutré. Boiseries rutilantes, profonds fauteuils club, murs constellés de bouteilles rares... le ton est donné. Plus de 120 cocktails à la carte, qui change à chaque saison (quel boulot !). Les mixologues conseillent les indécis, sans pour autant pousser à la conso. Clientèle assez chic mais bonne ambiance, en particulier en fin de semaine.

Palmenhaus *(zoom, D4,* ***187****) : Burggarten 1. • palmenhaus.at • Café-resto dans les anciennes serres du Burggarten. Tlj (sauf lun-mar en janv-fév) 10h (9h w-e)-23h (21h30 cuisine). Menu le midi en sem env 16,50 € ; plats le soir 20-36 €.* Sa voûte en verre et acier offre un cadre magnifique, tout en transparence donnant sur le parc et accueillant quelques plantes savamment disposées. Le soir, les lumières se tamisent et la magie opère. DJs le vendredi soir *(19h-22h)*. En été, terrasse surplombant les jardins.

Volksgarten Disco *(zoom, C3,* ***188****) : Burgring 1. • volksgarten.at • Ⓜ Volkstheater (U2 ou U3). Jeu-sam 22h-6h.* Plusieurs salles, piste de danse en plein air en été. Thème différent chaque soir : soirée étudiante et musique, house, hip-hop... Les plus motivés pourront revenir le lendemain au café **Pavillon,** accolé à la boîte, qui sert le petit déj de 11h à 14h. Une terrasse donne sur le *Volksgarten*.

Mel's Craft Beers *(zoom, D3,* ***183****) : Wipplingerstr. 9. Tlj 11h-2h. Plats 9,50,15,50 € ; tasting rack 10 €.* Une longue terrasse et une salle chaleureuse tout en longueur, à la déco dominée par le bois et la brique. Au fond, un impressionnant rayonnage de bouteilles assure le décor du bar. Pas moins de 400 bières s'alignent ici, uniquement des artisanales dégotées aux 4 coins du monde. Pour les curieux ou les indécis, le *tasting rack* permet de goûter 6 bières au choix entre la vingtaine de pressions.

Jazzland (zoom, E3, **185**) : *Franz-Josefs-Kai 29. • jazzland.at • Au-dessous de l'église Saint-Rupert.*

Tlj sauf dim 19h-1h. Concerts à partir de 21h plusieurs soirs/sem. Fermé de fin juil à mi-août. Le plus ancien café de jazz de Vienne (depuis 1972) ! Sous sa grande voûte de brique se retrouvent toujours d'excellents musiciens.

Francis Bistro *(zoom, E4,* ***192****) : Weihburggasse 18-20. Tlj 16h-2h (4h ven-sam, minuit dim).* Petit bar avec quelques tables à l'extérieur et une salle *arty* aux murs couverts d'affiches et de peintures (réalisées par le proprio). Du jazz et du blues en fond sonore et une clientèle locale, jeune le soir, plus âgée dans la journée. On aime l'atmosphère tranquille du lieu, où l'on fait halte avec plaisir pour un dernier verre.

Lukas *(zoom, E3,* ***186****) : Schönlaterngasse 2. Tlj 17h-4h.* Dans la ruelle la plus romantique de la vieille ville, l'un des bars qui ferme le plus tard, divisé en 2 petites salles cosy, avec vieilles banquettes et meubles en bois foncé qui rappelleraient presque l'ambiance des pubs irlandais, belles photos, affiches et caricatures sur les murs.

À l'ouest du Ring, dans Josefstadt et Mariahilf *(7ᵉ et 8ᵉ arr.)*

Bars et cafés du MuseumsQuartier *(zoom, C4,* ***189****) : horaires variables ; pour la plupart, tlj 10h-minuit.* Vous avez le choix entre les terrasses et les cafétérias des différents musées (on en mentionne quelques-unes dans la rubrique « À voir »). Des ambiances et styles différents à tester quelle que soit l'heure de la journée. Si vous ne vous décidez pas, vous pourrez toujours vous allonger sur les fameux *Enzis* (ces espèces de grands fauteuils colorés répartis pour le repos dans toute la cour), où l'architecture classique des écuries de la Hofburg se mêle avec harmonie à l'architecture moderne. Lors des chaudes nuits d'été, c'est plein comme un œuf.

Espresso *(plan, B4,* ***203****) : Burggasse 57 (Wien 7). ☎ 522-105-70. Tlj sauf dim 7h30-1h (11h-17h sam).* Un bar-café au look complètement *fifties* qui s'anime dès l'aube. Sur sa terrasse aux allures de scène de théâtre s'enchaînent selon l'heure, à la place des acteurs, cafés, petits déj, tartines, bières ou cocktails. Belle sélection de vins autrichiens (mais pas que), bio et naturels. Une adresse attachante.

Burgasse 24 *(plan, B4,* ***205****) : Burgasse 24 (Wien 7). ☎ 616-417-84. Tlj 10h-22h.* À la fois une boutique de fringues et un *coffee shop.* Original ! On aime bien les 2 salles réchauffées par de grands poêles à bois, où l'on s'installe dans de profonds canapés et fauteuils un peu défoncés. Un côté *lounge* vintage en quelque sorte. Vins au verre, cocktails, le tout baigné par une musique soft. Étudiants et trentenaires s'y retrouvent avec plaisir.

Das Café *(zoom, C4,* ***190****) : Burggasse 10 (Wien 7). ☎ + 431-524-94-97. Tlj 9h (10h w-e)-minuit (1h jeu-sam, 23h dim). Soupes et plat du jour env 6-11 €.* Ancien café-boutique de la marque *Das Möbel,* ce café a gardé son concept sympa et original : exposer le mobilier de jeunes créateurs, la plupart du temps dispo à l'achat. Ambiance cool et alternative comme on aime. On y fait halte pour prendre un verre, pour un petit déj, ou pour un (tout) petit plat bien tourné.

7 Stern Bräu *(plan, B4,* ***127****) : Siebensterngasse 19 (Wien 7). Tlj 11h-23h (22h dim-mar).* Brasserie accueillante où l'on peut siroter différentes bières. Si vous êtes amateur de ces ambiances bruyantes et hors du temps, il y en a d'autres dont on parle un peu plus haut (voir « Où manger ? »), et où l'on peut goûter aussi aux spécialités maison, liquides comme solides.

Der Dachboden *(plan, B3-4,* ***46****) : Lerchenfelder Str. 1-3 (Wien 7). Au 8ᵉ étage de l'hôtel* 25hours Hotel Wien *(voir « Où dormir ? »). Tlj 15h-1h.* Déco décalée pleine de créativité, coins cosy, et surtout cette vue magnifique sur la ville, à savourer avec un bon cocktail, bien au chaud derrière les baies vitrées ou en terrasse. DJs de temps en temps.

Café Namenlos *(plan, B3,* ***207****) : Lange Gasse 31 (Wien 8). Ⓜ Rathaus (U2). Tlj sauf dim 8h-20h (9h-19h sam).* Si vous logez dans le secteur, vous passerez sans doute devant ce café un peu bohème, bien à l'image du quartier,

VIENNE

proposant quelques tables sur le trottoir de cette rue semi-piétonne. Pour prendre un petit déj ou s'octroyer un moment cool autour d'un café et d'un bon gâteau avant de rentrer à l'hôtel.

Tunnel *(plan, B3, **193**) : Florianigasse 39 (Wien 8). • tunnel-vienna-live.at • Ⓜ Rathaus (U2). Tlj 9h-2h (minuit dim). Concerts réguliers (se renseigner sur le site). Entrée : de gratuit à env 30 €. Open mic (micro ouvert) certains soirs.* Un des QG des étudiants viennois, qu'on apprécie du petit déj à la soupe du soir. Au rez-de-chaussée, vaste salle chaleureuse tapissée de boiseries et coins cosy pour refaire le monde. À l'étage, petits espaces tout mignons en mezzanine, avec balustrade en bois. Ambiance vraiment sympa. Terrasse en été sur la Florianigasse. Concerts quasi tous les soirs.

Miles Smiles Jazz Café *(plan, B3, **194**) : Lange Gasse 51 (Wien 8). • miles.at • Ⓜ Rathaus (U2). Tlj sauf dim 19h-2h (20h-4h ven-sam). Concerts vers 20h en général, mais pas tlj.* Dans un édifice de caractère, salle intime et paisible pour boire un verre. Bon choix de bières à prix modérés. Possibilité de grignoter fromages et snacks pour éponger. Venez plutôt un soir de concert pour profiter de l'excellente sélection de jazz et de l'ambiance à son apogée. Ça peut être très calme le reste du temps.

Sous le Gürtel (7e et 8e arr.)

Chelsea *(plan, A3, **195**) : Lerchenfelder Gürtel (Wien 8), arcades du métro n°s 29-31. • chelsea.co.at • Ⓜ Tahliastr. (U6). Tlj 18h-4h. Concert à 21h, 21h30 ou 22h selon les soirs, entrée 30 mn avt. Entrée : 10-30 €. CB refusées.* Derrière la devanture cracra est installé ici, et depuis près de 30 ans, l'un des bars les plus courus du *Gürtel*. Sur la petite scène (attendez-vous à de la proximité avec vos voisins comme avec les musiciens), DJs, groupes célèbres ou pas et musique alternative animent le lieu, tout comme les matchs de foot retransmis sur écrans géants... pas en même temps que les concerts, rassurez-vous !

Loop *(plan, A3, **196**) : U-Bahn Bogen 26 (Wien 8). • loop.co.at • Ⓜ Tahliastr. (U6). Tlj 18h-2h (3h ven-sam, 1h dim-lun). Entrée généralement gratuite, sauf pour certains concerts.* Excellent bar-cabaret posé sous les arches du métro. On y assiste volontiers à un concert de jazz. Dans la salle de concerts, des tables disposées autour d'une microscène permettent de siroter tranquille en tapant du pied. Sinon, ambiance chaleureuse autour du bar lumineux.

Sur le *Gürtel*, citons encore le **Rhiz** *(• rhiz.wien •)*, spécialisé dans la musique électro, le **B72** *(• B72.at •)*, pour des concerts et soirées underground, ou le **Café Carina** *(• cafe-carina.at •)*, un bar rock chaleureux.

Vers le Naschmarkt, le long des Linke et Rechte Wienzeile, et plus au sud (4e, 5e, 6e et 12e arr.)

Le drapeau arc-en-ciel flotte sur le quartier. Des adresses prisées par la communauté LGBT : **Felixx, Mango Bar, Village Bar,** mais il y en a bien d'autres... Consultez le *Vienna Gayguide* distribué dans les hôtels et à l'office, ou en ligne *• gayguide.me •* Ici, les bars branchés ouvrent, ferment, changent de nom... Laissez-vous porter par la foule des habitués ou votre feeling.

Vollpension *(plan, D5, **208**) : Schleifmühlgasse 16 (Wien 4). Tlj 8h-22h.* « Bohème », c'est le 1er mot qui vient à l'esprit pour qualifier ce salon de thé au décor vintage, installé en demi-sous-sol. Murs de brique tout blancs où s'accrochent vieux portraits, tableaux au crochet, objets divers aussi kitsch qu'amusants. On prend place sur de vieux canapés ou de profonds fauteuils pour déguster de gros gâteaux accompagnés d'un thé ou d'un bon café viennois. On est bien ici, et les heures défilent sans qu'on s'en aperçoive.

Heuer am Karlsplatz *(zoom, D4, **204**) : Trietlstr. 2 (Wien 4). • heuer-amkarlsplatz.com • Ⓜ Karlsplatz (U1, U2 et U4). Tlj sauf dim-lun 14h-1h (cuisine à partir de 18h).* Jolie terrasse contemporaine, cachée dans

VIENNE

la verdure de la Karlsplatz. Ambiance assez proche d'un *Biergarten* berlinois, en plus moderne. Bien pour un café, une pâtisserie ou une grande *pils*. Le soir, place aux DJs et aux cocktails dans la partie club.

Phil *(zoom, C4,* ***191****) : Gumpendorfer Str. 10 (Wien 6). Tlj 9h (15h lun)-minuit (1h ven-sam, 23h dim).* Un lieu qui bouge, à la fois café, librairie et brocante. Vraiment cosy, avec ses petits coins et recoins pour se caler dans des canapés profonds ou des fauteuils colorés, dans la *vibe* années 1960-1970. Un coup de cœur ! Faites-vous plaisir : presque tout est à vendre ! Mobilier, lampes, bouquins... Ambiance estudiantine cool et alternative, les yeux allant de l'écran de leur *laptop* à leur verre de vin, sur un fond musical tout en douceur. Super sympa.

Motto *(plan, C5,* ***134****) : Schönbrunner Str. 30 (Wien 5).* Ⓜ *Pilgramgasse (U4). Tlj 18h-2h (4h ven-sam).* Bar de nuit branché, tout comme son demi-frère, près du Donaukanal. Fait aussi resto (voir plus haut la rubrique « Où manger ? »).

U4 *(plan d'ensemble et hors plan par A6,* ***197****) : Schönbrunner Str. 222-228 (Wien 12). • u4.at •* Ⓜ *Meidlinger Hauptstr. (U4). Très excentré ; pour y aller, prendre le métro ou un taxi. Entrée de la boîte à gauche de l'entrée du centre commercial. Tlj sauf dim-lun 22h-6h. Entrée : env 12 € ; réduc étudiants jeu.* La boîte, en sous-sol d'un grand bâtiment moderne abritant des commerces, est l'une des plus prisées des 18-25 ans. Chaque jour un thème différent, de la techno au rock en passant par les soirées gay ou les *seventies*. Un éventail suffisamment large pour trouver danse à votre pied !

Au nord du Ring et côté Donaukanal

(1er, 2e et 9e arr.)

Café du Motto am Fluss *(zoom, E3,* ***206****) : Franz-Josefs-Kai 2 (Wien 1). • mottoamfluss.at • Tlj 8h-22h.* Une pause sur le pont d'une barge flottante au-dessus du Donaukanal ? Le café du *Motto am Fluss*, en plus de sa vue extraordinaire, sert toute la journée rafraîchissements et petits en-cas. *Lunch menus* (végan ou non), délicieuses pâtisseries, vins locaux, cocktails bien balancés ou pintes de bière, vous aurez l'embarras du choix. Par beau temps, le pont se couvre de monde. Aussi un resto en dessous, mais on se contentera de la partie bar.

Café Stein *(plan, C2,* ***199****) : Währingerstr. 6-8 (Wien 9). Tlj 8h (9h dim)-1h. Bar à cocktails mar-sam 18h-4h. Plats 12-15 € ; formule déj 10,50 €.* Comme l'illustre une inscription sur son plafond (*Die Kunst am Ende*, « Au bout il y a l'art »), ce fut à l'origine un de ces « cafés des artistes » dont Vienne fourmillait. Aujourd'hui, son décor post-moderne, son service dynamique et sa bande-son continuent de faire sa réputation. Au sous-sol, un bar à cocktails prend en soirée le relais de la grande terrasse donnant sur la Votivkirche.

Das Loft *(zoom, E3,* ***108****) : Praterstr. 1 (Wien 2). Bar tlj 16h-1h (2h ven-sam). Au 18e et dernier étage du Sofitel.* Ne serait-ce que pour la vue époustouflante embrassant Vienne à 360°, ce bar un brin snob mérite une visite. Le soir venu, le spectacle devient majestueux avec ce plafond en forme de voûte lumineuse et colorée, sorte de tapis volant éclairé. Le bar, surélevé pour profiter de la vue, trône au milieu du restaurant (bien trop cher, on vous prévient !).

Flex *(plan, D2,* ***198****) : Donaukanal (Wien 1). • flex.at • À côté du Augartenbrücke. Ouv selon programmation.* Un « classique » de la vie nocturne viennoise, aussi bien pour ses soirées électro que pour ses concerts de début de semaine. La réputation de son *sound system* attire artistes de qualité et DJs stars de la techno. En été, l'immense terrasse s'étire sur le canal du Danube. Clientèle de 18-30 ans, et plus si affinités.

Pratersauna *(plan, G2,* ***201****) : Waldsteingartenstr. 135 (Wien 2). • pratersauna.tv • Club : en principe, ven-sam 23h-6h, ainsi que certains mer (voir programme sur leur site). Piscine : mai-oct, mer-sam 15h-20h selon météo.* Original, ce club installé dans un ancien sauna. Un espace de pas moins de 1 800 m² à la fois festif

VIENNE

et culturel, réunissant bar, discothèque, piscine extérieure et lieu d'expo. Un de ces rendez-vous de la scène viennoise, classé 2e meilleur club d'Europe par le magazine allemand de culture électronique *De:Bug*... c'est dire ! Musique essentiellement techno et électro. Beaucoup de monde en été (mais l'espace ne manque pas !), notamment le week-end pour les soirées piscine avec DJs... Chaud !

La Mercerie (plan, D2, **209**) : *Berggasse 25, à l'angle de Servitengasse (Wien 9). Tlj sauf dim 8h30-19h.* Indiquer un lieu très français pour prendre le petit déj dans un guide sur l'Autriche peut sembler un rien incongru. Pourtant, ce petit cocon tout de bois revêtu, prolongé par un bout de terrasse sur le trottoir, est une adresse très prisée des locaux. Et ça reste amusant de voir les Viennois prendre un petit déj « à la française ». Une curiosité sociologique plus que culinaire, même si la baguette, les croissants et les pains au chocolat sont délicieux.

VIENNE

À VOIR « EN VILLE »

Quand un Viennois vous donne rendez-vous « en ville », c'est généralement au centre historique, *Inner Stadt,* qu'il pense. Il est délimité par le *Ring,* large boulevard construit à la place des anciennes fortifications, et, au nord-est, par le *Donaukanal.* On le parcourt aisément à pied. Ça tombe bien, c'est là que se concentre l'immense majorité des sites et curiosités qui font le bonheur des amoureux d'architectures médiévale et baroque.

Avant de partir, consultez le site • *wien.info* • et prenez à votre hôtel le plan général de la ville avec la liste des musées. Il est très pratique, gratuit et en français avec un peu de chance.

Dans cette rubrique, nous référençons aussi des adresses où il vous sera possible de faire une pause salée-sucrée au fil des visites. En règle générale, chaque parc, chaque cour historique, chaque entrée de musée cache un lieu pour se (re)poser, dans un cadre agréable, avec souvent une terrasse aux beaux jours.

N.B. : pour les musées et monuments, les prix d'entrée et horaires d'ouverture mentionnés dans ce guide sont ceux qui étaient en vigueur fin 2023.

Bon à savoir : l'accès à tous les musées municipaux est gratuit pour les moins de 19 ans et pour tous les 1ers dimanches du mois (sauf exceptions). Liste sur • *wienmuseum.at* •

DANS LE CENTRE HISTORIQUE (1er arr.)

Autour de la cathédrale (zoom, D-E2-3-4)

Stephansdom (cathédrale Saint-Étienne ; zoom, D-E3) : *Stephansplatz. ☎ 515-52-30-54. • stephanskirche.at • Ⓜ Stephansplatz (U1 ou U3). Lun-sam 9h-11h30, 13h-16h30 ; dim 13h-16h30. Entrée : 6 €, audioguide en français compris. Ticket tt compris avec visite guidée des catacombes et visite libre des tours nord et sud : 20 € ; réduc. Visites guidées des catacombes (en allemand et en anglais) : ttes les 30 mn ou 1h lun-sam 10h-11h30, 13h30-16h30, ; le dim l'ap-m seulement : 6 €. Autres visites guidées, env 1h15 (juil-sept seulement) ven ou sam à 17h ou 18h (se renseigner en ligne) : 12 €. Grand-messe dim et j. fériés à 10h15 (9h30 juil-août).*

Une pointe gothique au cœur d'un monde baroque. Qu'elle soit toujours là tient autant du miracle que de la volonté des hommes : le siège des Turcs en 1683 et les guerres napoléoniennes avaient déjà mis à mal la cathédrale construite aux XIVe et XVe s (à l'emplacement d'un édifice de style roman), mais c'est en 1945 que le pire arriva. Si aucune bombe ne tomba sur Saint-Étienne, l'incendie qui se déclara à proximité fut destructeur. Les photos de l'époque témoignent du courage et de la volonté manifestés par les Viennois pour sa reconstruction. Pour la petite histoire, Mozart y épousa Constanze Weber en 1782.

La façade et l'extérieur

De la période romane subsiste la ***façade*** principale, avec les tours des Païens et, surtout, le portail central. Au centre, Christ en majesté entouré de 2 anges. On distingue aussi Samson et le lion, ainsi qu'un griffon. Sur le pilier gauche de l'entrée, 2 barres de fer servaient de mesure pour le commerce de la toile. Les côtés de la cathédrale et la tour sud du XVe s, de 137 m de haut, chef-d'œuvre du gothique germanique, abritent une forêt de pinacles. Sur le côté, portail sculpté gothique de la *Singertor.* À noter, la toiture composée de tuiles vernissées, avec des motifs disposés en diagonale. Côté est, l'aigle à 2 têtes de l'Empire germanique.

L'intérieur et les tours

Aussi fréquenté qu'abondamment décoré. Nef d'une grande ampleur, avec une particularité : ***chaque pilier possède son autel de style baroque.*** À partir de l'entrée de la façade principale, voici les principaux points d'intérêt.

– À gauche de l'entrée, ***chapelle du Prince Eugène,*** l'homme qui revint victorieux du dernier assaut donné par les Turcs. Devant, un baldaquin de pierre gothique flamboyant du XVe s.

– À droite de l'entrée, autre baldaquin gothique à colonnes torses de 1510, abritant la ***Vierge de Pötsch,*** qui aida, paraît-il, à battre les Turcs en 1697. À côté, la *Singertor* par où les hommes entraient au Moyen Âge.

– ***La chaire en grès :*** au 3e pilier gauche, admirable chaire gothique flamboyant (1480). L'artiste qui l'a réalisée s'est représenté sous la rampe, dans la fenêtre, avec à la main ses outils. Les Viennois, qui ne manquent jamais d'humour, l'ont surnommé « le lorgneur » ! La chaire est ornée des 4 Pères de l'Église. Élégant et harmonieux escalier évoquant l'élévation vers le ciel.

– ***Le pied d'orgue :*** à la hauteur du 5e pilier sur le bas-côté gauche, œuvre superbe d'***Anton Pilgram.***

– La ***tour nord,*** inachevée, abrite sa ***célèbre cloche, la Pummerin.*** Le « bourdon » est accessible à gauche de la nef par un ascenseur *(tlj 9h-20h30 ; entrée : 6 €, réduc).* Cette cloche (la plus grosse d'Autriche : 3,14 m de diamètre, 21 t) fut fabriquée en 1951 sur le modèle de l'ancienne *Pummerin,* disparue en partie dans l'incendie de 1945. Ses restes furent englobés dans la nouvelle cloche, dont la majestueuse sonorité fait vibrer les façades environnantes. Une histoire qu'on retrouve dans les scènes qui la décorent.

– Dans le transept gauche, entrée des catacombes *(Katakomben). Visites guidées seulement (détail des horaires plus haut).* Dans la 1re moitié du XIVe s, sous la cathédrale, le caveau des Cardinaux *(Kardinalsgruft)* est affecté aux éminentes dépouilles des prélats. Dans la même section, le caveau des ducs où repose ***Rodolphe IV,*** qui fonda l'université de Vienne en 1365 avant de mourir de la peste à 26 ans. Dans les niches, les urnes contenant les viscères des Habsbourg (voir encadré). Jeter un œil au passage sur les fragments de statues qui ont résisté au gigantesque incendie de 1945. La section suivante, le caveau des Chanoines, est masquée par des plaques de marbre.

Après avoir franchi les fondations de la cathédrale de 6 m d'épaisseur, on pénètre sous la place, où reposent les ***ossuaires de 16 000 Viennois.*** Dans une fosse

PUZZLE IMPÉRIAL

Sous la cathédrale, les catacombes abritent, dans des niches, les urnes contenant les entrailles des Habsbourg. Jusqu'à la fin du XIXe s, le « rite espagnol » voulait que les viscères soient séparés du cœur. Quant aux corps, ils reposent dans la crypte des Capucins, sauf les derniers Habsbourg ; la coutume s'est arrêtée juste avant. Tout fout le camp !

commune pratiquée à la hâte depuis la *Stephansplatz,* on en jeta encore environ 2 000 en 1713 lors de l'épidémie de peste. Sous ***Joseph II,*** des prisonniers furent contraints de venir vider les sépultures et entasser les ossements dans de vastes charniers.
- En sortant des catacombes, à gauche du chœur, ***cénotaphe*** particulièrement imposant de Rodolphe IV, dit le Fondateur. À côté, remarquable retable polychrome (*Wiener Neustadt* ; 1447), formidablement conservé.
- Dans le chœur, ***maître-autel*** des frères ***Pock*** (1640). Derrière, de part et d'autre, des fragments des vitraux du XIVe s ont été adroitement intégrés à ceux créés lors de la reconstruction.
- À droite du chœur, imposant ***tombeau en marbre rouge*** de Frédéric III, attribué à Nicolas de Leyde. Très chargé, avec des scènes sculptées en haut relief, et orné de curieux animaux au sol tout autour (mais peu visible).
- Dans le transept droit, entrée de la ***Südturm,*** la tour sud, dans laquelle on pénètre par l'extérieur, sur le flanc droit de la cathédrale *(tlj 9h-17h30 ; entrée : 5,50 €, réduc).* Gravir les 343 marches par un escalier étroit en colimaçon afin d'admirer le panorama sur la ville et les alentours ! Si le ciel est dégagé, vous repérerez nombre de monuments.
- Sur l'arrière de la cathédrale, ***bas-reliefs et quelques restes de fresques.***

VIENNE

★★ ***Dom Museum :*** *Stephansplatz 6 (à gauche de la cathédrale). ☎ 515-52-53-00. • dommuseum.at • Tlj sauf lun-mar 10h-18h (20h jeu). Dernière entrée 30 mn avt fermeture. Entrée : 10 € ; réduc. Audioguide (en français) : 3,50 € ; réduc.* Y est exposé le trésor de la cathédrale. Belle collection d'objets cultuels : ostensoirs, croix-reliquaires, évangéliaires, peintures gothiques, grands crucifix, quelques œuvres de l'époque baroque. Descente de croix, remarquable retable du début du XVIe s, crucifixions, série de Madone des XIVe-XVe s... En point d'orgue, le fameux portrait de Rodolphe IV, datant du XIVe s. Aussi des expositions d'art contemporain.

Derrière la cathédrale, faites une pause gourmande accompagnée d'un thé, sous la tonnelle, si le temps le permet, dans un lieu caché cher aux Viennois : ***Haas & Haas*** *(Stephansplatz 4 ; ☎ 512-26-66 ; lun-sam 8h-20h, dim 9h-18h ; sandwichs 5,50-11 €, plats 11-15 €).*

Sinon, consolez-vous en faisant le plein de gaufrettes à la célèbre boutique ***Manner,*** à l'angle de la *Rotenturmstraße.*

★ ***Haas-Haus*** *(maison Haas ; zoom, D3)* **:** *juste en face de la cathédrale, sur la place.* Un édifice contemporain, signé *Hans Hollein,* un des papes de l'architecture postmoderne, né à Vienne en 1934. Confrontation insolite (et longtemps décriée) avec la cathédrale dont le reflet se mire dans les vitres du bâtiment. Noter le jeu subtil des volumes. Belle vue sur la place, les toits et la cathédrale depuis l'***Onyx Bar*** de l'hôtel ***Do & Co,*** au 6e étage (cher).

★ ***Virgilkapelle*** *(chapelle Virgile ; zoom, D3)* **:** *Stephansplatz, U-Bahn-Station. 0664-882-939-30. • wienmuseum.at • Accès par le métro Stephansplatz. Tlj sauf lun 10h-18h. Entrée : 5 € ; réduc ; gratuit moins de 19 ans et pour tous le 1er dim du mois.*
C'est à la suite des travaux du métro, en 1973, que l'on découvrit cette intrigante ***chapelle gothique souterraine.*** Datée de 1220-1230, elle appartint un temps à la chapelle Marie-Madeleine, édifice voisin de la cathédrale aujourd'hui disparu. Elle fut par la suite totalement oubliée et ensevelie pendant plusieurs siècles. On découvre ses hauts volumes, sa voûte d'ogive et ses niches peintes de grandes croix rouges à travers une présentation moderne très réussie. Un petit musée interactif tente de percer les mystères de l'église et propose un panorama concis sur la Vienne médiévale.

★ ***Mozarthaus Vienna*** *(Maison Mozart ; zoom, E3)* **:** *Domgasse 5. ☎ 512-17-91. • mozarthausvienna.at • Tlj sauf lun 10h-18h. Dernière entrée 30 mn avt.*

Entrée : 12 € (audioguide en français inclus) ; réduc. Billet combiné avec la Haus der Musik : 20 €. Dans cette demeure du XVIIe s (la seule existant encore à ce jour parmi celles où le compositeur a vécu), Mozart habita de 1784 à 1787 et composa notamment *Les Noces de Figaro,* c'est pourquoi on l'appelle souvent la *Figaro Haus.* Entièrement rénovés – hélas, aurait-on envie d'ajouter –, ses 1 000 m² répartis sur 4 niveaux sont consacrés à ***l'œuvre, à la vie et à l'univers du génie de la musique.*** Cette maison intéressera surtout les grands passionnés de Mozart, car les pièces ne conservent aucun souvenir du compositeur et sont un peu désincarnées...
La visite commence au 3e étage (ascenseur) avec ***Vienne au temps de Mozart,*** espace aménagé comme une longue introduction musicale à l'époque où Mozart habitait Vienne. Quelques gravures sur la physionomie urbaine, portraits des gens de théâtre et de gens de cour. Évocation du trio Haydn, Mozart et Beethoven. Copies de partitions. Le 2e étage passe en revue le ***Monde musical de Mozart.*** On y rencontre le compositeur d'opéras, avec une halte sur la création des *Noces de Figaro.* Au 1er étage enfin, l'***appartement de Mozart.*** Pas de meubles à part une horloge jouant du Mozart à chaque heure (un peu gadget, on vous l'accorde), une table de jeux d'époque... Les traces du passé s'arrêtent là. Boutique au 1er.

De l'autre côté de la rue, au n° 6, jeter un œil sur le ***Kleiner Bischofshof*** avec son blason massif. C'est là que s'ouvrit en 1683 le 1er café viennois.

➢ Perpendiculaire à la Domgasse, la ***Grünangergasse,*** avec, au n° 4, le ***palais Fürstenberg*** (1720 ; *zoom, E3*) : feuillages et lévrier décorent le porche. Élégant encadrement des fenêtres. Quant à la ***Blutgasse,*** ce fut l'une des 1res tentatives (réussies) de restauration de ce vieux quartier. Ravissante la nuit avec ses pavés et arcs-boutants.

➢ ***Singerstraße*** *(zoom, D-E3)* **:** au n° 17, le ***palais Rottal*** (de 1750). Au n° 16, le ***palais Neupauer-Breuner.*** Remarquable porche avec 4 atlantes sur pilastres et une belle fenêtre au-dessus.

➢ À 2 pas, l'adorable ***Franziskanerplatz*** *(zoom, E4),* bordée de vénérables demeures, vieilles boutiques, et de la ***Franziskanerkirche*** (église Saint-Jérôme ; 1603). Admirer le pignon, rare exemple du style Renaissance bavaroise. À l'intérieur, intéressants maître-autel (avec trompe-l'œil) et buffet d'orgue.

➢ Délicieuses ***Ballgasse*** et ***Blumenstockgasse*** *(zoom, D3-4),* surtout la nuit dans le halo des réverbères. Grossièrement pavées, bordées de hautes demeures bourgeoises. Bornes anticarrosses.

Au n° 13, le ***palais Erdödy-Fürstenberg*** (datant de 1724) s'ouvre sur un porche imposant, avec atlantes. Élégantes fenêtres. Au n° 15, belles enseignes avec auvents baroques. Blason sur la fenêtre centrale.
– Enfin, 2 rues en dessous, ne pas oublier l'***Annagasse.*** Chaque numéro se révèle digne d'intérêt. En particulier au n° 8, la maison Deybelhof, et au n° 14, la maison « À la Carpe bleue ».

Haus der Musik *(Maison de la musique ; zoom, D4)* **:** *Seilerstätte 30. ☎ 513-48-50. • hausdermusik.at • Tlj 10h-22h (dernière entrée à 21h30). Entrée : 16 € ; réduc. Billet combiné avec la visite de la Mozarthaus Vienna : 20 €.*
Le musée occupe le palais de l'archiduc Charles, où vécut le fondateur de l'Orchestre philharmonique de Vienne au XIXe s. Comment naît un son ? Comment le composer ? Qu'est-ce que la musique ? Pourquoi tant de célèbres musiciens ont vécu à Vienne ? C'est à ces questions que ce musée tente de répondre à l'aide, entre autres, de jeux interactifs et créatifs, mais aussi avec une partie plus traditionnelle.
Le 1er étage est consacré à l'***histoire de l'Orchestre philharmonique*** depuis sa fondation en 1842. Affiches, livrets de concerts, baguettes de chef, partitions, gravures, photos, et diffusion d'extraits de concerts dans une petite salle.

Au 2e étage le ***Sonotopia*** vous permettra notamment, les yeux rivés à une sorte de microscope, de ***combiner des formes et des sons,*** que l'on pourra faire projeter au plafond. L'*Instrumentarium* présente quelques instruments de musique surdimensionnés.
Au 3e étage, ***The Great Composers*** rend hommage à la tradition musicale viennoise et aux ***célèbres compositeurs et musiciens*** qui ont marqué l'histoire de la ville (Haydn, Mozart, Beethoven, Schubert, Strauss et Mahler) à travers une muséographie classique. Une salle est dédiée à chacun d'entre eux, recréant une ambiance chaleureuse, riche en objets, courriers, écrans tactiles, quelques instruments, partitions... le tout imprégné par la musique de chaque compositeur. Pour terminer, les enfants (et les parents) pourront, au 4e étage, ***s'essayer à la direction d'orchestre*** grâce à une amusante expérience virtuelle. Café self-service et boutique au rez-de-chaussée.

Kaisergruft *(crypte impériale ; zoom, D4)* **:** *Neuer Markt, dans la* ***Kapuzinerkirche*** *(l'église des Capucins). ☎ 512-68-53-88. • kapuzinergruft.com • Entrée de la crypte à droite de la porte de l'église (et non dans l'église). Tlj 10h-18h (dernière entrée à 17h30). Entrée : 8,50 € ; réduc. Visite guidée en anglais lun, mer et sam à 15h30 (+ 4 €).*
Quelques minutes à pied suffisent pour passer de la splendeur de la Hofburg à cette crypte macabre. En surface, l'église des Capucins fut construite au début du XVIIe s dans un style extrêmement sobre. Tout le contraire des tombeaux exposés dans la crypte, où repose la quasi-intégralité des membres de la famille impériale depuis près de 4 siècles : 12 empereurs, 15 impératrices, oncles, tantes, cousins... 140 cercueils contenant les restes exclusifs d'une dynastie, sauf exception. On trouve notamment ceux de la nounou de Marie-Thérèse, que celle-ci a tenu à conserver près d'elle dans l'au-delà. Presque des mausolées, dans des styles époustouflants. Dans la 1re salle trônent les plus beaux : cercueils en étain (du moins jusqu'à la fin du XVIIIe s) au style rococo délirant (qui, d'ailleurs, demandent un traitement spécial car l'étain se désagrège).

TOC, TOC, QUI VIENT LÀ ?

Lors d'un décès chez les Habsbourg, la coutume voulait qu'un chambellan accompagne le cercueil jusqu'à l'entrée de la crypte. Pour ouvrir la porte, le capucin de service demandait alors à 3 reprises : « Qui vient là ? » Et le chambellan devait réciter 2 fois la litanie interminable des titres ronflants du défunt. Accès refusé. La 3e fois, le chambellan quémandait modestement la permission d'entrer au nom « d'un pauvre pécheur aspirant à la paix éternelle ». C'était là le sésame indispensable pour que le défunt rejoigne ses ancêtres.

Le summum est atteint dans la pièce suivante, avec le cercueil de ***Marie-Thérèse*** et ***François de Lorraine,*** véritable monument du sculpteur *Balthasar Ferdinand Moll.* Orgueilleux dans la vie comme dans la mort ! Voici les plus sinistres coffres mortuaires de Vienne, dernières demeures pour puissants obsédés par la longévité, dont l'exubérance des formes apparentes masque à peine l'angoisse des fins dernières. En aucun autre endroit le mot « pompe » ne s'est aussi bien accordé avec le mot « funèbre » ! Sur le côté, bas-reliefs représentant des épisodes de la vie de Marie-Thérèse.
Devant, et en opposition totale, le cercueil en cuivre tout simple de ***Joseph II,*** conforme à ses choix philosophiques du siècle des Lumières.
Tout au fond, la crypte avec les cercueils de l'empereur ***François-Joseph*** (mort en 1916) et de ***Sissi*** (assassinée en 1898) – le plus fleuri de tous –, sans oublier celui de leur fils ***Rodolphe,*** qui s'est suicidé à Mayerling en 1889. C'est le seul endroit de la crypte où il y a une certaine affluence...
Enfin, après l'impératrice ***Zita*** (1892-1989), qui survécut 67 ans à son mari Charles Ier, le dernier à bénéficier de l'hospitalité de la crypte fut ***Otto*** de Habsbourg, en juillet 2011.

Neuer Markt *(zoom, D4)* **:** une jolie place du centre ancien. Bordée d'élégants immeubles du XVIIIe s, avec au milieu une fontaine exécutée par *Georg Raphaël Donner* en 1738 pour le compte d'un commanditaire mauvais payeur, dont il se vengea en tournant les fesses d'une de ses statues vers les fenêtres de celui-ci ! Pour information, le thème de l'ensemble est une Providence entourée d'angelots avec, aux angles du bassin, une allégorie des rivières autrichiennes qui se jettent dans le Danube.

Traverser le **Neuer Markt** (là aussi, les amateurs de *Konditorei* seront servis sur un plateau) pour profiter de la *Gemütlichkeit* viennoise. Vous pouvez prendre un jus de fruits frais au rez-de-chaussée du ***Billa Corso*** (assez chic mais extra) ou vous contenter d'une saucisse sur le pouce commandée à l'un des stands qui font la réputation du quartier.

Osterreichisches Theatermuseum *(musée du Théâtre ; zoom, D4)* **:** *Lobkowiczplatz 2. ☎ 525-24-27-29. • theatermuseum.at • Dans le superbe palais Lobkowicz. Tlj sauf mar 10h-18h. Entrée : 12 € ; réduc ; gratuit moins de 19 ans. Expos temporaires.* Ce musée installé dans le *palais Lobkowicz* présente de nombreuses maquettes de décors, costumes ou estampes appartenant à l'univers du théâtre. Il abrite également la ***salle Eroica,*** où fut jouée pour la 1re fois la *Troisième Symphonie* de Beethoven lors d'un concert privé, en 1804.
Le musée abrite aussi une collection (non visible) de ***manuscrits*** de poèmes ayant appartenu à Stefan Zweig, qui la légua avant de fuir les nazis.

NAPOLÉON A CESSÉ D'ÊTRE UN HÉROS

La Troisième Symphonie composée par Beethoven était dédiée à Bonaparte, que le musicien admirait en tant qu'incarnation des idéaux de la Révolution. Lorsque le Corse se proclama empereur des Français en 1804, Beethoven fut si dégoûté qu'il supprima le nom Bonaparte de la page titre. Plus tard, il y inscrivit : « Symphonie héroïque, composée en mémoire d'un grand homme », en fait son mécène, le prince de Lobkowicz.

Dorotheum *(hôtel des ventes ; zoom, D3-4)* **:** *Dorotheergasse 17. ☎ 51-56-00. • dorotheum.com • Tlj sauf dim 10h-18h.* Ancien couvent, le palais abrite depuis 1707 l'hôtel des ventes de Vienne, l'un des plus vieux d'Europe, et peut-être le plus grand. Très régulièrement sont vendus aux enchères des tableaux de maîtres, de somptueux bijoux, de rares instruments de musique, de vieux jouets provenant des 4 coins du monde... On visite son rez-de-chaussée, où certains objets sont vendus à prix fixes, histoire de rêver un peu... Dans les rues adjacentes, une nuée de galeries exposent des œuvres d'art et des antiquités, créant une atmosphère très *arty.*
Au 2e étage, on peut faire une pause au ***Dorotheum Café*** *(tlj sauf dim 10h-18h – 17h sam)* qui propose une petite carte de plats salés pour le lunch, mais surtout de très bons gâteaux pour un goûter mérité, à accompagner d'une boisson chaude.

Graben Hotel *(zoom, D3)* **:** *Dorotheergasse 3. ☎ 512-15-31-0. Ex-pension* Grillparzer. *En face du* Café Hawelka. ***Franz Kafka*** et ***Max Brod*** y séjournaient quand ils venaient de Prague. Sur le mur extérieur, une plaque rappelle que ***Peter Altenberg,*** auteur des *Esquisses viennoises,* y vécut de 1913 à 1919. Insomniaque et fauché, il occupait une chambre mansardée où, le 6 janvier 1919, des amis le découvrirent délirant de fièvre. 2 jours plus tard, le poète sans demeure s'éteignait à l'hôpital, victime d'une pneumonie. Le café du *Graben Hotel* porte aujourd'hui son nom.

CasaNova Vienna *(zoom, D3)* **:** *Dorotheergasse 6-8. En face du* Graben Hotel. L'un des plus vieux cabarets-spectacles de Vienne. On voit l'extérieur dans

Le Troisième Homme (voir la rubrique « Cinéma. Quelques films » dans le chapitre « Hommes, culture, environnement » en fin de guide).

Jüdisches Museum der Stadt Wien *(Musée juif de la Ville de Vienne ; zoom, D3)* **:** *Dorotheergasse 11. ☎ 535-04-31. • jmw.at • Tlj sauf sam 10h-18h. Fermé aux fêtes juives. Entrée (donnant accès, dans les 4 j., au Museum Judenplatz) : 15 € ; réduc ; gratuit moins de 18 ans.* Il occupe l'ancien *palais Eskeles* (XVe s), qui accueillit comme locataire, de 1805 à 1807, Constanze Mozart, la veuve de Wolfgang. Au début du XXe s, le palais abritait la galerie *Mietke* – à l'époque la galerie d'art la plus célèbre et avant-gardiste de la capitale –, où furent présentées pour la 1re fois au public les toiles d'*Egon Schiele,* de *Max Oppenheimer, Van Gogh, Renoir, Toulouse-Lautrec...* Aujourd'hui, le musée présente des ***collections permanentes sur la communauté juive viennoise*** (objets liturgiques, peintures, documents), et des expositions temporaires au 1er étage.

VIENNE

Visite indispensable pour comprendre l'enracinement (plus de 10 siècles pour certaines familles !) ***de la communauté juive dans l'histoire de l'Autriche,*** et sa contribution exceptionnelle à l'essor de l'industrie, des sciences, de la littérature, de la musique, des arts de ce pays. Au début du XXe s, et jusque dans les années 1920-1930, Vienne abritait une communauté juive nettement plus importante en nombre (10 % environ de la population totale) et en influence que les autres capitales européennes. Beaucoup de juifs viennois étaient venus des provinces reculées de l'Empire austro-hongrois (Moravie, Galicie, Bucovine...) et avaient fait souche dans la capitale autrichienne. Un 1er geste de tolérance de Joseph II en 1781 leur donna les droits essentiels. Les discriminations, vestimentaires notamment, furent abolies à ce moment-là.

La liste des intellectuels, artistes, journalistes de renom serait trop longue à établir. D'***Arthur Schnitzler*** à ***Sigmund Freud*** en passant par ***Theodor Herzl*** (l'auteur de *L'État juif,* livre fondateur du sionisme, habitait au no 6 de la Berggasse, non loin de Freud) et ***Stefan Zweig,*** les juifs autrichiens ont joué un rôle prépondérant dans l'épanouissement et le rayonnement de Vienne au tournant du XXe s.

L'annexion de l'Autriche par Hitler en 1938 marqua la fin de cette période d'extrême créativité intellectuelle et le début du cauchemar pour des milliers de familles juives. Avant la Shoah, près de 200 000 juifs vivaient à Vienne : 120 000 en seront chassés et déportés ; seulement 2 000 parmi ceux qui restèrent ont survécu. Aujourd'hui, la communauté est réduite à environ 8 000 membres.

L'ensemble du musée est moderne, très bien aménagé, avec de vastes salles, dont les plans ont été confiés à l'équipe d'architectes *Eichinger & Knechtl.*

Les visiteurs auront également le privilège d'admirer les réserves du musée, au 3e étage. Elles comptent de somptueux objets liturgiques en or et plus souvent en argent, comme des couronnes de la Torah, des calices, des plats... La plupart sont issus du vieux Musée juif (fermé en 1938) et rescapés de diverses synagogues.

■ ***Librairie :*** *mêmes horaires que le musée.* Choix important de livres (une grosse majorité en allemand, forcément) sur la culture juive austro-hongroise et sur l'histoire de la communauté israélite à Vienne.

Graben *(zoom, D3)* **:** la plus célèbre « place » de Vienne est en réalité une longue rue marchande bordée de commerces de luxe et d'édifices prestigieux. Ancien fossé du camp romain, le *Graben* servit pendant des siècles de marché. Remanié à l'époque baroque puis au XIXe s, il devint un lieu de promenade à la mode.

- Au no 19, remarquez les 6 élégants atlantes du grand magasin ***Julius Meinl.*** On y trouve des produits du monde entier (petit café au rez-de-chaussée et bar à vins au sous-sol).
- Au milieu de la place, la ***colonne de la peste*** *(Pestsäule),* construite à la demande de Léopold Ier pour célébrer la fin de l'épidémie en 1679, qui fit plus de 100 000 victimes à Vienne. Sous le filet protecteur, on peut distinguer la vieille sorcière symbolisant la peste, poussée par un ange vers l'enfer. C'est un Léopold

prognathe (avec la mâchoire en avant, la marque de fabrique familiale !) qui est ici représenté, d'une modestie toute relative (suivre son regard).
– Une curiosité encore : les ***w-c publics,*** œuvre de... Adolf Loos.

Peterskirche *(église Saint-Pierre ; zoom, D3)* **:** *● peterskirche.at ● Tlj, en principe 8h (9h w-e)-19h.* Un peu en retrait du Graben, ne manquez pas l'***une des églises baroques qui fut la plus copiée en Europe centrale !*** Remarquable façade, s'ajustant avec grâce à l'étroitesse de la rue. Intérieur bien patiné, les ors se sont assombris. Monumental retable. Coupole ajourée. Chaire imbattable dans la démesure baroque, ainsi que le buffet d'orgue. De part et d'autre du chœur, 2 tribunes surmontées de verrières en forme de couronne.

Michaelerkirche *(église Saint-Michel ; zoom, D3)* **:** *Michaelerplatz. ● michaeler kirche.at ● En face de l'entrée de la Hofburg. Tlj 7h (8h dim)-22h. Compter 7 € pour la visite guidée de la crypte (sur rdv au ☎ 533-80-003) ; sinon, entrée GRATUITE.* C'est l'ancienne église paroissiale de la famille impériale. Édifiée à partir du XIIIe s, elle n'a quasiment rien conservé de la période romane. Nef, clocher et chapiteaux gothiques, chœur carré. Façade néoclassique de 1792. Orgue baroque le plus grand d'Autriche. Vestiges de fresques romanes. Au maître-autel, retable baroque particulièrement grandiloquent. On y a tourné la scène du mariage de ***Sissi*** (avec la belle Romy) et François-Joseph.
– La ***crypte*** servait de lieu d'inhumation. Sur les 4 000 cercueils entreposés ici, il n'en reste aujourd'hui que 250. Quelques corps momifiés habillés de costumes rutilants ont pu être conservés grâce à une température constante. Les cercueils sont ceux de personnes issues de la noblesse et de la cour des Habsbourg aux XVIIe et XVIIIe s.

La Hofburg et alentour
(entrée sur la Michaelerplatz ; zoom, C-D3-4)

Pour la majorité des touristes, c'est devant la ***Hofburg*** que commence la découverte de Vienne (après ou avant Schönbrunn !) : la visite du ***palais impérial,*** résidence des Habsbourg pendant plus de 6 siècles, est l'un des temps forts de la découverte du centre ancien (1er arrondissement) dont il occupe 20 % de la surface. Ses édifices s'échelonnent du XIIIe au XXe s et concentrent à peu près tous les styles existants. Quelques chiffres : 18 ailes, une vingtaine de cours, 54 escaliers et près de 2 600 pièces. Véritable ville dans la ville, la *Hofburg* abrite aujourd'hui, en dehors des nombreux musées, la présidence de la République et quelques ministères.
On note 3 phases de construction. D'abord, de 1279 à 1681. À l'époque, c'est plutôt une forteresse dont subsistent 3 édifices : l'***Alte Burg*** (le vieux palais), la ***Stallburg*** (les écuries du manège espagnol) de 1558 et l'***Amalienburg*** de 1575 et 1600. Une fois l'aile Léopold achevée, en 1681, la 2e phase de construction put commencer, avec la chancellerie d'Empire en 1723, la salle d'apparat et, en 1739, le manège d'hiver *(Winterreitschule).* La 3e époque démarre sous Napoléon Ier en 1809, quand l'Empereur donne l'ordre de détruire

UN TRÈS LONG RÈGNE

Intronisé en 1848, Franz-Josef Ier eut l'un des plus longs règnes de l'histoire : il dura 68 ans ! Il incarna à lui seul les Habsbourg, désireux d'imposer au monde une monarchie universelle et catholique. En 1854, il épousa Élisabeth de Wittelsbach, dite Sissi, qui lui donna 4 enfants. Sous des allures débonnaires de grand chauve à rouflaquettes, il fut le grand responsable du 1er conflit mondial. Son intransigeance obstinée vis-à-vis de la bien faible Serbie, à la suite de l'assassinat de l'archiduc héritier François-Ferdinand à Sarajevo, précipita l'Europe dans une hécatombe insensée.

les bastions (on trouve aujourd'hui, à la place, le *Volksgarten*, la *Heldenplatz* et le *Burggarten*). En 1857, un autre empereur, François-Joseph, fait édifier le *Neue Burg* (Nouveau Palais), l'aile qui fait face à la *Heldenplatz* et aux grands jardins bordant le Ring.

L'***entrée principale*** de la *Hofburg*, sur *Michaelerplatz (zoom, D3)*, fut réalisée en 1889 selon des plans du XVIIIe s. Façade concave avec arc de triomphe en son centre, surmontée d'un dôme. Sur les côtés, 2 fontaines monumentales : *L'Autriche dominant la mer* et, à droite, *L'Autriche dominant la terre* (il n'y avait pas encore d'avions !). De part et d'autre de la porte, 4 Hercules terrassent tout ce qu'ils peuvent terrasser à grands coups de gourdin. Une démonstration de puissance tout en délicatesse.

SISSI OR NOT LIZI ?

Pourquoi donc l'appelait-on Sissi, alors que le diminutif de son prénom, Élisabeth, était Lizi ? L'impératrice signait Lizi, mais avec un L très courbé, ce qui fait que tout le monde lisait Sissi.

***Les appartements impériaux et le musée Sissi** (zoom, D3) : Michaelerplatz 1. ☎ 533-75-70. ● sisimuseum-hofburg.at ● Tlj 9h-17h30 (18h juil-août). Dernière admission 1h avt fermeture. Entrée : 17,50 € ; réduc. Si vous prévoyez la visite des différents sites impériaux, mieux vaut prendre un* Sisi Ticket Deluxe *à 44 € ; il donne aussi accès au musée du Meuble et dépôt du mobilier de la Cour ainsi qu'au « Grand Tour » du château de Schönbrunn. Pour éviter l'attente, pensez à acheter votre billet en ligne. L'excellent audioguide en français est indispensable (compris dans le tarif) pour profiter pleinement de la visite et éviter d'errer sans rien comprendre dans les innombrables pièces.*

La visite commence au rez-de-chaussée par la collection de porcelaines et d'argenterie de la Cour, avant de se poursuivre à l'étage avec le musée Sissi et les appartements impériaux.

– ***Silberkammer*** *(collection d'argenterie de la Cour)* ***: fermée temporairement sans date de réouverture lors de notre passage.*** Au rez-de-chaussée se trouve une collection d'une rare richesse tant par sa taille que sa diversité. Vitrines de faïences, porcelaines, services, carafes, centres de table et ustensiles de cuisine donnent un aperçu de la vie à la cour de Vienne et de son évolution au fil du temps. Une visite passionnante, pour peu qu'on s'intéresse aux arts de la table en général. En tout, quelque ***6 000 objets,*** intelligemment mis en scène par période, matériaux, type de décor, gamme de couleurs... L'ensemble redonne vie à toute une époque de faste et de splendeurs qui laissent pantois. La vaisselle impériale fut utilisée pour les dîners d'État jusqu'à l'acquisition récente, au début de ce XXIe s, d'un service plus républicain.

– ***Sisi Museum*** *(musée Sissi)* ***:*** à l'étage, ce musée, l'un des plus visités de la ville, ne cesse de faire l'objet de réaménagements, en fonction de l'arrivée de nouveaux documents, rachetés à la famille ou aux collectionneurs... Munissez-vous de l'audioguide et laissez-vous embarquer dans l'histoire de Sissi, bien plus complexe qu'il n'y paraît. Documents d'époque et reconstitutions actuelles évoquent la vie privée d'Élisabeth, de ses années d'insouciance en Bavière jusqu'à son assassinat à Genève, au travers d'objets lui ayant appartenu : robe qu'elle portait la veille de ses noces, portraits officiels ou moins protocolaires, robe de chambre, ombrelles et éventails, reconstitution de son compartiment de train, masque funéraire.

La muséographie, très lyrique, nous fait entrer ***dans l'intimité d'une inconnue célèbre,*** d'une femme solitaire (ses poèmes, ses lettres permettent de la redécouvrir), attachée à une certaine idée de la liberté, qu'elle peinait à atteindre. On se laisse emporter par le destin de celle que chaque époque aura su utiliser pour alimenter les rêves. Entre opérette, comédie musicale et opéra, entre images de films et objets cultes, une introduction souvent émouvante, parfois amusante, à la visite d'une Vienne qu'on ne peut croire éternelle.

Ce musée aborde donc ***le mythe de Sissi*** avec un regard tendre et critique à la fois : l'évasion d'Élisabeth dans le culte de la beauté, son obsession de la minceur, ses extrêmes exaltations, son rejet de la Cour et le rapport particulier à ses enfants et à son mari.
Il a fallu attendre sa mort pour que naisse un mythe qu'elle avait déjà contribué à alimenter par sa conduite indépendante et non conformiste. Sissi, contrairement à son époux, ne fut pas particulièrement populaire de son vivant. Elle n'a pas vraiment cherché à l'être, d'ailleurs, s'étant retirée fort tôt de la vie publique, passant son temps en voyages, en croisières, en séjours plus ou moins prolongés loin de Vienne (plus facile de voyager incognito hors de l'Autriche). Les derniers portraits d'elle ont été brossés d'après des modèles anciens et remontent à ses 42 ans, en 1879, dans la plénitude de sa beauté. Durant près de 20 ans, jusqu'à sa mort en septembre 1898, bien peu parmi ses contemporains purent se vanter d'avoir vu le visage de cette dame en noir, se déplaçant caparaçonnée d'éventails, de voiles, de parasols...

SISSI, ANOREXIQUE ?

En représentation permanente au sein d'une Cour où la futilité dominait, Sissi avait l'obsession de la taille fine. Elle pesait à peine 42 kg pour 1,72 m ! En plus des régimes amaigrissants plutôt étranges (essentiellement lait, bouillons et oranges), elle s'astreignait à une gymnastique de nageuse chinoise. C'était son unique moyen d'entrer en rébellion contre une étiquette surannée... et contre sa belle-mère, l'archiduchesse Sophie, dont on disait qu'elle était « le seul homme de la famille ».

– ***Kaiserappartements*** *(appartements impériaux)* **:** après le musée Sissi, on entre directement dans les ***appartements de François-Joseph,*** sobrement aménagés (en comparaison de ceux de l'impératrice), en passant par la salle des gardes, la chambre d'audience, le cabinet de travail (superbe bureau), la chambre à coucher de l'empereur, le grand salon puis le petit salon... Chacune des pièces est chauffée par de ***poêles en faïence de toute beauté,*** véritables œuvres d'art. Des salles toutes imprégnées d'une certaine dignité mais n'affichant aucun apparat dispendieux.
Totalement à l'opposé, les ***appartements de l'impératrice Élisabeth (Sissi),*** où dominent le faste et la majesté. La série de salons est époustouflante. L'ensemble témoigne de la ***véritable personnalité de l'impératrice*** (le cabinet de toilette et sa petite salle de gymnastique pour garder la ligne, la salle de bains moderne, etc.). La visite se termine par les ***appartements du tsar Alexandre Ier,*** qui y demeura lors du congrès de Vienne en 1815.

🚶 ***Innerer Burghof ou In der Burg*** *(cour centrale ; zoom, D3)* **:** après la rotonde, accès à cette vaste cour rectangulaire, où trône au centre le monument de François II. Au XVIe s, elle servait aux tournois. Côté rotonde, somptueuse aile de la Chancellerie édifiée en 1723. On notera la longue façade rythmée par les fenêtres ouvragées et les pilastres cannelés. Sur le toit, statues, blasons et trophées. Au fond de la cour, la façade de l'*Amalienburg,* construite en 3 étapes du XVIe au XVIIIe s. Au milieu, un petit clocheton à bulbe avec horloge. En face de l'aile de la Chancellerie, celle de Léopold. Construite en 1547, puis modifiée en baroque en 1660, elle abrite aujourd'hui les bureaux du président de la République.

🚶 ***Schweizerhof*** *(cour des Suisses ; zoom, D3)* **:** la partie la plus ancienne de la Hofburg (1279), bâtie par ***Ottokar II,*** roi de Bohême. La cour fut profondément remaniée à la Renaissance. Élégante porte des Suisses (1522) en brique rouge et ornée de lettres d'or. Vous pensez à la garde du Vatican ? Vous n'avez pas tort !

🚶🚶 De la cour des Suisses, accès à la ***Hofburgkapelle*** *(chapelle impériale ; zoom, D3-4),* datant de 1449. *☎ 533-99-27. • hofmusikkapelle.gv.at • Lun-mar 10h-14h, ven 11h-13h. Messe dim (sauf juil-août) à 9h15. Places assises à partir de 12 € et jusqu'à 48 €. Résas par tél et en ligne. Billets à retirer ven 11h-13h, 15h-17h ;*

dim 8h-8h45. Attention : pour les places réservées, on écoute les concerts depuis des loges aux 1er et 2e étages autour du chœur, donc sans voir la chapelle (ou juste via un écran). On aura une meilleure chance de participer à la messe chantée dans la chapelle en faisant la queue patiemment le matin même. En principe, il y a toujours des places assises libres au rez-de-chaussée. Mais que ne ferait-on pas pour voir et écouter les ***Petits Chanteurs de Vienne,*** un chœur créé en 1498 par l'empereur Maximilien Ier ? Le plus célèbre (et le plus vieux) des chœurs d'enfants a désormais sa propre salle de concerts, le *MuTh,* à l'entrée du *Augarten* (lire la rubrique « À voir encore autour du Ring. De l'autre côté du Donaukanal »).

Kaiserliche Schatzkammer *(Trésor impérial des Habsbourg ; zoom, D3) : accès par la cour des Suisses. ☎ 525-24-0. ● kaiserliche-schatzkammer.at ● Tlj sauf mar 9h-17h30 (dernière admission à 17h). Entrée : 14 € ; réduc ; gratuit moins de 19 ans. Billet combiné « Schätze der Habsburger » (avec le Kunsthistorisches Museum et au Trésor impérial de Vienne) : 24 €. Audioguide en français : 5 €. Visite guidée : 6 €. Consigne payante obligatoire pour les sacs.*

Une des plus fascinantes collections d'art sacré et profane du monde ! 2 épaisses portes blindées donnent accès à une vingtaine de salles plongées dans la pénombre. Les objets exposés nous parlent d'un temps que les moins de 500 ans ne peuvent pas connaître. Si vous n'avez pas opté pour l'audioguide (intéressant, mais cher), des panneaux permettent heureusement de se replacer dans le contexte de l'époque, et des arbres généalogiques de se repérer. Série de capes royales sublimes de dorures... Parmi les pièces maîtresses, la fameuse ***couronne de l'empereur Rodolphe II*** et son sceptre qui furent réalisés à Prague en 1602. La couronne rappelle par sa forme et par la pureté de ses diamants l'origine divine du pouvoir impérial. Seigneur du monde et maître de la terre, l'empereur était aussi le vicaire du Christ, son bras droit en somme (tout cela déplaisait aux papes de l'époque).

S'ils sont exposés, voir encore les ***3 voiles de Véronique,*** la sainte femme qui aurait essuyé le visage du Christ lors de la Montée au Calvaire. Et, plus énigmatique, une ***dent de saint Pierre,*** encastrée dans un grand ostensoir !

Difficile d'échapper aux œuvres les plus célèbres, comme le berceau en argent de l'***Aiglon,*** le fils de Napoléon. Offert par la Ville de Paris, il pèse 280 kg. Noter les abeilles d'or, symboles chers à Napoléon, qui en avait fait son emblème pour remplacer les fleurs de lys des Bourbons. Portrait de Marie-Louise. Et encore la superbe ***coupe en agate*** taillée dans un seul bloc de 75 cm de large. Elle serait la plus grande de ce genre dans le monde. Réalisée à Constantinople, probablement vers le IVe s de l'ère chrétienne, elle fut longtemps considérée comme le Saint Graal ! Autre pièce intéressante, celle que l'on présenta longtemps comme la ***corne d'une licorne,*** animal mythique qui fit fantasmer l'Europe pendant des siècles : en fait, une étonnante défense torsadée de narval (2,43 m de long) !

ADOLF SE PIQUAIT D'OCCULTISME

Le Führer était fasciné par la relique de la lance de la Hofburg, utilisée par le centurion Longinus pour percer le flanc du Christ en croix. Adepte des théories fumeuses qui garantissaient la maîtrise du monde à son possesseur, Adolf la fit transporter par train spécial à Nuremberg en 1938. Depuis, elle a tranquillement retrouvé sa place parmi les autres pseudo-reliques, une datation au carbone 14 l'ayant fait remonter au VIIIe s... apr. J.-C. !

Incontournable, le ***Trésor ecclésiastique*** : objets liturgiques, reliques et parements utilisés naguère à la cour impériale et à la chapelle de la Hofburg. Mais pas le plus passionnant.

Nos coups de cœur : une collection, très rare, ***de vêtements et d'habits impériaux,*** dont un manteau de couronnement datant de l'an 1133, réalisé à Palerme

du temps des rois normands. Admirer aussi cette robe blanche, brodée d'or, portant une inscription arabe et latine de 1181. Voilà probablement la plus vieille garde-robe du monde !
Une des pièces les plus célèbres du trésor est cette somptueuse couronne du Saint Empire romain germanique, réalisée pour le couronnement de l'empereur ***Otton Ier*** en 962. Ses 8 plaques d'or garnies de pierres précieuses et de perles taillées de manière grossière représentent les 8 portes de la Jérusalem céleste, et les 12 pierres précieuses, les 12 apôtres. On a cru longtemps que c'était celle de Charlemagne, mais celui-ci était mort bien avant sa réalisation.
Autre temps fort de la visite, qui justifierait à lui seul le prix d'entrée : l'héritage bourguignon, qui attire beaucoup de monde, autour de la Toison d'or. Emblème d'un prestigieux ordre de chevalerie fondé par ***Philippe le Bon*** au XVe s, la Toison d'or était attachée à un large collier composé de pierres à feu et de briquets qui symbolisaient le feu et la passion des actes valeureux (des « hauts faits »). À la mort du dernier des ducs de Bourgogne, ***Charles le Téméraire,*** sa fille Marie ayant épousé un Habsbourg, leurs fiefs passèrent entre les mains de l'illustre famille, ce qui fut à l'origine de leur montée en puissance.

Ephesos Museum et Haus Geschichte Osterreich *(musée d'Ephèse et Maison de l'histoire d'Autriche ; zoom, C-D4) : Heldenplatz, Neue Burg. ☎ 525-24-0. • hdgoe.at • Entrée située au niveau de la statue du prince Eugène de Savoie. Tlj sauf lun 10h-18h (21h jeu). Entrée : 9 € ; réduc ; gratuit moins de 19 ans. Audioguide : 2 € (en allemand, en anglais et en italien).*
Cette partie de la Hofburg, dernière réalisation des Habsbourg (2de moitié du XIXe s), abrite 2 musées en un dans une vaste aile de style néo-Renaissance italienne.

UN SOLDAT INCONNU HÉSITANT

Une découverte a quelque peu terni l'image de la tombe du Soldat, gisant sur la Heldenplatz, hommage aux soldats austro-hongrois tombés en 1914-1918. Sculptée en 1935, la tombe recelait un message pronazi, célébrant « la force éternelle du peuple allemand » et souhaitant un rattachement de l'Autriche à l'Allemagne pour « conduire au plus haut (leur) peuple uni sous le signe du soleil noir ». L'assistant du sculpteur aurait, quant à lui, laissé un message pacifiste totalement contradictoire. Faudrait s'entendre !

– L'***Ephesos Museum*** présente des pièces trouvées par les missions archéologiques autrichiennes sur le site d'Éphèse et autres lieux d'Asie Mineure, ainsi que dans les îles grecques. Une immense galerie de style néogrec du XIXe s abrite une collection de statues, de fragments de frise, de chapiteaux corinthiens, de mosaïques. Bas-reliefs, dont le monument des Parthes (frise de 40 m de long). À l'entresol, restes de l'autel du sanctuaire d'Éphèse dédié à la déesse Artémis (IVe s avant l'ère chrétienne).
– Le ***Haus Geschichte Osterreich,*** quant à lui, résume de manière assez succincte les décennies autrichiennes entre 1918 et 2018. Écrans interactifs, interviews, panneaux didactiques, docs. Après-guerre, montée du nazisme, de nouveau la guerre, la libération, l'Europe, les nouveaux droits... L'ensemble est un peu indigeste et intéressera surtout les passionnés.

Weltmuseum *(musée du Monde ; zoom, C-D4) : accès par la Heldenplatz. ☎ 534-30-50-52. • weltmuseumwien.at • Tlj, sauf mer, 10h-18h (21h mar). Entrée, également valable pour l'Armurerie impériale et le KHM : 16 € ; réduc ; gratuit moins de 19 ans.*
Dans le splendide corps de logis du ***Neue Burg,*** avec son atrium lumineux soutenu par une foule de colonnes de marbre et ses plafonds peints, voici le prestigieux ***musée ethnologique de Vienne.*** À travers une scénographie de qualité, avec des écrans tactiles qui permettent d'observer d'un peu plus près certaines œuvres, il présente de riches collections, contenant plus de... 200 000 objets !

Les nombreuses salles invitent à découvrir des trésors venus de tous les continents, mais le poussent également à s'interroger sur la ***légitimité de les exposer,*** l'héritage colonial ou la rapacité des collectionneurs.
Difficile (et bien vain) de passer en revue toutes les merveilles qu'il contient. Il met l'accent sur l'***Amérique du Sud,*** notamment le Pérou, le Brésil mais aussi les pays d'Océanie et d'Asie. Parmi les joyaux présentés dans une pénombre étudiée, on admirera l'immense ***coiffe aztèque*** en plumes de quetzal, oiseau rare, l'une des pièces les plus emblématiques du musée. Parfait état de conservation et couleurs sublimes. Vitrines de statues d'idoles, poteries, instruments de musique, masques nous en mettent plein les mirettes, tout comme l'énorme calendrier de pierre de forme circulaire. Les ***collections brésiliennes,*** remarquables, proviennent pour la plupart de l'expédition du naturaliste *Johann Natterer,* qui explora le pays de 1817 à 1835, pour le compte de l'Empire autrichien.
Costumes, instruments de musique, l'***Océanie*** est quant à elle richement représentée grâce aux centaines d'objets issus de l'expédition du capitaine ***James Cook.*** Saisissante figure du dieu de la Guerre, avec sa rangée de dents et ses grands yeux, en provenance des îles d'Hawaii. Puis on passe, un peu en vrac à de grandes vitrines sur l'Inde, Ceylan, la Chine, le Japon, l'Australie, la Grèce... Chacune est dédiée à un pays et regroupe de riches collections variées (vêtements, sculptures, instruments de musique, objets religieux, marionnettes de papier mâché, bouddhas...). Une ***réflexion sur la fin du colonialisme*** clôture cette section.
– L'***Armurerie impériale,*** au 2e étage, occupe de vastes salles. Des dizaines d'armures pour adultes, pour enfants, pour chevaux, de toutes formes, de tous les siècles et de toutes provenances donnent le tournis.
– Des ***expositions temporaires*** confrontent les collections avec des œuvres ou installations contemporaines.

Volksgarten *(jardin du Peuple ; zoom, C3-4)* **:** *tlj 6h-22h.* Dessiné en 1819. Superbe roseraie vers le *Burgtheater.* On y trouve le ***mémorial de Sissi,*** ainsi que le ***temple de Thésée,*** imitation des temples grecs du Ve s av. J.-C. S'y organisent souvent des expos d'art contemporain.

Pour une pause côté jardin, arrêtez-vous au café ***Le Pavillon,*** avec sa terrasse courue dès les 1ers rayons du soleil. Sinon, retraversez la Hofburg pour continuer la visite.

Josefsplatz *(zoom, D3-4)* **:** considérée comme la plus harmonieuse place viennoise. Réalisée au XVIIIe s, de style baroque tardif, elle s'entoure de magnifiques palais, dont le *Pallavicini* avec ses doubles atlantes (1783, no 5), de la Bibliothèque nationale (lever les yeux pour admirer les globes se détachant dans un ciel qu'on vous souhaite sans nuage, tenus à droite par Gaïa, à gauche par Atlas) et du Manège espagnol. Au milieu, la statue de Joseph II.

Nationalbibliothek *(Bibliothèque nationale ; zoom, D4)* **:** *Josefsplatz 1. ☎ 534-10. • onb.ac.at • Grande salle, en principe tlj sauf lun 10h-18h (21h jeu). Entrée : 8 € ; réduc ; gratuit moins de 19 ans.* Édifiée en 1723, cette célébrissime bibliothèque possède plus de 2 millions de livres dont 8 000 incunables, parmi lesquels une ***bible de Gutenberg*** et le livre d'heures de Charles le Téméraire. Le visiteur a accès aux 200 000 exemplaires exposés dans la superbe grande salle d'apparat baroque *(Prunksaal),* construite par *Fischer von Erlach,* qui fait toute la longueur de la place. Beau trompe-l'œil ornant la coupole centrale encadrée de très hautes colonnes. Festival de dorures, boiseries et marbres. Le ***Globenmuseum*** *(Herrengasse 9 ; voir plus loin)* intéressera nos lecteurs amateurs de globes terrestres et célestes.

Spanische Hofreitschule *(Manège espagnol ; zoom, D3)* **:** *Michaelerplatz 1. ☎ 533-90-31-0. • srs.at • Tlj 9h-16h (19h ven si projection). Fermé lun janv-fév.*

– Visite guidée (en allemand et en anglais ; en français sur demande) du manège et des écuries tlj à 14h, 15h et 16h ; résa conseillée : ☎ 533-90-31 ou ● office@srs.at ● ; 21 €/pers ; réduc.
– Séance d'entraînement matinal en musique mar-ven à 10h (selon mois, également lun et sam) ; 16 €, réduc.
– Représentations dim à 11h (sauf juil) ; à partir de 30 €, réduc.
– Consulter le tableau à l'entrée, côté Michaelerplatz ; ou ● srs.at ● Résas : ● tickets@srs.at ●

Construit en 1729. Immense et magnifique salle baroque à colonnes (55 m de long, 17 m de haut) où se déroulent aujourd'hui les ***célèbres spectacles de l'École d'équitation espagnole*** fondée en 1572. Le manège fut le lieu de grands événements politiques ou mondains, notamment le dîner de gala du mariage de Napoléon et Marie-Louise, les fêtes du congrès de Vienne, les réunions en 1848 de la 1re Assemblée constituante d'Autriche.
C'est au XVIe s que furent fondés à Lipica (Slovénie) les haras qui fournissaient les chevaux pour le manège (les 1ers chevaux venaient d'Espagne). Le changement de couleur de leur robe est l'une des principales caractéristiques des lipizzans. À la naissance, le poulain est noir pour virer progressivement au gris et devenir tout blanc vers l'âge de 8 ans. Les haras sont à Piber depuis 1920.
Outre la passionnante visite guidée des lieux, qui inclut le manège et les écuries, pourquoi ne pas assister à une séance d'entraînement (intéressant pour ceux qui s'y connaissent un peu en équitation, les autres pourraient ne pas cerner toute la beauté des gestes, malgré les quelques explications en anglais), ou, et c'est ce qu'on conseille le plus, à une splendide représentation ?

🚶 ***Augustinerkirche*** *(église des Augustins ; zoom, D4) : Augustinerstr. 3. Donne sur la Josefsplatz. Lun-ven 8h-17h30 (19h15 mar et jeu), w-e 9h-19h30.* Dans la crypte sont entreposées 52 urnes contenant les cœurs des membres de la famille impériale, charmante coutume qui s'est arrêtée avec François-Joseph *(visites seulement sur rdv au ☎ 533-70-99).* Construite au XIVe s, l'église fut « baroquisée », puis « néogothicisée ». Bancs sculptés et orgues sur lesquels fut créée la *Messe en fa mineur* d'**Anton Bruckner.** Splendide cénotaphe pyramidal de ***Canova*** en marbre blanc (1801) construit à la mémoire d'une fille de l'impératrice Marie-Thérèse. Noter le pathos lyrique des personnages. Tombeau de Léopold II (vide également, car il repose, comme les autres, dans la crypte de l'église des Capucins).

HABSBOURG TOUJOURS

Décédé à 98 ans en 2011, Otto de Habsbourg, le dernier chef de la famille dynastique, ne s'était toujours pas fait à la disparition de l'Empire austro-hongrois. Un jour où on lui parlait d'un match de foot Autriche-Hongrie, sa réponse fusa : « Bien, bien, mais contre qui ? »

🚶 ***Schmetterlinghaus*** *(Maison des papillons ; zoom, D4) : dans le Burggarten, derrière l'Augustinerkirche. ● schmetterlinghaus.at ● Tlj 10h-17h45 (15h54 nov-mars). Entrée : 9 € ; réduc.* Magnifiques serres *Jugendstil* dessinées par *Friedrich Ohmann.* Elles abritent aujourd'hui une collection de papillons du monde entier.

🍷 🍽 ⛱ Profitez de la tranquillité des lieux en vous désaltérant à la terrasse du ***Palmenhaus*** *(zoom, D4, **187**)*, un café qui occupe l'aile droite des serres (voir « Où boire un verre tout en grignotant ? Où sortir ? Où écouter de la musique ? »).

🚶🚶 ***Albertina*** *(zoom, D4) : Albertinaplatz 1. ☎ 534-830. ● albertina.at ● Tlj 10h-18h (21h mer et ven). Entrée : 18,90 € ; billet combiné avec l'Albertina Modern 24,90 € ; réduc ; gratuit moins de 19 ans.*
Dans un ancien hôtel particulier des Habsbourg, ce superbe musée présente avant tout la collection privée du couple suisse Batliner, l'une des plus prestigieuses représentations d'arts graphiques en Europe. Les œuvres vont

de l'impressionnisme français et allemand aux artistes issus des groupes ***Die Brücke*** ou ***Der Blaue Reiter.*** Pas vraiment de collection permanente, mais l'amateur d'art qui est en vous trouvera son bonheur dans l'une des expos temporaires. Dans la *Künstlerhaus* (*zoom, D4* ; voir plus loin), une annexe, le musée ***Albertina Modern,*** se consacre à l'art moderne et contemporain.

Petit café **Do & Co** pour faire une pause autour d'une pâtisserie de chez Demel. Jolie terrasse donnant sur le *Burggarten.*

Albertinaplatz *(zoom, D4)* **:** en sortant de l'Albertina, prenez le temps de méditer, sur la place, devant la sculpture monumentale qui commémore toutes les victimes de la guerre et du fascisme. Les Alliés ayant pris l'Opéra pour une gare, l'immeuble d'habitation voisin, qui servait en fait d'abri, fut entièrement détruit. L'Opéra (voir plus loin l'escapade au long du Ring) fut, lui, démoli aux ⅔ et rebâti à l'identique. Plutôt que de reconstruire sur le charnier, on laissa la place vide, avec ce seul monument comme témoin.
Juste en face, l'office de tourisme. Faites aussi une pause au ***Würstelstand*** très couru, tout à côté, avant de remonter le long de la *Hofburg,* jusqu'à la *Michaelerplatz,* pour la suite de la balade.

VIENNE

Heidi Horten Collection *(zoom, D4)* **:** *Hanuschgasse 3. ☎ 512-50-20. ● hortencollection.at ● Tlj sauf mar 11h-19h (21h jeu). Entrée : 15 € ; réduc ; gratuit moins de 19 ans.*
Heidi Horten, née en 1941 à Vienne, est une collectionneuse passionnée qui a constitué un fonds impressionnant de l'art des XXᵉ et XXIᵉ s. Des œuvres de Picasso, Chagall, Miró, Klein, Niki de Saint Phalle... sont exposées par roulement au gré d'expositions temporaires dans de grands espaces clairs et lumineux. Principalement de la peinture mais aussi quelques sculptures, des objets de décoration, des ouvrages dédicacés... Au 1ᵉʳ étage, on trouve aussi la « *tea room* » qui, contrairement à ce que son nom indique, n'a rien à voir avec le thé : un grand canapé où s'asseoir, un plafond artistique en relief, et un mur-vitrine (hublots) présentant parfums, objets d'écriture et de photos. On trouve des œuvres d'art jusque dans les w-c !

Au nord du centre historique, entre la Hofburg et le Donaukanal (zoom, C-D3)

Autour de la Hofburg, arrêtez-vous donc dans l'un des célèbres cafés viennois (*Demel, Sacher...* ; voir plus haut la rubrique « Les plus fameux cafés viennois ») avant de remonter la *Herrengasse* en direction du *Schottenring.* C'est encore un autre visage de la ville que vous allez découvrir, de place en place : ***Freyung, Am Hof, Judenplatz...***

Looshaus *(maison Loos ; zoom D3)* **:** *Michaelerplatz 3 (à l'angle de Kohlmarkt).* Réalisée en 1909, c'est l'une des œuvres les plus marquantes du grand architecte Adolf Loos. Elle déclencha l'***une des plus grandes polémiques architecturales du début du XXᵉ s.*** En réaction au conformisme architectural de l'époque, Loos imposa encore plus d'austérité et de pureté dans les lignes et les formes. Surnommée la « Maison sans sourcils »

LA BAGNOLE ÉTAIT REINE

En 1938, le constructeur automobile Opel obtint des autorités nazies le droit d'exposer ses nouveaux modèles dans l'immeuble Loos. Comme les voitures n'y entraient pas, on détruisit sans se poser de questions l'extraordinaire décor de bois rare conçu par Loos. Quelques années plus tard, il fallut aller jusqu'en Angleterre pour reconstituer ce décor mythique à l'identique.

en raison de l'absence d'auvents au-dessus des fenêtres, cette maison ***fut considérée par beaucoup comme une provocation*** face à l'orgueilleuse façade de la *Hofburg,* celle néoclassique de l'église Saint-Michel et les demeures baroques environnantes.
L'édifice donna lieu à une âpre bataille à toutes les étapes de sa construction (concours des architectes, polémique sur la nudité de la façade à laquelle la municipalité souhaitait intégrer un décor), relayée par la presse et l'opinion publique : arrêts de chantier, plaintes en justice et nouveau concours pour la façade. En 1911, Loos gagna finalement la partie. Son unique compromis fut l'installation, dans l'entrée monumentale, de 4 colonnes pour répondre à celles de l'église Saint-Michel.

Dans la *Wallnerstraße (zoom, D3),* au n° 4, le ***palais Esterházy*** du XVIIe s. Le compositeur Jospeh Haydn y donna pendant 30 ans de nombreux concerts. Au n° 8, le ***palais Caprara-Geymüller*** de la fin du XVIIe s. Beau portail à atlantes.

Herrengasse *(zoom, D3)* **:** au n° 3, le ***palais Porcia,*** un des rares palais de la Renaissance, construit en 1546. Façade classique avec blason doré. Suivent, au n° 5, le ***palais Wilczek*** du XVIIIe s et, au n° 7, un ancien palais du XVIe s, modifié au début du XIXe. Au n° 9, le ***palais Mollard-Clary*** (de 1689). À l'intérieur, puits avec grille en fer forgé du XVIe s. Au n° 13, l'ancienne ***maison Liechtenstein.***
Nos lecteurs globe-trotters peuvent aller visiter, dans le palais Mollard, le ***Globenmuseum*** *(musée des Globes)* : *☎ 534-107-10. • onb.ac.at • Tlj sauf lun 10h-18h (21h jeu). Entrée : 5 € pour les 3 musées ; réduc ; gratuit moins de 19 ans. Audioguide.* Le seul musée au monde qui collectionne les globes terrestres anciens... Vous êtes en fait dans une « annexe » de la Bibliothèque nationale, où un espace a été aménagé pour accueillir l'***Esperantomuseum*** et le ***Papyrusmuseum.***

Le palais Ferstel *(zoom, D3)* **:** *Strauchgasse 4, entrée sur Herrengasse 14. Autre entrée au Freyung 2.* Construit en 1856 par ***Heinrich von Ferstel,*** il étonne surtout pour son architecture intérieure, où fusionnent sans heurt le néo-Renaissance italien et le néo-roman, avec des échappées de perspectives à travers cours et escaliers, vraiment audacieuses. Le tout joue abondamment avec la lumière. Empruntez le superbe passage qui traverse le bâtiment de part en part avec sa fontaine aux personnages de bronze.

On y trouve aussi le célèbre ***Café Central*** (*zoom, D3,* ***167*** ; voir plus haut la rubrique « Les plus fameux cafés viennois »).

Minoritenkirche *(église des Frères-Mineurs ; zoom, C-D3)* **:** *Minoritenplatz. GRATUIT.* Fortement endommagée durant le siège de 1683 par les Turcs, l'église érigée au XIVe s fut transformée fin XVIIe s en une très baroque « église-halle ». Façade-pignon avec beau portail. Curieuse abside comprenant une tour octogonale à l'italienne. À l'intérieur, copie en mosaïque de *La Cène* de Léonard de Vinci.

Schreyvogelgasse 8 *(zoom, C3)* **:** lieu emblématique du *Troisième Homme* (voir la rubrique « Cinéma. Quelques films » dans le chapitre « Hommes, culture, environnement » en fin de guide). Carol Reed avait choisi l'un des plus beaux coins de l'Innere Stadt, au pied de la ***Beethovenhaus*** *(Mölker Bastei 8 ; tlj sauf lun ; entrée : 5 € ; gratuit moins de 19 ans et pour tous le 1er dim du mois).* Vous pouvez retrouver les maisons du musicien dans la plaquette en français les regroupant (à l'office de tourisme) ou sur le site *• wienmuseum.at •*

Schottenkirche *(église Notre-Dame-des-Écossais ; zoom, D3)* **:** *Freyung et Herrengasse.* D'abord il ne s'agit pas d'Écossais, mais de moines irlandais venus sur le continent à partir du VIIIe s pour évangéliser l'Europe de l'Est. À l'époque, pour parler de l'Irlande, on disait parfois Nouvelle-Écosse. L'église fut édifiée au XIIe s, modifiée à l'ère du style gothique, puis « baroquisée » et encore remaniée au XIXe s. Élégant clocher à bulbe. À l'intérieur se trouve ***la plus ancienne statue de la Vierge de Vienne*** (XIIIe s) et de superbes retables. Fresques au plafond (scènes de la Passion). Une anecdote : le 15 juin 1809 eut lieu ici une cérémonie funèbre à la mémoire du compositeur ***Joseph Haydn*** (enterré quelques jours plus tôt sous les bombardements napoléoniens). Dans l'assistance, un certain *Henri Beyle,* alors inconnu du grand public (mais si, vous le connaissez, mais peut-être mieux sous son nom de plume : Stendhal).

Museum im Schottenstift *(musée de l'abbaye des Écossais ; zoom, D3)* **:** *Freyung 6. ☎ 534-98-600. • schotten.wien/stift/museum • Jeu-ven 11h-17h ; sam 11h-12h30, 13h-17h. Fermé dim-mer. Entrée : 8 € ; réduc. Audioguide en anglais : 3 €.* Visite possible de la galerie de peinture : intéressantes œuvres du XVIe au XIXe s. La pièce la plus connue, le ***retable des Écossais,*** vous plongera dans la Vienne médiévale, servant de décor à des scènes de la vie du Christ.
Dans la cour-jardin *(Schottenhof),* très agréable ***salon de thé.***

Freyung *(zoom, D3)* **:** cette place triangulaire est bordée d'imposants palais, parmi les plus beaux de la ville. « Freyung » vient du mot *frei* (« libre ») et rappelle le droit d'asile accordé aux gens en fuite durant le Moyen Âge. Au n° 7, jeter un œil sur la fameuse ***Commode,*** ancien prieuré du couvent ainsi nommé en clin d'œil au meuble de style Biedermeier. Pousser jusqu'au n° 4 de la Renngasse pour admirer la fine décoration de façade du ***palais Schönborn-Batthyány*** (de 1698).
– Le ***palais Kinsky*** *(Freyung 4 et Herrengasse),* construit en 1713, demeure le plus élégant qu'on connaisse. Superbe façade dont tous les éléments s'harmonisent avec subtilité. Remarquable porte monumentale avec colonnes et atlantes.
– Le ***palais Harrach*** *(Herrengasse 16)* abrite des galeries et magasins de luxe derrière ses belles portes rococo.
Marché bio et paysan très sympa pour grignoter sur le pouce *(ven-sam 9h30-17h).*

Au n° 8, au centre de la Freyung, le ***Kunstforum Wien*** : *• kunstforumwien.at • ;* ***fermé temporairement lors de notre passage*** *; en principe, tlj 10h-19h (21h ven) ; entrée : 12 €, réduc ; moins cher lun-jeu entre 18h et 19h.* Présente de remarquables expositions internationales.

Am Hof *(zoom, D3)* **:** large et charmante place, l'une des plus anciennes de Vienne, à l'emplacement d'un ancien camp romain. Elle a retrouvé tout son charme après une belle rénovation. Au milieu, ***colonne de la Vierge*** *(Mariensäule)* de 1667. Sur les flancs, les 4 malheurs qui frappèrent Vienne : la Famine (symbolisée par un dragon), la Guerre (un lion), la Peste (un reptile de légende) et l'Hérésie (un serpent).

Kirche am Hof *(église des Neuf-Chœurs-des-Anges ; zoom, D3)* **:** *Am Hof. GRATUIT.* De la fin du XIVe s, mais « baroquisée » au début du XVIIe s. Longtemps église de jésuites, aujourd'hui catholique croate. Une curiosité, la belle façade en retrait dont les 2 ailes abritent des habitations qui relient l'ensemble au reste de la place. À l'intérieur, jolies fresques de Maulbertsch. Dans les chapelles à droite de la nef, au fond, celles de saint Ignace et de saint Pie X méritent un petit détour. Magnifique buffet d'orgue baroque au-dessus du porche.

Le palais Collalto *(zoom, D3)* **:** *Am Hof 13, à gauche de l'église.* Édifié aux alentours de 1680. On observe de l'extérieur ce lieu où Mozart donna, à 6 ans, son 1er concert public (avant *Schönbrunn*). À côté, au n° 12, jolie maison bourgeoise baroque de 1730. Fenêtres finement décorées.

Bürgerliches Zeughaus *(Arsenal civil ; zoom, D3)* **:** *Am Hof 10.* Une des plus séduisantes casernes de pompiers que l'on connaisse. C'est l'ancien arsenal des Bourgeois, construit au XVe s, remanié au temps du baroque. Abondance de statues sur la façade. Petit ***Feuerwehrmuseum*** *(musée des Pompiers ; dim et j. fériés 9h-12h, plus mar 14h-17h ; GRATUIT).* Parfois aussi des camions exposés dans la rue. Pas de quoi fantasmer...

Uhrenmuseum *(musée de l'Horlogerie ; zoom, D3)* **:** *Schulhof 2. ☎ 533-22-65. • wienmuseum.at • Tlj sauf lun 10h-18h. Entrée : 8 € ; réduc ; gratuit moins de 19 ans et pour tous le 1er dim du mois.* Dans le palais Obizzi, datant de 1690, ce musée revient, comme une machine à remonter le temps, sur 6 siècles de production de montres, pendules et horloges. Ce serait ***la plus importante collection au monde !*** Horloge de tour de guet du XVe s, pendules astronomiques, cartels Empire, montres *Biedermeier* et à gousset, pendules à carillon, rares horloges japonaises du XVIIIe s... Certaines pièces sont vraiment magnifiques.

Judenplatz *(place des Juifs ; zoom, D3)* **:** cette place piétonne était le quartier juif aux XIIIe et XIVe s. En 1421, lors de l'expulsion de la communauté juive, la synagogue fut détruite. Reste, au no 8, la ***maison Misrachi,*** le siège de la corporation des tailleurs, transformée en musée de l'Histoire juive.
– ***Museum Judenplatz :*** *☎ 535-04-31. • jmw.at • Tlj sauf sam 10h-18h (17h ven). Entrée (comprenant un accès, dans les 4 j., au Jüdisches Museum) : 15 € ; réduc ; gratuit moins de 18 ans.* Un musée consacré à l'histoire juive du Moyen Âge. Banque de données en accès libre recensant les 65 000 juifs déportés par les nazis.
– Au no 2, la maison du grand Jordan *(Haus zum Großen Jordan)* date du XVe s. Au centre, imposant ***mémorial de la déportation,*** œuvre de *Rachel Whiteread.* Chaque brique de ce monument représente un livre, symbole de l'existence disparue des déportés.
– Mozart vécut aux nos 3 et 4, juste après son mariage avec Constanze Weber en 1782.
– À l'angle de la place et de *Wipplingerstraße* s'élève l'ancienne ***Böhmische Hofkanzlei*** (*chancellerie de Bohême* ; 1709-1714), œuvre de *Fischer von Erlach.* Façade côté *Wipplingerstraße* encore plus jolie que côté *Judenplatz.* Portail à 3 portes dessiné comme un arc de triomphe. Balcon porté par des atlantes et abondante statuaire. C'est depuis ce bâtiment que les empereurs d'Autriche administraient leurs possessions de Bohême et de Moravie.
– Ravissante *Kurrentgasse,* avec son alignement de demeures du XVIIIe s.
– Dans la *Wipplingerstraße,* jeter un œil, au no 6, sur l'***Altes Rathaus,*** l'ancien hôtel de ville où se réunirent les édiles viennois, de 1699 à 1885. Beau rythme du décor de la façade avec ses fenêtres s'arrêtant à mi-baie et ses entablements de colonnes obliques. Ne pas rater dans la cour la jolie ***fontaine d'Andromède.*** Exquis travail de fer forgé supporté par 4 amours.

Salvatorkapelle *(chapelle du Saint-Sauveur ; zoom, D3)* **:** *Salvatorgasse 5.* Splendide portail Renaissance, parmi les rares subsistant à Vienne. Accès à la chapelle proprement dite par l'ancien hôtel de ville, sur la *Wipplingerstraße.*

Kirche Maria am Gestade *(église Notre-Dame-du-Rivage ; zoom, D3)* **:** *Salvatorgasse 12.* C'est l'église de la communauté tchèque de Vienne. Intéressante perspective du *Tiefer Graben,* le « fossé profond » qui servit autrefois de lit à un affluent du Danube. Ruelle se finissant en goulot. Sur la droite, 2 maisons du XVIe s. Au fond, la façade de l'église s'insère avec précision et harmonie dans ce cadre restreint. D'abord église romane, à laquelle succéda au XIVe s cette construction gothique bien intéressante, en particulier pour son élégante tour en poivrière polygonale. Façade de moins de 10 m de large donnant une admirable impression d'élévation, à partir de l'auvent en forme de dais superbement orné, prolongé d'une longue verrière s'achevant sur un pignon à la balustrade délicatement ajourée. À l'intérieur, une originalité : la nef et le chœur sont d'égale longueur, mais pas dans le même axe (l'architecte épousa le tracé médiéval des rues). De même, ce sentimental ne se résolut pas à abattre les maisons du voisinage pour construire les transepts. Très belle voûte de la nef. Tribune d'orgue Renaissance ainsi que l'autel de la chapelle Saint-Jean (à droite du chœur). Vitraux du chœur des XIVe et XVe s.

Hoher Markt *(haut marché ; zoom, D3)* **:** cette place, entièrement reconstruite après les bombardements de 1945, ne possède pas de charme en soi. Mais alors, pourquoi attire-t-elle autant la foule le midi ? Lever les yeux vers l'***Ankeruhr*** (1913), somptueuse horloge de l'époque *Jugendstil* reliant 2 immeubles. À midi tapant (ou à 10 mn près...), défilé des personnages historiques (Marc Aurèle, Charlemagne...) qui sont passés par ici, sur un fond musical très couleur locale.
– Au milieu de la place, la ***fontaine du Mariage de la Vierge*** (1729) avec son baldaquin de bronze.
Plusieurs stands gourmands se partagent les faveurs du grand magasin ***Billa Plus*** voisin.

Römermuseum *(Musée romain ; zoom, D3)* **:** *Hoher Markt 3. ☎ 535-56-06. • wienmuseum.at • Tlj sauf lun 9h-18h. Entrée : 8 € ; réduc ; gratuit moins de 19 ans et pour tous le 1er dim du mois.* Un espace intelligemment conçu autour de la vie (et de la mort) de *Vindobona,* l'ancien camp romain. Vestiges de 2 maisons romaines (IIIe s apr. J.-C.). Silence impressionnant, interrompu seulement par le passage des chevaux dans la rue au-dessus. Dans les étages supérieurs, objets, films d'animation.

VIENNE

Ruprechtskirche *(église Saint-Rupert ; zoom, E3)* **:** *Ruprechtsplatz. Horaires extrêmement variables.* La plus ancienne église de Vienne, posée sur une butte. Avec ses petites tuiles moussues et son lierre, elle ressemble à une église de campagne. Tour et nef romanes du XIIe s. Dans la fenêtre centrale du chœur, vitrail du XIIIe s (là aussi, le plus ancien de la ville). C'est l'église des Français de Vienne.

Stadttempel *(grande synagogue ; zoom, E3)* **:** *Seitenstettengasse 4. ☎ 53-10-40. Ⓜ Schwedenplatz (U1 ou U4). Visites guidées seulement (15 €), sur présentation d'une pièce d'identité.* Sous *Joseph II,* les religions non catholiques possédaient le droit de s'exprimer, mais leurs lieux de culte ne devaient pas se voir de la rue. Voilà pourquoi la synagogue se trouve à l'intérieur des bâtiments de la communauté juive. Elle fut édifiée en 1826 et demeure la seule parmi la vingtaine de synagogues de Vienne qui ait échappé aux destructions de la sinistre *Nuit de cristal* du 9 novembre 1938.

Balade à l'est du centre historique, entre Donaukanal et Stadtpark (zoom, E2-3)

Avant de quitter le centre ancien, agréable balade dans ces ruelles romantiques, de superbes palais en hôtels particuliers. On peut partir de la ***Schwedenplatz,*** bien desservie par le métro, et entamer le tour du Ring en tram. Pour y arriver, balade le long du Donaukanal en longeant le *Franz-Josefs-Kai,* trait d'union entre le *Schottenring,* à l'ouest, et le *Stubenring,* à l'est.

Donaukanal et alentour *(zoom, E2-3)* **:** tout près de la *Schwedenplatz,* petit tour de chaque côté du *Donaukanal* pour découvrir un autre aspect de la ville, surtout à la belle saison. ***Plage aménagée,*** bars et restos très tendance, terminal des bateaux d'excursions sur le Danube et catamarans pour Bratislava (Slovaquie). L'embarcadère, dessiné par les architectes *Fuchs & Fasch,* a des allures de transatlantique. Pour ceux qui auraient envie de découvrir ce quartier tendance, entre l'*Augarten* et le *Prater,* rendez-vous pour la visite dans « À voir autour du Ring. De l'autre côté du Donaukanal ».

En buvant un verre sur le pont supérieur du ***Motto am Fluss*** *(zoom, E3,* ***206****),* en terrasse, on aperçoit de l'autre côté du canal le ***Sofitel Vienna,*** conçu par Jean Nouvel, et qui bénéficie d'une vue imprenable quand on est attablé au ***Loft*** *(zoom, E3,* ***108****).* Et puisqu'on parle cuisine, on tombe, en traversant le pont, sur l'un des marchés les plus courus de Vienne, le ***Karmelitermarkt*** *(plan, E2 ; Wien 2 ; en cas de fatigue, il y a le tram nº 2 jusqu'à Karmeliterplatz – 2 stations).*

Fleischmarkt et alentour *(zoom, E3)* **:** l'une des plus anciennes places du centre. En 1220, elle était déjà signalée comme celle des bouchers (*Fleisch* signifie « viande »). Plus tard, fuyant les Turcs, une petite colonie grecque vint s'y installer. Au n° 14, un beau décor *Jugendstil* à feuillages, arbres et stucs dorés (de 1898). À l'angle du *Fleischmarkt* et de la *Rotenturmstraße*, le *Reinerhof,* bel immeuble de bureaux de 1909 (de A. Baron). Au n° 3, du même architecte, le ***Steyrermühl,*** autre édifice à usage commercial avec 3 bow-windows d'une grande élégance.

Griechische Kirche *(église des Grecs ; zoom, E3)* **:** *Fleischmarkt 11-13. Lun-ven 10h-16h30, sam 10h-12h30, dim 9h-12h.* L'église de la Sainte-Trinité fut habillée en 1861 d'une harmonieuse façade en brique, enrichie d'ornementations dorées et d'un clocher de style néo-romano-byzantin. À côté, une belle demeure du XVIe s abrite l'auberge ***Griechenbeisl,*** une institution certes charmante mais très chère, d'une qualité inégale et trop touristique à notre goût. Au milieu, la *Griechengasse,* ruelle médiévale typique avec ses gros pavés et bornes anti-carrosses, dont le nom rappelle l'arrivée des marchands grecs dans le quartier au XVIIIe s.

Heiligenkreuzerhof *(zoom, E3)* **:** *accès par la Grashofgasse ou par Schönlaterngasse 5.* Vaste cour entourée d'édifices du XVIIe s (mais son plan datait déjà du XIIe s). Atmosphère de calme et de sérénité qui inspira les urbanistes de la Vienne rouge des années 1920.

Schönlaterngasse *(rue de la Belle-Lanterne ; zoom, E3)* **:** une de nos rues préférées. Délicieusement romantique la nuit. Beaucoup de demeures médiévales dont les façades ont été baroquisées au XVIIIe s. Au n° 6, maison avec lanterne en fer forgé de 1680 (à l'origine du nom de la rue). Au n° 7, la ***Basilikenhaus*** (voir encadré). À côté habita *Robert Schumann*. Au n° 9, ***ancien atelier de forgeron*** (fermé en 1974), aujourd'hui lieu de rencontres culturelles. Se balader ensuite le long de la *Sonnenfelsgasse* (au n° 15, beau porche Renaissance) et de la *Bäckerstraße* (au n° 7, jolie cour à arcades), bordées d'intéressantes habitations.

UNE BESTIOLE RÉPUGNANTE

La Basilikenhaus *(maison du Basilic) évoque non pas une plante, mais un reptile mythique moche et méchant sorti d'un œuf pondu par un coq et couvé par un crapaud (tous les fans de* Harry Potter *le savent !). La légende dit qu'il peut tuer par le regard, mais aussi par son souffle à l'haleine fétide, ou même par le contact de sa peau, puisqu'il sécrète du venin. On dit que la seule façon d'en venir à bout est de lui présenter un miroir, puisqu'il est effrayé par son propre reflet.*

Jesuitenkirche *(ancienne église des Jésuites ; zoom, E3)* **:** *Dr.-Ignaz-Seipel-Platz. Tlj 8h-18h.* Une des plus belles églises d'Autriche. Haute façade encadrée de clochetons à bulbe. À l'intérieur, tout le faste baroque de la Contre-Réforme. S'il y a une église à visiter, c'est bien celle-là, qui représente dans son genre le ***sommet de cet art du trompe-l'œil,*** œuvre du jésuite *Andrea Pozzo* ! Chaire époustouflante incrustée de nacre, retable monumental coiffé d'une couronne gigantesque, arches de la nef avec balcons, énormes colonnes torsadées (dis, Sigmund, quelle interprétation à ce sujet ?). L'ensemble est couvert de fresques. On termine la visite dans la sacristie.

Dominikanerkirche *(église des Dominicains ; zoom, E3)* **:** *Salzstraße 10.* Succédant à une église gothique (victime d'un siège par les Turcs en 1529), cette importante église baroque fut élevée en 1631. Décor incroyablement chargé. Le moindre emplacement libre possède sa fresque. Tribune d'orgue particulièrement ornementée. Belle chaire. Chapelle Saint-Vincent avec retable du XVIIIe s. Superbe grille en fer forgé.

ESCAPADE LE LONG DU RING (zoom)

Quittons le centre historique et remontons le ***Ring,*** bordé des monuments civils les plus marquants de Vienne. Construit entre 1860 et 1890, ce fut ***le projet urbanistique le plus important de l'histoire de Vienne,*** qui créa, en son temps, la jonction entre l'*Innere Stadt* (la ville intérieure), occupée majoritairement par la résidence impériale et ses palais aristocratiques, et les faubourgs où la petite-bourgeoisie s'était implantée.
C'est en 1857 que ***François-Joseph*** décide la destruction de l'ancienne enceinte de la ville, de ses bastions dont Napoléon Ier avait prouvé qu'ils ne servaient pas à grand-chose. C'était dans l'air du temps : à Paris, à l'époque, *Haussmann* défonçait les vieux quartiers. Célébrant la gloire impériale, la construction du Ring faisait en outre écho à la montée irrésistible, en Europe, de la grande bourgeoisie commerçante et industrielle, avide d'une architecture de prestige à l'image de son pouvoir, de ses ambitions et de ses goûts. Sans oublier quelques arrière-pensées d'ordre stratégique : ces boulevards larges de 56 m devaient aussi permettre le déplacement rapide des troupes en cas d'émeutes populaires (le traumatisme du soulèvement de 1848 était encore bien vivace dans les mémoires).

Une histoire de l'architecture en 3D

Question style architectural, le Ring fut digne du conformisme de l'époque et de son manque d'audace. On eut droit à toutes les variétés dans la veine « néo », ce qu'on appela le « ***style historiciste*** » : Néobaroque pour le *Burgtheater,* néo-Renaissance pour l'Opéra ou les musées, néogothique pour la *Votivkirche...*
Il s'agissait de choisir le modèle historique se rapprochant le plus de la vocation de l'édifice : le temple grec pour le Parlement ou le forum antique pour la résidence impériale.
Un forum impérial devait relier la *Hofburg* aux musées jumeaux que vous découvrirez de l'autre côté de la *Burgtor,* le musée des Beaux-Arts et le musée d'Histoire naturelle, conçus pour accueillir les collections impériales et se prolonger jusqu'aux écuries de la cour (l'actuel complexe culturel du MuseumsQuartier ; voir plus loin).
Adolf Loos, adepte du minimalisme, clama son mépris pour le résultat final. ***Otto Wagner*** le trouva ridicule, mais certains édifices construits quelques décennies plus tard porteront sa signature.

Hôtels et cafés célèbres, lieux historiques et endroits fatidiques

À l'origine, aucun hôtel n'était prévu sur la ***Ringstraße,*** mais l'Exposition universelle de 1873 changea la donne. Ainsi naîtront le ***Sacher*** et le ***Grand Hôtel,*** rendez-vous prisés de l'aristocratie. Près de 160 ans plus tard, on note une nette reprise de l'activité, les grands groupes ayant investi nombre d'immeubles pour créer une hôtellerie de luxe...
En revanche, sur les 27 ***grands cafés*** que comptait le Ring autrefois, peu ont perduré. Parmi les plus emblématiques, citons le *Prückel,* le *Schwarzenberg* et le *Landtmann* (voir plus haut la rubrique « Les plus fameux cafés viennois »).
Avec un peu de chance, on peut assister à l'un des ***nombreux festivals*** qui rythment ici les saisons : film musical sur la *Rathausplatz,* marathon de Vienne en avril... Ou encore, la parade arc-en-ciel et la *Vienna Pride* de juin ou la *Streetparade* d'août ou septembre. En octobre, c'est le design qui est à l'honneur, avant de laisser la place aux plaisirs d'hiver : marchés de Noël, patinoire et bals en tout genre.

Artère encombrée et oasis paisibles

C'est dans le sens des aiguilles d'une montre que nous allons décrire les principaux monuments, qu'on voit défiler derrière les vitres du tramway. La circulation se fait dans ce sens. Un tour que l'on peut aussi faire à vélo. Les parcs et jardins qui longent le Ring sont chers aux Viennois, et on peut s'y aventurer en toute sérénité.
La partie la plus spectaculaire du Ring (5 km dans toute sa longueur) se situe entre l'Opéra *(zoom, D4)* et la ***Votivkirche*** *(zoom, C2).* Pour admirer les musées des Beaux-Arts (KHM) et des Sciences naturelles, le palais de justice, le Parlement, l'hôtel de ville, le ***Burgtheater*** et l'université, prendre successivement les ***trams nos 1 et 2.***

👓👓 Ⓡ ***MAK – Österreichisches Museum für angewandte Kunst*** *(musée autrichien des Arts appliqués ; plan, E3)* **:** *Stubenring 5. ☎ 711-360. • mak.at • Ⓜ Landstr. (U4) ou Stubentor (U3). Ⓣ n° 2 ; bus n° 74A. Tlj sauf lun 10h-18h (21h mar). Entrée : 15 € ; réduc ; gratuit moins de 19 ans et 7 € pour tous le mar 18h-21h. Visite guidée : 5 € (résa obligatoire en ligne). Audioguide en anglais.*
Dans son genre, l'un des plus anciens d'Europe. Il occupe depuis 1871 un pompeux édifice néo-Renaissance italienne, bien dans la veine historiciste de l'époque. En 1993 eut lieu une restauration complète, où l'on eut la bonne idée de confier chaque section à un artiste différent. L'aménagement, très innovant, met magistralement les objets en valeur.

Le rez-de-chaussée

– Dans la section ***Baroque-rococo-classicisme*** *(Barock-Rokoko-Klassizismus),* difficile de ne pas se focaliser sur la reconstitution d'un salon du *palais Dubsky* de Brno, en Moravie (porcelaine et mobilier du XVIIIe s), qui trône en plein milieu de la pièce ! Au mur, une impressionnante peinture chinoise sur papier de lin.
– À droite de cette 1re section, une salle consacrée aux ***arts asiatiques*** dans laquelle le plasticien japonais *Tadashi Kawamata* a conçu une passionnante scénographie. Les objets sont comme enveloppés par des caisses façon déménagement en cours et des vitrines labyrinthiques. Pas toujours simple de lire les cartels, en revanche. Superbes objets, notamment japonais, comme ce *mont Fuji* en céramique ou cette nature morte dorée d'une finesse extraordinaire.
– De l'autre côté du hall, sur la gauche, la salle consacrée aux périodes du Moyen Âge et de la Renaissance contient des vitrines de dentelles et une série de verres et vases en cristal de Bohême finement ciselés. Cette même salle ouvre sur celle consacrée à l'Empire et à la période ***Biedermeier.*** Elle illustre par le mobilier cette fameuse période, allant de 1815 (congrès de Vienne) à 1848 (révolution), qui constitue le sommet du « goût bourgeois » pour le cocooning et la vie de famille (en apparence du moins, car on tend à revenir sur cette vision simpliste de la période). Meubles de bois précieux au dessin confortable avec en vedette un sofa en merisier à la tapisserie rouge du plus splendide effet. Belle mise en scène due à l'inventivité de *Barbara Bloomberg,* l'artiste qui a réalisé la salle consacrée à l'historicisme et à l'Art nouveau, avec une allée centrale aux côtés tendus d'un voile sur lequel s'imprime en ombre chinoise la silhouette de dizaines de chaises. Ne pas manquer notamment la célèbre ***chaise de bistrot de Michael Thonet,*** qui inventa le procédé du bois courbé à la vapeur. À côté, la salle conçue par le collectif d'artistes viennois *Gang Art* offre une plongée dans... l'Orient, avec une collection unique de somptueux tapis.

UNE RÉPUTATION BIEN ASSISE

Véritable icône du mobilier industriel, la chaise n° 14, toujours LA référence en matière de chaise de bistrot, aurait été vendue à plus de 50 millions d'exemplaires dans le monde de 1859 à 1930. Son fabricant, August Thonet, jetait ses chaises du haut du toit de l'usine pour vérifier leur solidité. Au XIXe s, elle coûtait moins cher qu'une bouteille de vin !

Le 1er étage

En haut des imposants escaliers, découverte des collections du XXe s et la passionnante expérience de la ***Wiener Werkstätte*** : en 1903, l'architecte ***Josef Hoffmann*** fonde avec le peintre ***Koloman Moser*** des ateliers avec le but de promouvoir les arts décoratifs et de créer des objets d'art accessibles à tous, tout en revalorisant le rôle de l'artisan dans la conception et la commercialisation du produit.

Les ateliers viennois ont créé jusqu'à leur disparition en 1933 une multitude d'objets utilitaires dans des domaines aussi variés que la verrerie, les bijoux, la vaisselle, les papiers peints ou les affiches en passant par la mosaïque, le vitrail, la reliure ou le timbre-poste !

La réalisation la plus achevée de ce courant demeure de loin le ***palais Stoclet*** de Bruxelles, conçu par Hoffmann entre 1905 et 1911, classé au Patrimoine de l'Unesco, et dont la salle à manger est décorée de fresques de Klimt. On peut en admirer les dessins d'étude, ainsi que les cartons et projets de *Klimt* ou de *Koloman Moser.* Les dernières salles sont consacrées aux classiques du design international du XXe s. Beau mobilier, comme ces fauteuils de ***Mies Van der Rohe*** ou de ***Gerrit Rietveld.***

VIENNE

Le sous-sol (MAK lab)

– Il est consacré à l'expérimentation autour de sujets actuels comme ***le design, la société de consommation***, etc. Les expositions se veulent en tout cas toujours ludiques et aussi interactives que possible : écrans, échantillons audio, sculptures, installations en tout genre, et même des jeux de société ! Bref, une muséographie là encore innovante et rafraîchissante, qui se renouvelle au fil d'***expositions temporaires*** toujours passionnantes.

En sortant, petite pause désaltérante ou restauration légère au café-restaurant du musée, le ***salon Plafond.*** Superbe décor où la modernité vient chatouiller le style pompeux du bâtiment. À moins de préférer le charme du ***Café Prückel,*** juste en face (voir plus haut la rubrique « Les plus fameux cafés viennois »).

Postsparkassenamt *(zoom et plan, E3)* **:** *Georg-Coch-Platz 2. Tlj sauf w-e 10h-18h. • ottowagner.com • Gratuit pour les salles des guichets.* Occupant tout un pâté de maisons, de l'autre côté du Ring, la Caisse d'épargne postale dessinée par Otto Wagner en 1904 est l'un des édifices emblématiques de la modernité viennoise. La salle des guichets est un joyau du *Jugendstil.* Le petit ***musée*** *(tlj sauf w-e 10h-17h ; GRATUIT)* met l'accent sur le génie architectural de Wagner.

Stadtpark : le plus vieux parc public de Vienne, inauguré en 1862. Rien n'a vraiment changé depuis : sentiers qui serpentent bordés d'arbustes décoratifs, pelouses et bassins, statues en tout genre, dont la plus célèbre est la statue dorée en pied du « roi de la valse », ***Johann Strauss junior.*** Remarquez l'élégance de la ***station de métro*** de l'autre côté de la rivière Vienne, réalisée par Otto Wagner.

Une des meilleures tables de la ville se cache de l'autre côté du parc, le ***Steirereck.*** On se contente de la partie bistrot, avec vue sur la Vienne qui coule à vos pieds (quand il y a du débit) : ***Meierei im Stadtpark*** (voir plus haut « Où manger ? »).

Café Schwarzenberg *(zoom, D-E4)* **:** *Kärtner Ring 17. Tlj 7h30 (8h30 w-e)-minuit.* Un des cafés légendaires du Ring, qui porte le même nom depuis 1902. Très joli décor, où le marbre est omniprésent. Celui d'origine ne survécut pas à la présence de l'Armée rouge, qui avait choisi le café comme lieu de fêtes (et de beuveries). *Josef Hoffmann,* le fondateur des *Wiener Werkstätte* (voir MAK, plus haut), avait l'habitude d'y déjeuner et d'y travailler. Il conçut ainsi plusieurs de ses projets, attablé ici.

Staatsoper *(Opéra national ; zoom, D4)* **:** *Opernring 2.* ☎ *514-44-2250. • wiener-staatsoper.at • Visites guidées quasi tlj, à 14h et à 15h, parfois 13h,* *consulter le calendrier sur le site. Tarif : 13 € ; réduc. Durée : 35 mn.* Construit en 1861 dans un style néo-Renaissance, c'est le 1er monument public du Ring après la destruction des remparts de ville. Son architecture controversée fut critiquée vertement par ***François-Joseph,*** décidément réfractaire à toute innovation.

L'inauguration de l'Opéra en 1869 se fit avec le ***Don Giovanni*** de ***Mozart.*** Tremblement de terre musical avec la création des *Maîtres chanteurs de Nuremberg* en 1870. Ironie de l'histoire, le dernier opéra joué en juin 1944 fut *Le Crépuscule des dieux* !

REMORDS IMPÉRIAUX

Profondément blessé par les critiques de François-Joseph, l'un des 2 architectes de l'Opéra, Eduard Van der Nüll, se suicida, et l'autre, dépressif, mourut peu après. L'empereur se culpabilisa tellement que, jusqu'à la fin de sa vie, il se contenta de répéter la même phrase à chaque fois qu'on lui demandait une opinion sur quelque chose : « C'est très beau, ça m'a beaucoup plu ! »

Le *Staatsoper* fut quasiment détruit lors des bombardements de 1945 (à l'exception du grand escalier et du foyer). Sa reconstruction et son inauguration en 1955 furent fêtées de façon grandiose et coïncidèrent avec le départ des 4 armées d'occupation et l'indépendance recouvrée de l'Autriche. Plus qu'un symbole pour les Viennois, une véritable fête nationale ! *Karl Böhm* rouvrit l'Opéra avec *Fidelio* de Beethoven.

L'Opéra hébergea les plus prestigieux chefs d'orchestre du monde : par exemple, le stakhanoviste ***Gustav Mahler*** y régna 10 ans, de 1897 à 1907, affrontant la montée du ressentiment de toute une partie de la population envers les artistes comme lui, politiquement controversés. Véritable boulimique de travail, il fit monter 124 opéras. Puis il y eut Richard Strauss, Bruno Walter, Karl Böhm. De 1957 à 1964, Herbert von Karajan ; de 1982 à 1984, Lorin Maazel ; de 1986 à 1991, Claudio Abbado. Leur autorité était parfois quasi divine, excluant toute contestation. Karajan y acquit une réputation de « François-Joseph de la musique ». De 2010 à 2020, c'est le Français Dominique Meyer qui présida l'Opéra de Vienne, désormais dirigé par le Serbe Bogdan Roščić.

Aujourd'hui, l'Opéra de Vienne est l'un des rares au monde à posséder sa troupe permanente de chanteurs, attachés sentimentalement à l'Opéra. Aux ponts d'or d'une carrière internationale, beaucoup préfèrent l'affection de leur public. En outre, l'Opéra possède une programmation plus longue, plus régulière. Pas de saisons, comme à l'Opéra de Paris. Ici, on privilégie un répertoire constant. Sur les 300 opéras, 60 sont choisis chaque saison, ce qui permet d'afficher chaque soir un opéra différent.

Aller à l'Opéra à Vienne est une ***expérience unique,*** quasiment hors du temps. La salle, les costumes, l'atmosphère... Tout un ensemble grandiose qui ne peut laisser indifférent.

Il y a toujours la possibilité d'acheter au guichet des places debout (1h20 maximum avant le début de la représentation) pour un prix allant de 5 à 15 €. Bien sûr, il ne faut pas rêver, on est au poulailler ! Si vous arrivez en avance, vous pourrez choisir votre place et la réserver en accrochant un foulard à la rambarde, le temps de faire un tour et être sûr de retrouver votre place libre. Pour assister à un spectacle, voir plus haut « Adresses et infos utiles. Écouter un concert ou assister à un opéra : où ? quand ? comment ? ». Prix des places très variable *(30-250 € !).*

Hotel Sacher *(zoom, D4,* ***162****)* **:** *Philharmonikerstr. 4.* Du temps des Habsbourg, le neveu de François-Joseph, ***l'archiduc Otto, y fit une apparition entièrement nu,*** ne portant qu'un ceinturon et un sabre. Divine décadence ! Des années après, à l'hiver 1948, l'écrivain anglais ***Graham Greene*** séjourna 15 jours dans ce luxueux palace encore réservé aux officiers britanniques en transit après la 2de Guerre mondiale. Lui n'était pas nu mais chaudement vêtu, et ne se séparait jamais de son stylo ni de son carnet. Il découvrit la capitale autrichienne ravagée par la guerre, et divisée en secteurs russe, américain, anglais et français.

Pendant le tournage du film *Le Troisième Homme* (voir la rubrique « Cinéma. Quelques films » dans le chapitre « Hommes, culture, environnement » en fin de guide), l'acteur **Orson Welles** logeait à l'hôtel *Astoria* mais venait régulièrement au bar du *Sacher* siroter quelques *bloody mary,* repoussant le moment d'aller se salir dans les égouts de la ville. À 2 pas, l'***Hotel Bristol*** *(Kärntner Ring 1),* un palace 5 étoiles où descendait l'écrivain Scott Fitzgerald.

Kunsthistorisches Museum – KHM *(musée des Beaux-Arts ; zoom, C4) : Maria-Theresien-Platz 5. ☎ 525-240. • khm.at • Ⓜ MuseumsQuartier (U2). Tlj sauf lun 10h-18h (21h jeu). Entrée : 21 € ; réduc ; gratuit moins de 19 ans. Audioguide : 6 €. Compter plusieurs heures pour tt visiter (et encore, au pas de course !). Consignes bien pratiques.*

Un impressionnant musée comptant ***parmi les 10 plus grandes collections d'œuvres d'art au monde !*** Construit entre 1872 et 1891 en un style pompeux néo-Renaissance italienne. Longue façade rythmée de pilastres à chapiteaux ioniques et surmontée d'un dôme avec 4 clochetons.

VIENNE

Majestueux grand escalier avec la *Victoire de Thésée sur le Minotaure* de **Canova.** Monumentale rotonde au décor particulièrement chargé. Ors, marbres polychromes, imposantes colonnes (les personnages dans les arches surplombant l'escalier ont été peints par Klimt, entre autres), pilastres et chapiteaux corinthiens, sculptures diverses, c'est une débauche de luxe, étrange pour un empire qui commençait déjà à se désagréger, mais à la hauteur des fabuleuses collections présentées ici.

Celles-ci sont nées du goût pour l'art de plusieurs souverains de la dynastie des ***Habsbourg.*** Parmi ces mécènes avisés figurent l'archiduc ***Ferdinand II,*** qui, au XVIe s, accumula les trésors dans son château d'Ambras (au sud d'Innsbruck), son neveu l'empereur ***Rodolphe II,*** collectionneur impénitent depuis Prague, et surtout l'archiduc ***Léopold-Guillaume,*** qui, en sa qualité de gouverneur des Pays-Bas espagnols de 1647 à 1656, fit main basse à Bruxelles sur les trésors des peintures hollandaises et flamandes ainsi que sur les Tintoret et Titien de Charles Quint et de Philippe II, qui font la réputation du musée. ***Marie-Thérèse,*** elle, profita de la dissolution de l'ordre des Jésuites pour rafler les retables d'autel. Le choix des œuvres reflète évidemment les goûts des princes qui les rassemblèrent. C'est pourquoi, si les écoles de peinture nordique, italienne et espagnole sont bien représentées, la France et l'Angleterre sont un peu les parents pauvres du musée. Autrefois dispersées, les collections furent rassemblées ici en 1891 à l'initiative d'un François-Joseph désireux de leur donner un écrin digne de la grandeur impériale.

Galerie de peinture : à la recherche de Bruegel l'Ancien

La galerie occupe le 1er étage et se subdivise en grandes salles centrales (numérotées en chiffres romains) et petites salles en pourtour (référencées en chiffres arabes). Se munir du plan gratuit pour s'y retrouver car, comme souvent dans les musées viennois, les œuvres changent fréquemment de place.

– Pour suivre un ordre chronologique, une fois en haut des escaliers, partez derrière vous sur la droite. On commence par les primitifs flamands (salle 14).

– Dans la salle XV, consacrée à l'école allemande, on ne peut manquer *L'Adoration de la Sainte-Trinité* (1511) d'***Albrecht Dürer,*** retable à la composition très élaborée et à la palette de couleurs chatoyantes, où Dürer s'est lui-même représenté dans le coin inférieur droit. Également une petite *Vierge à l'Enfant* (1512), dont la sensibilité et la plastique sont d'indéniables tributs à la Renaissance italienne, ainsi qu'un magnifique *Portrait de l'empereur Maximilien Ier* (1519), avec son nez fort et son menton prognathe qui seront la marque de fabrique de la famille Habsbourg.

Dans la même salle, la fantastique *Judith* (1530) de ***Lucas Cranach l'Ancien,*** dont la virginale innocence du visage contraste avec la tête fraîchement coupée de l'infortuné Holopherne. ***Hans Holbein le Jeune,*** peintre officiel à la cour d'Angleterre, nous donne de beaux portraits, dont celui un peu revêche de *Jane Seymour* (1536), une des épouses d'Henri VIII.

– Quelques peintres flamands dans la salle IX.
– La salle X constitue un des moments clés de la visite avec 12 toiles de ***Pieter Bruegel l'Ancien.*** Tendresse et ironie se mêlent dans le coup de pinceau expressif décrivant des personnages dont l'artiste se sentait proche.
S'y trouve notamment *Chasseurs dans la neige,* son chef-d'œuvre, qui appartient à la série consacrée aux saisons. Dans ce tableau où se mêlent harmonieusement paysages flamand et alpestre, la dureté de la condition paysanne, comme toujours chez Bruegel, est traitée avec sa contrepartie de joies simples. Dans une époque douloureusement troublée (les guerres de Religion et la répression de l'armée d'occupation espagnole), il trouva dans la sagesse populaire des raisons de ne pas désespérer de la condition humaine. Voir aussi la fameuse *Tour de Babel* (1563), allégorie magistrale de la vanité humaine à vouloir réaliser le dessein divin.
– Dans la salle XI, on fait un bond d'un siècle, avec *Le roi boit,* dans lequel ***Jacob Jordaens*** illustre par une description plutôt triviale la coutume du repas de l'Épiphanie.
– Au fil des tableaux de la salle XI, la transition vers ***Rubens*** se fait avec son plus fidèle disciple, ***Anton Van Dyck,*** élégant peintre de cour et auteur de monumentaux tableaux d'autel bien dans la veine du maître.
– ***Pierre-Paul Rubens*** règne en majesté dans les salles 23, XIII et XIV. *La Petite Pelisse,* son œuvre la plus touchante par la vibrante sensualité qui s'en dégage, est le portrait en pied de sa 2de femme, *Hélène Fourment,* à la fois pudique et offerte malgré la pelisse dont elle s'entoure. L'*Autoportrait,* qui date de la même époque, le représente en grand seigneur arrivé et pétri de l'élégance des princes que ses missions diplomatiques lui avaient fait côtoyer. Effrayante tête de *Méduse.*
– Un petit bijou, salle 18 : *L'Atelier du peintre* du fascinant ***Johannes Vermeer*** de Delft, virtuose de la lumière et créateur de mystère à partir de sujets qui frisent la banalité. Salle 17, ce sont plusieurs autoportraits de ***Rembrandt*** qui vous attendent.
– La salle 23 brosse un panorama de l'école hollandaise, avec des portraitistes comme ***Frans Hals*** ou des moralistes comme ***Jan Steen*** – et son édifiant *Monde renversé.*

La visite continue : changement d'aile et d'esthétique avec les écoles espagnoles, italiennes et françaises...
– Salle I (en haut de l'escalier, prendre à gauche derrière vous) : ***Titien,*** peintre vénitien fécond, généreusement représenté avec des sujets aussi divers que des portraits (*Jacopo da Strada, Isabelle d'Este,* le pape *Paul III*) ou des thèmes mythologiques *(Danaé)* ou religieux *(Vierge des gitans à l'Enfant, Ecce Homo).* Sa carrière fut particulièrement longue, et on décèle dans son œuvre tous les courants qui influencèrent la peinture du XVIe s.
– Dans les petites salles (1 et 2) attenantes, d'autres peintres vénitiens célèbres : ***Bellini, Giorgione*** (voir les *Trois Philosophes* à la poésie nimbée de mystère : qui sont-ils et que font-ils ?).
– ***Véronèse, le Tintoret*** *(Suzanne et les vieillards),* ***Bordone*** et ***Bassano*** se partagent les murs des grandes salles II et III, avec des réalisations d'inégale valeur.
– Suite des maîtres italiens dans les salles 3 à 9 et IV avec, dans le désordre, quelques coups de cœur, comme les toiles mythologiques pleines de suavité du ***Corrège,*** *Jupiter et Io, Ganymède* (salle 3). La *Vierge dans la verdure* et une *Sainte Marguerite* au dragon hideux, toutes 2 de ***Raphaël*** (salle 4).
– Dans la salle 10, on aborde l'école espagnole à son apogée avec ***Vélasquez*** et ses remarquables portraits de *Philippe IV* et de l'infante *Marguerite-Thérèse* à 5 ans (en blanc) et à 8 ans (en bleu).
– Salle 11, un ***Poussin,*** *La Destruction du Temple de Jérusalem,* défend les couleurs de l'école française, tandis qu'une pietà d'***Annibal Carrache*** surprend par la vivacité de ses bleus. Les salles 12 et 13 nous promènent au cœur d'une école vénitienne florissante aux XVIIe et XVIIIe s : ***Strozzi, Fetti, Guardi*** et, si la présentation des œuvres n'a pas changé, ***Canaletto*** avec des vues de la cité des Doges.

– Les salles V, VI et VII abritent des compositions de grande taille d'une école italienne friande de sujets bibliques : *David tenant la tête de Goliath* du ***Caravage,*** ou *Repos durant la fuite en Égypte* d'***Orazio Gentileschi,*** avec un Joseph bien fourbu et un Enfant Jésus bien goulu.
– Bouclons la boucle en ne ratant pas, salle VII, les vues de Vienne, en particulier *Le Belvédère et ses jardins* et *La Freyung et son marché* du neveu de Canaletto, ***Bernardo Bellotto.***

Cabinet des monnaies

Le 2e étage abrite dans l'aile droite l'***une des plus fabuleuses collections de numismatique du monde*** : 500 000 pièces, pas moins ! Toutes les monnaies en usage depuis la haute Antiquité jusqu'à notre époque s'y trouvent, depuis les pierres d'Océanie destinées au troc jusqu'aux billets de banque contemporains en passant par les monnaies égyptiennes, celtes, romaines, byzantines, médiévales et Renaissance. Un millier de petits portraits en médaillon complètent ce trésor.

Cabinet d'art (Kunstkammer)

À l'entresol, aile gauche. Un musée à l'intérieur du musée : prévoir du temps.

Avec plus de 2 000 objets exposés, la *Kunstkammer* est, sans aucun doute, ***la collection la plus importante de son genre dans le monde.*** Elle se répartit dans une vingtaine de salles et galeries, et invite à découvrir un monde fait de curiosité et d'émerveillement.
4 collectionneurs ont joué un rôle décisif dans la constitution de cet ensemble. ***Ferdinand II*** (1529-1595) a préservé l'héritage des empereurs ***Fréderic III, Maximilien Ier*** et ***Ferdinand Ier*** en le dotant d'armes. Ensuite, ***Rodolphe II*** (1552-1612) a ajouté de nombreuses œuvres d'orfèvrerie datant de 1600, ainsi que des bronzes. L'archiduc ***Léopold-Guillaume*** (1614-1662) a apporté son penchant pour les peintures de la Renaissance italienne, des bronzes et de petites sculptures en pierre et en bois.
De la fin du Moyen Âge au baroque, les souverains Habsbourg ont rassemblé des matériaux rares et exotiques auxquels ils attribuaient des pouvoirs magiques, comme des pierres précieuses, des œufs d'autruche, des coraux, des cornes de rhinocéros, des nacres, des ivoires et des dents de requin, ainsi que des *glossopètres,* considérées comme des restes de dragons (en réalité des dents de requins fossilisées). À partir de ces éléments naturels, les artistes travaillant pour leur compte ont créé des œuvres d'art d'une inventivité et d'une richesse incomparables.
Parmi les nombreux et variés joyaux que vous pourrez admirer, un coup de cœur pour les ***automates*** dont on peut détailler la mécanique de précision en mode animé sur des tablettes numériques enchâssées dans les banquettes qui bordent la salle.
Le fleuron de la collection reste la merveilleuse salière en or incrustée d'émeraudes, réalisée par ***Benvenuto Cellini*** en 1540 pour le roi de France *François Ier*, représentant Neptune avec Cérès (la déesse des Moissons). Dans la même salle, une tapisserie de Fontainebleau avec *François Ier* en empereur romain.

Salles égyptiennes et collections d'antiquités grecques et romaines

Ne manquez pas la visite de ces salles qui bénéficient tout à la fois d'une muséographie intelligente, d'une mise en lumière

> **UNE HISTOIRE QUI NE MANQUE PAS DE SEL**
>
> *La salière de Benvenuto Cellini, volée dans le musée en 2005, a été retrouvée un peu plus tard, en bon état. Estimée à 50 millions d'euros, compte tenu de son immense célébrité, elle était totalement invendable, mais on pouvait craindre qu'elle ne fût fondue pour en récupérer l'or. Finalement, le voleur se rendit lui-même à la police après la diffusion des photos de son visage prises par une caméra de sécurité et la salière retrouva sa vitrine.*

savamment étudiée et d'une atmosphère bien particulière. Les salles I à VIII, à l'entresol, à droite de l'accueil, abritent tout d'abord un ***très intéressant département d'égyptologie.***
Les salles suivantes sont consacrées aux ***antiquités étrusques, romaines et grecques,*** là encore joliment mises en lumière.
On termine par l'Antiquité tardive, l'***art paléochrétien,*** les bijoux et tissus coptes, slaves et byzantins, et une magnifique vaisselle d'or découverte en Roumanie.

Pause salée-sucrée de rigueur au ***café-restaurant*** *(tlj 10h-17h30 – 22h jeu),* sous la coupole, au 1er étage. Un cadre hors du temps, un must du genre.

Naturhistorisches Museum *(musée d'Histoire naturelle ; zoom, C4)* **:** *Maria-Theresien-Platz. ☎ 521-770. • nhm-wien.ac.at • Tlj sauf mar 9h-18h (20h mer). Entrée : 16 € ; réduc ; gratuit moins de 19 ans.* Un musée qui devrait beaucoup plaire aux enfants, avec ses immenses collections d'animaux empaillés, ses impressionnants squelettes de dinosaures et autres bestioles préhistoriques. Fondé par l'empereur ***François Ier de Lorraine,*** l'époux de Marie-Thérèse, en 1765. Une quarantaine de salles abritent d'impressionnantes collections de minéralogie (parmi les plus importantes au monde), de préhistoire, de paléontologie, d'anthropologie et de zoologie. Parmi les musts : une magnifique topaze de 117 kg (un peu lourd pour un pendentif !), des météorites et fossiles divers, un moulage de la fameuse ***Vénus de Willendorf,*** déesse de la Fertilité (25 000 ans av. J.-C.) et un planétarium. Aussi une immense salle aux crocodiles et un gigantesque crabe du Japon de 2 m d'envergure. Très riches collections d'oiseaux.

Burgtor *(zoom, C4)* **:** porte monumentale édifiée en 1821 à l'emplacement de l'ancienne enceinte de la ville. Aujourd'hui, mémorial de la Guerre. Elle communique avec la Hofburg (voir la rubrique « À voir "en ville". Dans le centre historique »).

Parlament *(zoom, C3)* **:** *Dr.-Karl-Renner-Ring 3. ☎ 401-10-11. • parlament.gv.at • Visites guidées GRATUITES (en anglais) à réserver en ligne, tlj sauf dim.* Pompeux édifice d'inspiration grecque, construit en 1873 pour accueillir le Parlement, regroupant tous les représentants des pays qui composent l'empire. Fronton richement orné (montrant la Constitution accordée par François-Joseph) et abondance de colonnes. Au pied de la rampe, statue de Pallas Athéna. Le thème de la Grèce avait été choisi pour démontrer les ***intentions démocratiques de l'empire.*** On imagine aisément à l'époque la cacophonie des pays s'exprimant chacun dans leurs langues respectives au sein de l'assemblée.

Rathaus *(hôtel de ville ; zoom, C3)* **:** *Friedrich-Schmidt-Platz 1. Face au Burgtheater.* Le style néogothique rappellera à certains les hôtels de ville de Bruxelles et de Munich. Pourtant, l'architecte Friedrich Schmidt s'est contenté d'y faire vaguement référence. Architecture assez académique, que l'on découvre en empruntant la ruelle intérieure qui traverse l'édifice. La cour centrale, avec son jardin et ses colonnades, a un certain charme. Haut beffroi de près de 100 m, surmonté du *Rathausmann* (l'homme de fer), symbole de la ville.
– En juillet-août, ***festival du Film musical.*** *Ts les soirs, projections d'opéras et de concerts sur écran géant. • filmfestival-rathausplatz.at • Séances gratuites et bancs à la disposition des spectateurs.* Un rendez-vous incontournable en été ! Juste à côté, toutes sortes de petits stands de cuisine pris d'assaut entre 2 séances.
– De mi-novembre à fin décembre s'y tient le ***Christkindlmarkt,*** l'un des plus célèbres marchés de Noël de la ville, où l'on peut boire un vin chaud, acheter des jouets en bois et des confiseries traditionnelles, comme les fameux pains d'épice de Noël. Vaste patinoire.

Dans la *Felderstraße,* en face du Rathaus, le ***MUSA*** présente de nombreuses expositions d'art contemporain *(tlj sauf lun 10h-18h ; entrée 8 €, réduc, gratuit moins de 19 ans et pour tous le 1er dim du mois).* Belle série de sculptures modernes devant l'entrée.

VIENNE

Burgtheater *(Théâtre national ; zoom, C3)* **:** Universitätsring 2. ☎ 514-44-45-45. • burgtheater.at • *Visite guidée en allemand jeu-ven à 15h et w-e à 11h (avec documents en français) ; en anglais en juil-août seulement. Durée : env 50 mn. Tarif : 8 € ; réduc.* La « Comédie-Française » de Vienne. Construit en 1874, terriblement ravagé lors de la dernière guerre, puis complètement restauré, il a pu rouvrir ses portes en 1955. Mélange architectural des styles néo-Renaissance et baroque, avec un zeste de Second Empire français. Escaliers latéraux monumentaux (à l'époque, l'un pour le public, l'autre pour la cour impériale) qui échappèrent aux destructions de la dernière guerre. Ainsi peut-on admirer au plafond des fresques de ***Klimt*** et de ***Matsch.***

Universität *(université ; zoom, C2-3)* **:** Universitätsring 1. Édifiée dans le style néo-Renaissance italienne (en hommage à ce qui annonçait l'âge d'or du savoir). Fondée en 1365, c'est la plus ancienne université de langue allemande. *Anton Bruckner, Sigmund Freud, Marie von Ebner-Eschenbach, Karl Landsteiner* (Prix Nobel de médecine) y furent professeurs.

VIENNE

Votivkirche *(église votive ; zoom, C2)* **:** *mar-ven 11h-17h, sam 11h-19h, dim 9h-13h.* Construite à partir de 1856 pour commémorer l'échec de l'attentat contre l'empereur François-Joseph 3 ans plus tôt. Style néogothique avec un plan de cathédrale française (2 flèches joliment ajourées, 3 nefs) et une façade de style gothique germanique. À l'intérieur, beau retable d'Anvers, du XVe s.

À VOIR ENCORE AUTOUR DU RING

Entre le Ring et les Gürtel, ces boulevards circulaires qui enserrent les anciens faubourgs dans un 2d anneau protecteur, de nombreux musées, sites et quartiers entiers méritent d'être découverts. Et même si la ville se reconstruit au sud du Belvédère, autour de la nouvelle gare centrale, c'est au nord, côté *Donaukanal,* que débute cette 2de balade dans le sens des aiguilles d'une montre, à pied, en tram et en métro.

DE L'AUTRE CÔTÉ DU DONAUKANAL *(2e arr.)*

Le 2e arrondissement *(Leopoldstadt)* a beau n'être séparé de la vieille ville que par le canal du Danube, cet ancien quartier ouvrier fut longtemps oublié des circuits touristiques. Départ près de la *Schwedenplatz* pour prendre la ligne de tram no 2 jusqu'à *Karmeliterplatz (plan, E2).* Un des lieux de rencontre favoris des Viennois. On peut y aller à pied en traversant une partie de l'ancien quartier juif.

Les environs du marché du *Karmelitermarkt* doivent en partie leur vitalité aux ***bistrots*** et ***boutiques de créateurs*** qui y attirent une clientèle bobo. Ici, on se fait plaisir, entre le brunch dominical (souvent bio) à l'un des stands du marché et la visite chez ***Nagy,*** dans la *Krummbaumgasse,* qui assemble ses propres pulls et robes à partir d'étoffes tricotées produites sur place.

Karmelitermarkt *(plan, E2)* **:** *tlj sauf dim.* Autour d'un mignonnet marché où les producteurs du coin viennent vendre leurs produits, plein de stands plus séduisants les uns que les autres. Très bio, tout ça. Le samedi matin, on s'y retrouve pour bruncher après avoir fait son marché. Voir plus haut la rubrique « Où manger ? ».

Kriminalmuseum *(musée du Crime ; plan, E2)* **:** Große Sperlgasse 24. 0664-300-56-77. • kriminalmuseum.at • Ⓜ Taborstr. (U2). Ⓣ nº 1 ; bus nº 5A, arrêt Karmeliterplatz. *Tlj sauf lun-mer (hors vac scol) 10h-17h. Entrée : 10,90 € ; réduc. Audioguide en français.*

Pour les amateurs du genre, un musée de la criminologie plutôt que du crime, si l'on veut pinailler, mais bon... Sur plusieurs niveaux, exposition sur les plus grands crimes du Moyen Âge à nos jours. Avalanche de détails sur les méthodes d'exécution, photos, articles de presse, comptes-rendus de procès, d'attentats. Plus on s'enfonce dans le sous-sol, plus les affaires exposées deviennent sordides et certaines photos insoutenables.

Augarten *(plan, D-E1)* **:** le plus vieux parc baroque de Vienne. Ses jardins couvrent une surface de près de 42 ha et abritent la plus ancienne manufacture de porcelaine d'Europe, ainsi que le ***Porzellanmuseum*** *(musée de la Porcelaine ; plan, E1 ; tlj sauf dim 10h-17h ; entrée : 8 €, réduc).* La manufacture a toujours cherché à collaborer avec des artistes contemporains, et continue de le faire, comme on peut le voir au travers des quelque 150 pièces exposées.
À la sortie du parc s'est installé le plus vieux « groupe de garçons » du monde : les ***Petits Chanteurs de Vienne*** ont maintenant une salle de concerts qui est un pur joyau technique, le ***MuTh*** *(Am Augartenspitz 1 ; • muth.at • ; Ⓜ Taborstr. (U2) ; tram : nº 31).*
Pour les amateurs de contrastes, petit tour dans les jardins du ***Filmarchiv,*** dans ce coin du parc repris en main par un collectif qui y vit quasiment à demeure. C'est là aussi que les amoureux du cinéma en plein air se retrouvent les soirs d'été.

Le Prater (plan, F-G2-3) **:** *• praterwien.com • Ⓜ Praterstern (U1 ou U2) ; tram : nº 5 depuis la Westbahnhof (direct). Accès libre au parc mais attractions payantes (3-11 €).* Un des parcs d'attractions populaires les plus fameux au monde. L'ancienne réserve de chasse, créée au XVIe s par Maximilien II, fut ouverte au public en 1766 par ***Joseph II*** et transformée en parc (cette décision libérale, conforme aux idées du siècle des Lumières, fut violemment critiquée par l'aristocratie). Très rapidement apparurent les 1res baraques de foire, suivies par les attractions et, au XIXe s, les cafés-concerts. En 1791 s'y envola la 1re montgolfière. En plus de la célébrissime ***Riesenrad*** (voir ci-après), beaucoup d'attractions populaires (train miniature, train fantôme, théâtre de marionnettes, etc.) attendent petits et grands. On y trouve aussi ***les montagnes russes en bois les plus anciennes d'Europe,*** ainsi qu'une étonnante simulation de vol qui démarre dans une canalisation et mène jusqu'au centre de Vienne par d'étroites ruelles. À l'inverse, de vieilles attractions, type carrousel avec vrais chevaux de bois, ont été rénovées. Et bien d'autres choses encore qui permettent aux nostalgiques de trouver matière à s'émouvoir, et aux friands du grand frisson de faire grimper leur taux d'adrénaline.

Riesenrad (grande roue ; plan, G2) **:** *dans le Prater. ☎ 729-54-30. • wienerriesenrad.com • Horaires très fluctuants : grosso modo 10h-19h45 (21h45 ou 23h45 parfois). Superbe en nocturne ! Fermé 2-3 sem début janv. Le tour : 13,50 € ; réduc. En préambule, petite expo sur l'histoire de la roue.*
La *Riesenrad* fut construite en 1896 par un ingénieur anglais, *Walter Basset,* à l'occasion de l'Exposition universelle. Très en vogue à l'époque, d'autres grandes roues furent réalisées à Paris, Blackpool, Chicago, Londres (toutes disparues depuis). Sérieusement endommagée par les bombardements de 1945, elle fut réparée et demeure ainsi la dernière survivante ! Venez-y la nuit, pour retrouver un peu de la magie du film *Le Troisième Homme,* même si l'on sait que cette scène a en fait été tournée en studio... à Londres.

Schweizerhaus **:** *de mi-mars à oct, tlj 11h-23h (voir aussi « Où manger ? »).* Un *Biergarten* local haut en couleur. Ne pas manquer de déguster, accompagné d'une bière maison, un jarret grillé *(Schweinsstelze),* ou une saucisse si vous manquez d'appétit.

Balade le long du Donaukanal *(plan, D-E-F-G1-2-3)* **:** idéal pour prendre l'air aux beaux jours. Petite surprise à côté de l'*Augartenbrüke,* où un bâtiment d'Otto Wagner au style quelque peu balnéaire se reflète dans le canal.

Il s'agit de la ***Schützenhaus,*** réalisée entre 1906 et 1908. Elle devait faire partie d'un dispositif régulant le cours du canal qui ne fut jamais achevé. Beau point de vue depuis la terrasse du ***Tel Aviv Beach*** et ses chaises longues.

De mai à septembre (voir « Piscines, plages et thermes » dans « Adresses et infos utiles »), les berges du canal du Danube ***se métamorphosent en plages urbaines*** avec bars, cafés, restaurants. Possibilité de faire trempette au ***Badeschiff Wien,*** un bateau-piscine-bar. Cette ancienne péniche danubienne est amarrée entre la *Schwedenplatz* et l'***Urania*** *(plan, F3),* élégant observatoire datant de 1910. À la hauteur de l'*Urania,* ambiance plage réussie au ***Strandbar Herrmann*** *(ouv seulement en été).*

À L'EST DU RING (3e arr.)

Hundertwasserhaus *(maison de Hundertwasser ; plan, G3) : Löwengasse et Kegelgasse. • hundertwasser-haus.info • M Schwedenplatz (U1 ou U4) ou Landstr.-Wien Mitte (U3 ou U4), puis tram n° 1 (arrêt à quelques dizaines de mètres).* Visite obligatoire pour les amoureux d'architecture insolite. Hundertwasser (1928-2000), peintre et plasticien non conformiste, imagina et construisit en 1983 cet ensemble HLM de 50 appartements. Aujourd'hui, il n'y a plus guère de controverse, l'édifice ayant contribué au renom de l'architecture moderne à Vienne. Dans un décor assez délirant, Hundertwasser a imaginé confronter les masses de couleurs, les décrochements d'étages, les éléments végétaux, les surfaces de béton, la brique et la céramique, les angles de toutes ouvertures, le végétal et le minéral, les fenêtres de toutes tailles, les planchers qui ondulent... Bref, une ***anarchie de formes et de couleurs ludique, écolo et rafraîchissante.*** Il disait : « Un sol inégal est une mélodie divine pour les pieds. » Ou encore : « Cette jungle de lignes droites, qui nous enferment comme dans une prison, nous devons la supprimer. » Effet pervers prévisible, la maison a eu tant de succès qu'il n'est plus possible d'en admirer l'architecture intérieure, les locataires excédés tenant maintenant (avec quelques raisons) à la tranquillité de leur vie privée. Terrasse en mezzanine et jardins suspendus tout en haut. On envie les locataires ! Au rez-de-chaussée, boutique avec produits dérivés et ouvrages consacrés à l'artiste.

En face, ***Village Gallery,*** complexe de boutiques et snacks conçus par Hundertwasser lui-même. Un pastiche commercial bien moins réussi. Le traverser pour rejoindre l'*Untere Weißgerberstraße* et marcher 5 mn pour rejoindre la *Kunst Haus Wien.*

Kunst Haus Wien – Museum Hundertwasser *(Maison de l'art ; plan, G3) : Untere Weißgerberstr. 13. ☎ 712-04-91. • kunsthauswien.com • M Schwedenplatz (U1 ou U4), puis tram n° 1, direction Radetzkyplatz. Au nord de la maison de Hundertwasser (suivre les panneaux).* ***Fermé temporairement lors de notre passage.*** *En principe, tlj 10h-18h. Entrée : env 11 € ; réduc ; gratuit moins de 10 ans. Billet combiné avec l'expo temporaire : env 12 €. Audioguide (en français) : env 3 €.*
Musée passionnant, qui permet de découvrir l'***univers iconoclaste de Friedrich Stowasser,*** plus connu sous le nom de *Hundertwasser.* Bâtiment très original, conçu par l'artiste lui-même : formes organiques presque maladroites, façade en céramique tantôt sobre tantôt colorée, arbres et plantes qui s'invitent dans les étages et sur le toit... L'intérieur n'est pas moins étonnant avec ses sols qui ondulent et ses espaces hétéroclites, qui s'organisent sans heurts. Dans la cour intérieure dotée d'une fontaine, nombreux arbres et plantes même jusqu'au cœur des salles d'exposition !
L'intérêt du musée réside aussi dans la collection de peintures, aquarelles, maquettes ou dessins du maître, visibles nulle part ailleurs, d'où se dégagent fraîcheur et naïveté. D'abord influencé par le symbolisme d'un Klimt *(Singing Steamer*

in Ultramarine III, La Pêche miraculeuse...) ou par le chromatisme d'un Van Gogh *(La Styrie verte, Blumenstrauss...),* Hundertwasser a flirté avec le surréalisme, la veine psychédélique *(Le Chemin vers toi)* ou le pop art, traçant sa propre route.
Au 2e étage, place à ses ***projets architecturaux.*** Écolo avant la lettre, sorte de Merlin l'Enchanteur de l'architecture contemporaine, Hundertwasser était capable de transformer un vieil incinérateur en lieu vivant, gai et coloré, une vieille église à qui il met du rose aux joues avec de simples détails, ou une HLM qu'il transforme en feu d'artifice de formes et de couleurs. Voir aussi la grande maquette de cette incroyable cité (jamais réalisée malheureusement), sorte de village résidentiel à la conception particulièrement originale, où le végétal prend une place prépondérante. « Si l'Homme est créatif, il se rapproche de Dieu », plaidait-il. Ses projets de drapeaux néo-zélandais-australien ou israélo-palestinien témoignent aussi de son engagement politique. Et toujours beaucoup de toiles, tapisseries, dessins, exposés à tour de rôle. On adore ! Ne manquez pas le petit film ***Hundertwassers Regentag*** (20 mn), tourné en 1972, qui donne un bon aperçu du bonhomme.
Aux 3e et 4e étages, expos temporaires.

VIENNE

IOI ***Café Kunst Haus Wien :*** *Untere Weißgerberlände 14. Au rdc du musée. En principe, tlj 10h-18h. Soupe 4 € ; plat env 10 €.* Fabuleux décor végétal dans une débauche de couleurs et de formes. Tables de formes diverses, chaises toutes différentes, nappes à la palette bariolée, le tout posé presque au hasard sur un carrelage ondulant au damier noir et blanc, et une verrière d'où dégoulinent des plantes vertes. Terrasse très rafraîchissante en été. Petite carte de brasserie internationale privilégiant la légèreté. Dommage d'avoir le trafic routier en fond sonore.

Le passage Sünnhof *(plan, F4)* **:** *Landstraßer Hauptstr. 28. Dans le même quartier que la maison Hundertwasser.* Long et pittoresque passage à travers un *Hof* du XVIIIe s. Idéal pour déjeuner tranquille. Côté rue, façade *Biedermeier* (1823). En revenant sur la *Landstraßer Hauptstraße,* pour prendre le métro, on coupe la *Kundmanngasse.* Au no 9, une maison construite en 1926, imaginée par le philosophe Ludwig Wittgenstein, dans l'esprit de Loos : simplicité et dépouillement.

AU SUD-EST DU RING

Autour de la Karlsplatz *(1er et 4e arr.)*

Gemäldegalerie der Akademie der bildenden Künste *(galerie de peinture de l'Académie des beaux-arts ; zoom, D4)* **:** *Lobkowitzplatz 2. ☎ 588-16-22-01. • akademiegalerie.at • Ⓜ Stephansplatz (U1, U2 ou U3). Tlj sauf lun 10h-18h. Entrée : 9 € ; réduc ; gratuit moins de 19 ans.* L'Académie des beaux-arts fut créée en 1692 pour réunir les œuvres admises par les membres de l'Académie ou celles couronnées d'un prix. Elle fut transformée en galerie en 1822, lorsqu'elle s'enrichit de l'importante et précieuse collection du comte **Anton de Lamberg-Sprinzenstein,** excellente et d'une grande diversité. Des œuvres majeures de *Cranach, Bosch, Ruysdael* et *Rubens* côtoient les grands Italiens du XVe au XVIIIe s (*Guardi* notamment), mais aussi de splendides *Murillo.* Paysages, thèmes religieux et scènes de genre. De riches expos temporaires complètent les présentations permanentes (mais dont le fond tourne régulièrement). Pour l'anecdote, ***l'école d'art a recalé Adolf Hitler en 1907 !***

Secession *(pavillon de la Sécession ; zoom, D4)* **:** *Friedrichstr. 12 (Wien 1). ☎ 587-53-07. • secession.at • Ⓜ Karlsplatz (U1, U2 ou U4). Tlj sauf lun 10h-18h. Entrée : 12 € pour l'expo temporaire + la frise Beethoven ; si pas d'expo temporaire 7 € (cher pour ce qu'on voit !) ; réduc ; gratuit moins de 12 ans. Audioguide (en français) ou visite guidée : 3 €.*

Même quand il n'y a pas d'exposition, il faut venir admirer de l'extérieur cette œuvre exceptionnelle de ***Joseph Maria Olbrich,*** un pavillon qui se voulait l'antithèse des édifices académiques et pompeux du Ring. De dimensions modestes, il constitue cependant l'***un des plus fascinants exemples de ce mouvement de contestation de la fin du XIXe s.*** On y trouve toutes sortes de clins d'œil, comme la référence à la blancheur méditerranéenne opposée à celle de la grisaille du Ring. Superbe dôme constitué d'un treillis de feuilles de laurier en l'honneur de l'Art nouveau. À côté de l'inscription « *Ver sacrum* » (Printemps sacré), la devise sur la façade donne le ton : *À chaque temps son art, à l'art sa liberté...*
Au sous-sol, on se munit d'un ***casque audio*** prêté à cet effet pour écouter la *Neuvième Symphonie* en admirant la fresque que Klimt lui a dédiée, intitulée ***Beethoven,*** considérée comme un must de l'Art nouveau... mais dont ne subsistent que 2 fragments qui illuminent l'atmosphère monacale de la pièce. La frise était censée être démontée et détruite après l'Exposition de 1902, pour laquelle ***Klimt*** l'avait réalisée. La pièce où elle se trouve a été spécialement conçue pour l'accueillir. Expositions temporaires d'art contemporain au rez-de-chaussée.
Amusant : la *Secession* étant toujours une association d'artistes (comme à ses origines), les thèmes et artistes exposés sont désignés démocratiquement.

🔭 ***Karlsplatz*** *(plan et zoom, D4)* **:** très grande place centrale agrémentée d'espaces verts et de bassins, avec une statue de ***Henry Moore*** et une autre de ***Weyr*** consacrée à Brahms, plus cachée, au cœur du *Resselpark.* Certains pique-niquent sur un banc, d'autres s'attablent sous les arbres, dans une sympathique guinguette. Ne pas rater les pavillons du métro, l'église Saint-Charles, le musée d'Histoire de la Ville de Vienne. La balade peut s'articuler avec la visite du Belvédère.

🔭 ***Les pavillons du métro Karlsplatz*** *(zoom, D4)* **:** de petits chefs-d'œuvre d'***Otto Wagner,*** superbement restaurés et classés Monuments historiques. L'un abrite une petite salle d'exposition sur Otto Wagner *(de mi-mars à oct tlj sauf lun 10h-13h, 14h-18h ; entrée : 5 €, réduc, gratuit moins de 19 ans et pour tous le 1er dim du mois),* et l'autre un café avec terrasse pour en apprécier la vue. Exemples du *Jugendstil,* ils présentent une admirable délicatesse, un raffinement du décor et une harmonie des proportions. Otto Wagner fut particulièrement sensible à leur insertion face à l'imposante et tyrannique église Saint-Charles. Procurez-vous le « Otto Wagner, Wienplan » *(en allemand et en anglais ; payant),* qui répertorie sur une carte l'ensemble des bâtiments dus au célèbre architecte.

🔭 ***Künstlerhaus – Albertina Modern*** *(zoom, D4)* **:** *Karlsplatz 5 (Wien 1). ☎ 587-96-63. ● k-haus.at ● Tlj 10h-18h. Entrée : 9 € et 19,90 € pour les 2 expos ; gratuit moins de 19 ans.* Ce palais abrite 2 lieux (indépendants l'un de l'autre) d'expositions temporaires : le *Künstlerhaus* et l'*Albertina Modern.* Toutes formes d'arts de l'après-guerre à aujourd'hui y sont présentées, généralement d'un très bon niveau. Peinture, sculpture, installations, vidéos, arts appliqués...

🔭 ***Musikverein*** *(Maison des amis de la musique ; zoom, D4)* **:** *Musikvereinsplatz 1. ☎ 505-81-90 ● musikverein.at ● Visites guidées tlj sauf dim à 13h (en anglais) et 13h45 (en allemand) : 10 € ; réduc ; gratuit moins de 12 ans.* On trouve dans ce bâtiment de style néo-Renaissance la plus belle salle de concerts de la ville.

🔭🔭🔭 ***Karlskirche*** *(église Saint-Charles ; plan, D5)* **:** *Karlsplatz (Wien 4). ● karlskirche.at ● Lun-sam 9h-18h, dim 11h-19h. Messe lun-sam à 18h, dim à 8h, 10h et 19h. Entrée (église + ascenseur) : 9,50 € ; réduc ; gratuit moins de 10 ans. Audioguide en français.*
Encore un acquis des grandes épidémies de peste ! Elle fut construite entre 1716 et 1737 pour célébrer la fin de celle de 1713. Pour être sûr que la catastrophe ne se renouvelle pas et pour attirer l'attention de Dieu le Père, ***Johann Bernhard Fischer von Erlach,*** qui gagna le concours pour la construction, mit le paquet. Certes, on peut la considérer aujourd'hui comme une énorme pâtisserie kitsch ou comme le chef-d'œuvre absolu de la monarchie impériale, dont elle exalterait

la puissance à son zénith. Il est clair que, si l'architecture est le reflet culturel et idéologique de son époque, l'église Saint-Charles de Vienne, se révèle quant à elle un ***exemple parfait de la magnificence européenne du XVIIIe s.***

D'ailleurs, malgré un décor chargé, tout est logique et fort bien équilibré. Ainsi tous les éléments stylistiques composant la façade furent-ils interprétés, et les admirateurs de Saint-Charles y virent de nombreux symboles : à l'édifice baroque proprement dit vient ainsi se superposer le temple antique à colonnes, proche du temple romain de Jupiter et de la Paix (on venait de signer le traité de Rastadt). Les 2 colonnes aux fresques en spirale s'inspirent de celle de Trajan à Rome, mais évoquent aussi des minarets (la victoire ultime sur les Turcs en 1683 n'était guère loin !). Les pavillons latéraux rappellent les pagodes chinoises, très à la mode à cette époque.

L'intérieur se révèle tout aussi époustouflant. Plan en croix grecque avec une immense nef en ellipse au milieu. Coupole culminant à 72 m avec une extraordinaire impression d'élévation. D'ailleurs, grâce aux travaux de rénovation des fresques de ***Rottmayr*** (le grand spécialiste), un ascenseur permet de s'approcher au plus près des peintures de la coupole. Une expérience rare. Attention à ceux qui ont le vertige. Au-dessus de la chapelle centrale de gauche, propagande papiste sur les fresques : on aperçoit un ange brûler un tas d'écrits et de bibles de Luther. Remarquable maître-autel rococo. Sur fond de marbre s'élèvent en tourbillonnant des volutes de nuages portant ***saint Charles Borromée*** vers la Trinité rayonnante.

L'église possède une fort belle acoustique, et de grands concerts y sont régulièrement organisés (programme à l'entrée).

VIENNE

Wien Museum *(musée de la Ville de Vienne ; plan, D4-5) : Karlsplatz 4 (Wien 4). ☎ 505-87-47. • wienmuseum.at • À gauche de l'église (lorsqu'on lui fait face). Consulter les horaires et tarifs sur le site.*

Après une longue période de rénovation durant laquelle il est resté fermé au public, le musée historique de la ville a enfin rouvert ses portes en décembre 2023. Le bâtiment d'origine, conçu par l'architecte viennois *Oswald Haerdtl*, a été agrandi de 2 étages grâce aux efforts des architectes des cabinets *Winter+Ruck* et *Certov*.

Ce vaste musée (désormais 3 000m² destinés aux expositions permanentes, rien que ça !) propose une bonne introduction à ***l'histoire de Vienne***. La muséographie présente l'histoire de la ville jusqu'à la fin du Moyen Âge à l'aide de poteries, armes, bijoux, vestiges romains, petits bronzes. C'est ici que sont conservés plusieurs très beaux éléments originaux de la cathédrale Saint-Étienne, tels cette fresque de la *Madone et Enfant en majesté* (1390) ou les rares vitraux ayant survécu aux flammes de 1945.

On descend ensuite le cours du temps, du 1er siège par les Turcs, en 1523, jusqu'à la fin du XVIIIe s ; peintures, maquettes, vieilles enseignes, nombreux plans de la ville, manuscrits, coffres, bannières, armes turques. Grand tableau de la bataille qui mit fin au siège turc en 1683.

Les XIXe s et début XXe s sont représentés par de beaux objets de la période Biedermeier et la reconstitution de pièces d'appartements. Nombreuses toiles représentant Vienne à différentes époques et tableaux du XXe s, dont plusieurs œuvres de Gustav Klimt et d'Egon Schiele.

Aussi d'intéressantes expos temporaires.

Entre l'église et le musée, jetez un œil en face sur l'***ambassade de France*** *(Technikerstraße 2).* Art nouveau typique (1901) avec des réminiscences architecturales françaises.

2 MONUMENTS ANTAGONISTES

Au centre de la place Schwarzenberg se dresse la fière statue équestre du maréchal du même nom, vainqueur de Napoléon à Leipzig en 1813. En face, masqué par un jet d'eau, le monument à la gloire de l'Armée rouge, libératrice de Vienne en 1945. Les Viennois, qui n'ont que très peu apprécié la présence des Soviétiques pendant 10 ans, l'ont malicieusement rebaptisée « monument au pillard inconnu ».

Pour ceux qui ne prendront pas le tram pour atteindre directement le Belvédère supérieur, petit détour par le Rennweg (l'ancienne route de sortie vers la Hongrie) : au nº 2, on devine la silhouette du ***palais Schwarzenberg*** *(plan, E5),* érigé en 1697 par Johann L. von Hildebrandt. Au nº 3, le ***palais Hoyos*** est l'une des 1res œuvres d'Otto Wagner. Aujourd'hui occupé par l'ambassade de Croatie, il présente une façade remarquable.

Le Belvédère *(3e et 4e arr.)*

L'un des ensembles architecturaux baroques les plus séduisants d'Europe. Composé de 2 palais conçus comme résidence d'été : le ***Belvédère inférieur*** (château de plaisance destiné à l'habitation) et le ***Belvédère supérieur*** (destiné aux réceptions). Entre les 2, un splendide jardin à la française en terrasses.
Édifié à partir de 1714 par *Johann L. von Hildebrandt* pour le prince ***Eugène de Savoie,*** grand vainqueur des Turcs, esthète et humaniste. ***Conçu sur le modèle de Versailles*** pour se venger de Louis XIV, car le prince garda toute sa vie une dent contre l'ancien amant de sa mère, qui lui avait refusé une charge militaire sous prétexte qu'Olympe Mancini aurait eu la main lourde avec des poisons (la belle affaire !). Quand le prince mourut, en 1736, le Belvédère fut acheté par les Habsbourg. ***Marie-Thérèse*** et son époux ne vécurent jamais dans ce palais, qui ne connut en fait qu'une seule grande nuit de folie pour la célébration, en 1770, du mariage de Marie-Antoinette avec le futur Louis XVI (16 000 invités pour un immense bal masqué !). Il abrita ensuite les collections de peinture de l'Empire jusqu'à la construction du musée des Beaux-Arts, sur le Ring, et les jardins furent ouverts au public par Marie-Thérèse. L'archiduc François-Ferdinand y habita à partir de 1894. C'est d'ici qu'il partit en juin 1914 vers son tragique destin.
L'empereur François-Joseph y avait offert un appartement à ***Anton Bruckner*** (où il mourut d'ailleurs). Enfin, après une restauration rendue nécessaire par les dégâts causés par la 2de Guerre mondiale, c'est au Belvédère supérieur que fut signé, le 15 mai 1955, le ***traité d'indépendance de l'Autriche*** (avec Antoine Pinay, John Foster Dulles, Harold Macmillan et Molotov... un sacré cocktail).

Oberes Belvedere *(Belvédère supérieur ; plan, E6)* **:** *Prinz-Eugen-Str. 27 (Wien 3). ☎ 795-570. • belvedere.at • Ⓣ D : Belvedere. Tlj 9h-18h. Entrée : 19 € ; réduc (notamment en ligne) ; gratuit moins de 19 ans. Tickets combinés avec le Belvédère inférieur : 27,50 € ; 30 € si on rajoute le Belvédère 21. Audioguide en français : 5-7 €. Achat en ligne conseillé (résa d'un créneau horaire).*
Le Belvédère supérieur héberge une remarquable collection de peintures et de sculptures, ***du retable médiéval jusqu'à l'art moderne en passant par le baroque agonisant.*** Du jardin, observer la superbe façade dont les toits se détachent joliment dans le ciel. Encore une réminiscence des Turcs, leurs formes rappelleraient des tentes ottomanes. Bien sûr, abondance de sculptures et ornementations.
À noter que, les collections du Belvédère étant vastes, ***les tableaux sont souvent exposés par roulement,*** et l'organisation des salles est modifiée régulièrement. Ainsi nous évitons d'être trop précis dans les descriptifs.

Rez-de-chaussée
Le rez-de-chaussée s'ouvre sur la décoration intérieure majestueuse de la ***Sala Terrena*** (hall d'accueil du musée), habitée par 4 puissants atlantes supportant des colonnes sur voûtes. À droite de l'entrée, la section consacrée à l'***art médiéval dans les églises.*** Elle débute par la salle de marbre décorée par Carlone de fresques en trompe-l'œil qui mettaient les sculptures en valeur (il ne reste malheureusement plus rien du somptueux aménagement intérieur des palais). Suivent les retables d'autel aux chatoyantes couleurs : admirable *Wiener Schnitzaltar,* en bois sculpté polychrome de 1440. Noter la position originale des larrons sur la croix. Effets de foule étonnants au pied de la croix.

L'art de la ***Renaissance*** pointe déjà dans la belle *Crucifixion* (1449) de *Conrad Laib* (où Jésus porte un simple voile pudique) ou dans l'œuvre du Tyrolien *Michael Pacher,* montrant le pape Sixte prenant congé de saint Laurent (fascinantes armures). Remarquables grands tableaux de *Rueland Frueauf* (*Assomption de la Vierge,* datant de 1490). En tout, une ***soixantaine de chefs-d'œuvre*** choisis avec soin pour la grande qualité du trait et des couleurs. Au bout de la galerie, une rotonde décorée de grotesques baroques abrite des statues polychromes de priants de très belle facture, statues de bois de *Hans Klockner.* Remarquable *Vierge à l'Enfant.*
Sur le côté gauche de l'entrée, section sur l'***histoire du Belvédère*** : maquette, tableaux et documents témoignent de l'épopée de cet édifice qui a fêté ses 300 ans en 2023 !

1er étage

Ce niveau est dédié au ***baroque, néoclassique, romantisme et à Klimt*** (entre autres). On l'aborde par l'escalier monumental en 2 volées, qui offre une perspective sur les jardins de l'arrière. Au centre, la grande ***salle des marbres*** où fut signé le traité de 1955 mettant un terme à l'occupation de l'Autriche par les Alliés. Lustres de cristal, abondance de porphyres. En levant la tête, on peut admirer les riches fresques du plafond dues à *Carlone,* sur le thème de la gloire du prince.

VIENNE

– Dans l'***aile de gauche*** sont réunis les styles baroque et néoclassique. Portraits de cour du XVIIIe s, œuvres religieuses et mythologiques, magnifiques paysages danubiens du XIXe s dont ceux peints par Brand avec Vienne en arrière-plan... De la période des Habsbourg, on retiendra les ***portraits de Sissi et de Franz-Joseph*** (voir la toile qui le présente sur son lit de mort). Toujours présent sur les cimaises, le célébrissime *Napoléon au col de Saint-Bernard* de Jacques-Louis David (coiffé par son descendant Jean-Louis ?). Gravés dans la pierre au pied de son cheval, les noms de ses prédécesseurs, Hannibal et Charlemagne. Puis de nouveau des toiles néoclassiques.
Tout au fond de cette aile, défiant le temps, voir l'étonnante série de bustes grimaçants de ***Franz Xaver Messerschmidt*** réalisés à la fin du XVIIIe s et passant en revue toutes les facettes de l'expression humaine. D'une agressivité et d'un modernisme fascinants.
Jetez un œil à la ***chapelle privée*** du prince Eugène, décorée de stucs délicats entourant une *Résurrection* due au peintre baroque napolitain Francesco Solimena.
– Dans l'***aile de droite,*** superbe présentation sur la ***Sécession et l'expressionnisme*** : ***Gustav Klimt*** en majesté ! Toujours beaucoup de monde pour admirer *Le Baiser* (1902), l'œuvre emblématique du *Cycle d'or* du peintre, qui réunit toutes ses influences. Ce sublime couple s'embrassant sur un tapis de fleurs, enveloppé dans 2 capes richement ornementées d'or et d'une mosaïque de motifs géométriques, dégage une puissance émotionnelle et esthétique bouleversante. Dans un autre genre que Klimt affectionnait aussi, la nature. Plusieurs toiles présentées par roulement témoignent de cette tendance picturale.
Le début du XXe s est encore illustré par d'émouvantes toiles d'***Oskar Kokoschka,*** parfois quelques ***Munch,*** où l'on aborde une période foisonnante de la peinture en Autriche : la veine expressionniste s'initialise dans le sillage de la Sécession. ***Van Gogh*** est aussi présent, ayant influencé ce style de manière notable. Autodérision avec des œuvres de ***Richard Gerstl,*** qui se suicida à 25 ans. Magnifique série d'***Egon Schiele.*** Avec un peu de chance, vous verrez *La Famille,* peint quelque temps avant la mort de l'artiste et de sa femme enceinte, frappés tous 2 par l'épidémie de grippe espagnole de 1918. Kokoschka éclabousse de ses gros traits de couleur, de même qu'***Emil Nolde,*** qui rejoint le mouvement fauve. Quelques sculptures de Maillol, Constantin Meunier et Rodin tiennent compagnie à une troublante nymphe rousse, *Vivien,* un plâtre peint de ***Fernand Khnopff,*** plus connu pour sa peinture. Le personnage serait inspiré de la légende du roi Arthur.

2e étage

Le 2e étage abrite l'époque ***Biedermeier,*** le ***réalisme*** et l'***impressionnisme.*** Toiles de Ferdinand Georg Waldmüller, avec un sens de la lumière qui annonce l'impressionnisme, Friedrich von Amerling, réalisme social avec Oskar Lautischar et Jakob Schindler...

– Petite section sur l'***impressionnisme,*** où les Français sont nombreux (mais là encore, pas toujours accrochés en même temps, et pas toujours les mêmes toiles) : Corot *(Madame Legois)* ; Courbet *(Homme blessé)* ; Degas *(Arlequin et Colombine)* ; Millet ; Manet ; Renoir *(Après le bain)* ; et un très beau Monet *(Sentier dans le jardin de Giverny).*

– La section ***Between the wars*** revient sur l'***expressionnisme*** avec à nouveau Emil Nolde, Kokoschka, Egon Schiele...

– En complément, le **Belvedere 21** *(tlj sauf lun 11h-18h, jeu jusqu'à 21h ; prix : 11,50 € ; réduc, notamment en ligne),* construit pour l'Expo universelle de 1958 à Bruxelles, abrite une collection d'œuvres allant de 1945 à nos jours par le biais d'expos temporaires.

VIENNE

Unteres Belvedere *(Belvédère inférieur ; plan, E5)* **:** *Rennweg 6 (Wien 3). ☎ 795-570. ● belvedere.at ● Tlj 10h-18h. Entrée : 17 € ; réduc ; gratuit moins de 19 ans. Tickets combinés avec le Belvédère supérieur : 27,50 €.* Il est consacré aux grandes expositions temporaires. Ceux qui viennent du Belvédère supérieur peuvent redescendre par les jardins à la française. Quelques belles salles historiques, comme le cabinet doré et le vestibule d'entrée, couvert de grotesques. L'***Orangerie*** sert également aux expositions temporaires.

À la sortie du Belvédère, balade fort agréable dans le ***Botanischer Garten*** *(Jardin botanique ; plan, E-F6),* à moitié sauvage, parallèle aux jardins du Belvédère (accès par une petite porte). Nombreuses plantes et essences d'arbres originales.

Autour de la Hauptbahnhof

Un peu plus au sud du Belvédère, en bordure du *Wiedner Gürtel,* tout le quartier autour de la nouvelle ***Hauptbahnhof*** devient la plaque tournante du trafic ferroviaire des grandes lignes. Cette impressionnante gare ultramoderne, couverte d'un toit d'acier de 40 000 m², abrite aussi un grand centre commercial. Autour, les architectes s'en sont donné à cœur joie pour faire émerger un nouveau quartier d'une centaine d'hectares, l'équivalent de la superficie du 8e arrondissement, le plus petit de la ville il est vrai.

Heeresgeschichtliches Museum – HGM *(musée d'Histoire militaire ; plan, F6)* **:** *Arsenal, Objekt 1 (Wien 3). ☎ 795-610. ● hgm.at ● Ⓣ n° 18 : Fasangasse ; bus n° 69A. Près de la gare principale* (Hauptbahnhof), *pas très loin du Belvédère. Tlj 9h-17h. Entrée : 7 € ; réduc ; gratuit moins de 19 ans et pour tous le 1er dim du mois. Audioguide : 2 €.*

L'un des plus importants du genre en Europe avec l'*Imperial War Museum* de Londres et le *musée des Invalides* à Paris. Dans le complexe de bâtiments de l'arsenal à l'extravagant style byzantino-mauresque teinté de néogothique, il retrace l'***histoire militaire de la monarchie austro-hongroise*** en 4 grandes périodes de la fin du XVIe s à 1918. Présentation chronologique, focus géographiques et thématiques, et pièces rares autant qu'émouvantes, comme ***l'automobile dans laquelle le prince héritier François-Ferdinand fut assassiné*** à Sarajevo, et son uniforme.

– Pour qui voudrait suivre l'ordre chronologique, monter d'abord au 1er étage vers l'aile qui englobe la période de la ***guerre de Trente Ans,*** qui opposa dans un contexte de conflits religieux la couronne de France aux Habsbourg (entre autres nations). Naissance des uniformes jusque-là inconnus et exaltation des figures de ***Wallenstein*** et de ***Piccolomini,*** généralissimes au service des Habsbourg.

Place aux guerres austro-turques qui voient le grand vizir *Kara Mustapha* mettre le siège devant les murs de Vienne en 1683. Chatoyants uniformes des redoutables janissaires et bannières prises à ceux-ci lors de la délivrance de Vienne par les troupes polonaises. Apparition du prince **Eugène de Savoie,** grand pourfendeur des Turcs et héros national pour l'éternité. Avec Charles VI et Marie-Thérèse, on revit l'histoire du XVIIIe s jusqu'à la Révolution française. Évocation des guerres de succession d'Espagne, mettant aux prises Français et Autrichiens, les dernières guerres contre les Turcs, la guerre de succession polonaise suivie de celle de la succession d'Autriche opposant ***Marie-Thérèse*** à ***Frédéric de Prusse,*** puis la guerre de Sept Ans avec, cette fois-ci, les Français et les Russes comme alliés contre les Prussiens.

MACHO, LE FREDO !

Frédéric II de Prusse fut le souverain qui marqua le plus le XVIIIe s en Europe. En fait, ses seuls vrais rivaux étaient des souveraines : la grande Catherine II de Russie et Marie-Thérèse d'Autriche. Au sujet de cette dernière, il déclara : « Pour une fois que chez les Habsbourg on a affaire à un homme, il a fallu que ce soit une femme ! »

Grande tente ornementale d'audience turque et illustration de la guerre en dentelles avec une surprenante série de porcelaines figurant les soldats de Marie-Thérèse.

– On retraverse le grand hall du 1er étage pour parcourir, en face, toutes les salles jusqu'au fond et aborder celles consacrées aux guerres napoléoniennes. Une visite toujours de circonstance, en ces temps de commémorations multiples et variées.

– En supplément, de l'autre côté du hall, après la cafétéria, une section concernant la période 1918-1945, notamment l'Anschluss, avec un cliché du cadavre du chancelier ***Dollfuß,*** éliminé par les nazis, puis l'occupation soviétique et, à la suite, celle consacrée à la marine de guerre autrichienne, dont le kiosque rouillé d'un sous-marin et la maquette du *Viribus Unitis.*

– Derrière le musée, pour les mordus, un parc de blindés avec des chars allemands et russes qui auraient grand besoin d'un coup de peinture antirouille.

AU SUD-OUEST DU RING *(4e, 5e et 6e arr.)*

Le long des Linke et Rechte Wienzeile *(plan, C4-5)*

Une des balades les plus étonnantes à faire de jour et de nuit, le long de la rivière Vienne. De part et d'autre du célébrissime ***Naschmarkt,*** puis le long des rives, 2 boulevards bordés de fascinants immeubles *Jugendstil* ou historicistes. Un ***parcours indispensable pour les amoureux d'architecture et d'insolite.***

Accès par les stations de métro de la ligne U4 : les stations *Pilgramgasse, Margaretengürtel* et *Kettenbrückengasse* sont l'œuvre d'***Otto Wagner.*** Tous les détails décoratifs sont conçus dans un sens utile, avec un souci aigu de la « forme nécessaire ». En venant directement du pavillon de la Sécession, on a déjà entamé le périple *Jugendstil* autour de la Karlsplatz (voir plus haut), et on le poursuit avec, aux n°s 2 et 4 *Linke Wienzeile,* 2 ***immeubles caractéristiques du style.*** Au n° 20, sur la *Kettenbrückengasse,* belle demeure de 1912 (hall d'entrée néoclassique).

Pause musicale, *Linke Wienzeile 6,* devant le très couru ***Theater an der Wien*** (*plan, C4* ; voir plus haut « Adresses et infos utiles. Écouter un concert ou assister à un opéra : où ? quand ? comment ? »). Construit en 1800 par ***Emanuel Schikaneder,*** l'auteur du livret de *La Flûte enchantée.* Beethoven y fit jouer *Fidelio.*

VIENNE

Consacré longtemps aux comédies musicales, ce théâtre a profité du 250e anniversaire de la naissance de Mozart pour relancer un programme riche en opéras et œuvres lyriques remarquables d'hier et d'aujourd'hui.

On s'arrête aussi devant la poétique ***Majolikahaus,*** œuvre d'Otto Wagner datant de 1898 *(Maison des majoliques ; plan, C5 ; Linke Wienzeile 40).* Difficile de ne pas éprouver un coup de cœur pour la somptueuse ornementation florale de cette maison. Beau travail de fer forgé sur les balcons articulant les 2 immeubles. Ravissante cage d'escalier à l'intérieur.

Au 36, de l'autre côté de la rue, au rez-de-chaussée d'un intéressant immeuble au décor haussmannien historiciste (avec les indispensables atlantes), le ***Café Savoy*** offre lui aussi une bien jolie atmosphère (*plan, C5,* ***172*** ; voir la rubrique « Les plus fameux cafés viennois »).

Rendez-vous ensuite devant *Linke Wienzeile 38* : cet immeuble d'angle dit « ***maison aux médaillons*** » se révèle comme l'un des plus beaux exemples d'architecture sociale qu'on connaisse (1898). ***Otto Wagner*** (encore lui !) atteint ici la quasi-perfection. L'équilibre, l'harmonie des formes et des volumes de l'angle de rue tiennent du génie. Superbe décor de stucs dorés dus à ***Koloman Moser.*** Dans la *Köstlergasse,* au no 3, autre œuvre d'Otto Wagner (belle cage d'escalier). En face, immeuble de 1910 avec loggias très ornementées.

Avant de faire un détour par le ***Naschmarkt*** voisin, d'autres immeubles méritent toute l'attention, comme l'ancien ***Institut de la prévoyance*** *(Linke Wienzeile 48 et 52),* édifié en 1913. À mi-chemin du style néoclassique et du réalisme socialiste. Dernier étage à colonnes doriques, frises en bronze et statues de pierre. Aux nos 60 et 64, d'autres immeubles *Jugendstil.*

Entre la *Rechte Wienzeile* et la *Hamburgerstraße,* exceptionnelle série d'édifices Art nouveau, notamment côté *Rechte Wienzeile* aux nos 55 et 59, puis no 63 (immeuble construit par le génial architecte slovène ***Jože Plečnik***). À l'angle des 2 rues, la ***maison-café Rüdigerhof*** *(plan, B-C5)* et sa façade originale.

Le Naschmarkt *(plan, C5)* **:** Ⓜ *Kettenbrückengasse (U4).* Le plus célèbre marché de Vienne. Cosmopolite et sympa. Petite porte de l'Orient, il étale paprika hongrois, yaourts et fromages blancs bulgares, pain turc et toutes sortes de produits exotiques. Nombreuses spécialités à déguster sur le pouce, mais les stands d'hier ont fait place à ***des dizaines de restaurants et bistrots.*** Voir la rubrique « Où manger ? ».

– À articuler avec, le samedi matin, le ***Flohmarkt,*** dans son prolongement. C'est le plus riche ***marché aux puces*** de Vienne ! Arriver tôt pour chiner tranquillement et réaliser de bonnes affaires. Prix tout à fait raisonnables.

Dritte-Mann-Museum *(musée du* Troisième Homme *; plan, C5)* **:** *Pressgasse 25 (Wien 4). ☎ 586-48-72. • 3mpc.net • Horaires variables, à consulter sur le site. Entrée : 11 € ; réduc.* Documents divers sur le tournage du *Troisième Homme.* Parmi les innombrables photos, affiches et objets exposés, on découvre la fameuse cithare du compositeur autrichien *Anton Karas* ! Pour plus d'infos sur ce film culte, voir la rubrique « Cinéma » dans le chapitre « Hommes, culture, environnement » en fin de guide. Une autre partie du musée est consacrée à la vie quotidienne de l'après-guerre à Vienne.

SCHUBERT LE MAL-AIMÉ

Petit, timide et complexé, Schubert menait à Vienne une vie de bohème ponctuée de réunions musicales et littéraires où l'on riait et dansait sur des musiques qu'il improvisait, les fameuses « schubertiades ». En 1823, il attrapa la syphilis auprès d'une prostituée. C'est dans l'indifférence qu'il mourut du typhus à seulement 31 ans.

Schubert Sterbewohnung *(maison de la mort de Schubert ; plan, C5)* **:** *Kettenbrückengasse 6 (Wien 4). ☎ 581-67-30. • wienmuseum.at • Bus nº 59A, arrêt Große Neugasse ou Heumühlgasse. Ⓜ Kettenbrückengasse (U4). Mer-jeu seulement 10h-13h, 14h-18h. Entrée : 5 € ; réduc ; gratuit moins de 19 ans.* Du 1er septembre au 19 novembre 1828 (date de sa mort, à seulement 31 ans), Franz Schubert habita chez son frère Ferdinand, au 2e étage de cette maison. C'est ici qu'il écrivit ses dernières compositions, les dernières sonates pour piano et son ultime lied (poème chanté). Parmi les quelques objets exposés, le piano de son frère et des documents qui retracent les derniers jours du musicien malade du typhus. Il fut enterré à côté de Beethoven, le musicien qu'il admirait le plus, dans le petit cimetière situé aujourd'hui parc Schubert *(Währinger Schubertpark)*. Leurs sépultures furent ensuite déplacées au cimetière central de Vienne, où elles sont toujours. Schubert ne connaîtra pas la consécration, qui ne vint qu'après sa mort.

Les trekkeurs urbains avides d'espaces de vie modernes s'aventureront dans le ***quartier de Margareten*** dans le 5e arrondissement *(plan, B-C6)*, qui s'étend au sud tout au long de la rivière Wien. Populaire, peu touristique, le quartier fleure une atmosphère encore authentique. On y trouve quelques vieux restos dans leur jus. Une curiosité : le ***Margaretenhof*** *(plan, C6)*, à l'angle de la *Pilgramgasse* et de la *Margaretenstraße*, édifié en 1884, avec resto dans la véranda (belle armature en fer forgé). Derrière, en coude, rue privée fermée par 2 grilles en fer forgé.
Au nº 100 de la *Margaretenstraße*, ***remarquable immeuble Jugendstil.*** Belle symétrie des éléments composant harmonieusement la façade, équilibre des lignes, grandes fenêtres en fer à cheval, élégant bow-window, dessin raffiné de la porte d'entrée. Voir aussi aux nos 78 et 82.
Revenir sur le *Naschmarkt* et le traverser pour partir à la découverte d'un autre quartier en pleine transformation, autour de la mode et du design.

Mariahilf *(plan, B-C4-5)*

Tout le quartier situé à gauche de la piétonne ***Mariahilfer Straße*** est à conseiller d'emblée aux amateurs de boutiques et de bars branchés. Sympa, jeune, animé, en particulier la nuit. Pousser jusqu'au ***parc Esterházy,*** en journée, avant de revenir visiter le *Möbel Museum* et le *MuseumsQuartier* (voir plus loin), dont la création a donné le coup d'envoi du renouveau du secteur.

Gumpendorfer Straße *(plan, B-C4-5)* **:** *Ⓜ Gumpendorfer Str. (U6).* Arpenter la rue, autour du fameux ***Café Sperl*** *(zoom, C4, **169**)*, l'un des plus charmants de Vienne, vous permettra de découvrir galeries d'art, boutiques et bars en vogue. Des lieux conviviaux où l'on vient pour discuter, lire, manger, boire un verre. Outre des adresses devenues des classiques comme ***Das Café,*** qui présente des créations de jeunes stylistes viennois et internationaux, ou la ***pharmacie Saint-Charles,*** avec ses produits naturels haut de gamme, vous trouverez ici tout ce qui fait la mode du moment. Une mode bio plutôt désinvolte, en règle générale.
Mobilier vintage au bar du ***Top Kino,*** qui fait aussi office de salle de cinéma (d'où son nom !).

Flakturm *(plan, B5)* **:** *dans le parc Esterházy, qui longe la Gumpendorfer Str. (Wien 6).* C'est l'une des 6 tours massives de DCA dont la construction fut ordonnée par Hitler en 1942 pour défendre Vienne contre les attaques aériennes. Aujourd'hui, en plein centre, elle apparaît comme une énorme verrue de béton impossible à faire disparaître. On s'aperçut, à la fin de la dernière guerre, qu'elle était indestructible ! Pas moyen de la faire sauter sans détruire à nouveau la moitié de la ville, ni bien entendu de la grignoter au marteau-piqueur (paraît-il, au moins un siècle de boulot !). Résultat, une espèce de punition architecturale *ad vitam æternam* pour rappeler aux générations futures de ne pas se jeter sans réfléchir dans les bras du prochain étudiant des beaux-arts raté...

Haus des Meeres *(Maison de la mer ; plan, B5)* **:** *Fritz-Grünbaum-Platz 1 (Wien 6). ☎ 587-14-17. • haus-des-meeres.at • Tlj 9h-20h. Entrée : 20,90 € ; réduc.* Ce monstre bétonné (la Flakturm susmentionnée, donc) cache un aquarium géant et toute une jungle en folie. Crocodiles, requins et autres bestioles à qui on n'a pas laissé le choix des armes. Assez angoissant quand on se retrouve au milieu des serpents, mais bluffant quand les oiseaux et les singes viennent voir comment vous passez un pont de lianes. Assez éducatif surtout pour les familles même si, comme toujours, il vaut mieux comprendre l'allemand ou l'anglais pour se repérer.

Retrogaming Museum *(musée du Jeu vidéo rétro)* **:** *au milieu du parc Estherházy. • gamingmuseum.at • Tlj 10h-19h. Entrée : 9,50 € ; réduc ; moins cher à partir de 17h30. Visite guidée sur demande. Dans un ancien bunker : prévoyez une laine.* Fabuleux musée du jeu vidéo, très ludique et complet. On y trouve de nombreuses consoles des années 1970 à nos jours. On peut même jouer à certains jeux, du classique (Donkey Kong, Pacman...) au moins classique, à 1 ou parfois 2 joueurs (nombreux jeux de combat style Tekken, Pokemon Stadium, mais aussi Mario Kart par exemple), sur consoles, bornes d'arcade, et même en VR ! On y apprend aussi tout un tas de choses (panneaux en anglais) sur ***le jeu vidéo et son histoire***, notamment que le 1er programme informatique a été créé par une femme, ***Ada Lovelace.*** En expo, plus de 400 pièces originales : nombreuses consoles (parfois démontées pour mieux comprendre les mécanismes), éditions collector, statues de personnages grandeur nature... On évoque aussi l'apparition des 1ers téléphones portables. Vraiment sympa en famille ou entre amis, pour les passionnés ou les curieux. Et, forcément, les marmots adorent !

VIENNE

À L'OUEST DU RING *(7e et 8e arr.)*

MuseumsQuartier *(zoom, C4)*

Le ***MuseumsQuartier*** *(MQ)* n'est rien de moins que l'un des 10 plus vastes espaces culturels du monde ! Ce projet, longtemps controversé, fut l'occasion de réaliser une véritable prouesse architecturale, celle du mariage improbable entre baroque et architecture ultra-contemporaine. Les frères *Ortner* ont ainsi réussi à donner une 2de vie aux anciennes écuries impériales, chef-d'œuvre de ***Fischer von Erlach.***

Bien plus qu'un simple espace d'exposition, c'est un véritable lieu de vie (avec de nombreux cafés et terrasses, mais aussi d'originaux fauteuils d'extérieur pour s'étaler au soleil) et d'expression. Ici, danse, théâtre, cinéma et sculpture côtoient peinture et architecture, modernité et tradition... Une cinquantaine d'institutions culturelles cohabitent sur 60 000 m², attirant plus de 3 millions de visiteurs par an. Un incontournable du périple viennois.

– Museumsplatz 1. • mqw.at • Ⓜ MuseumsQuartier (U2). Ⓣ nos 46 ou 49. Plusieurs possibilités de billets combinés selon vos centres d'intérêt : duo Kunsthistorisches Museum-Leopold Museum, 27 € ; duo Leopold Museum-MAK, 23 €. Se renseigner à la caisse, à l'entrée du MuseumsQuartier, ☎ 523-58-81-1734 ; tlj 10h-19h. Boutique à côté.

ENZI JE T'AIME, ENZI JE T'ADORE

Tous fous d'Enzi(s). C'est le nom donné par les Viennois aux étranges « canapés d'extérieur » posés sur toutes les places libres du quartier. Ils sont devenus un peu l'emblème de ces lieux qui connaissent, en été, une affluence record. Les Enzis du MuseumsQuartier sont pris d'assaut à toute heure du jour et de la nuit, le bronzage laissant place à d'autres activités selon les quartiers (de lune).

Leopold Museum *(musée Leopold ; zoom, C4)* **:** *dans le MQ. ☎ 525-70-0. • leopoldmuseum.org • Tlj (sauf mar sept-mai) 10h-18h. Entrée : 15 € ; réduc ; gratuit moins de 7 ans. Audioguide en français : 4 €. Infos et prix des visites guidées sur le site.* C'est le grand cube de calcaire blanc sur la gauche quand on entre dans le complexe. Les quelque 5 000 œuvres des XIXe et XXe s, collectionnées toute sa vie par le Dr Rudolf Leopold et acquises par l'État autrichien en 1994, sont présentées par roulement et généreusement exposées dans ce bâtiment lumineux et spacieux. L'objectif : montrer l'évolution progressive de l'art autrichien, du *Jugendstil* à l'expressionnisme, en s'appuyant sur des tableaux majeurs.

Le 4e étage

Commencez la visite par le haut, qui abrite une exposition permanente remarquable sur le thème de ***Vienne 1900.*** Riche présentation du bouillonnement culturel de l'époque, à travers une dizaine de salles thématiques qui explorent le *Jugendstil,* la Sécession et l'expressionnisme. Nombreux tableaux mais aussi des meubles, éléments décoratifs, objets, maquettes ou photos... Impressionnante série de chefs-d'œuvre de ***Klimt,*** dont l'incontournable *Vie et Mort* (1910), toile magnétique qui oppose l'harmonie rêveuse des vivants à la crudité d'une mort attendant son heure. Dans la même pièce, mystérieuses peintures de paysages, réalisées lors de séjours estivaux dans le *Salzkammergut,* où ***Emilie Flöge, son modèle préféré,*** avait une maison de campagne. *Attersee* est probablement la plus remarquable. Après la découverte de l'atelier de Klimt, dessiné par ***Josef Hoffmann,*** on prend le temps de détailler la collection de meubles réalisés par les *Wiener Werkstätte* : superbe armoire marquetée et incrustée de nacre de ***Koloman Moser,*** chaises et fauteuils de Hoffmann, ***Otto Wagner*** ou ***Josef Maria Olbricht*** (qui dessina le bâtiment de la Sécession)... On a aussi beaucoup aimé la vitrine d'***Adolf Loos,*** d'une modernité saisissante avec sa vaisselle cristalline. Pour finir, très riche ensemble de peintures expressionnistes signées ***Oskar Kokoschka, Kirchner, Munch*** ou ***Liebermann...***

Le 3e étage

Voici la plus importante collection privée des œuvres d'***Egon Schiele*** au monde ! Toiles bouleversantes d'intensité, à commencer par ses portraits et ses autoportraits, où le malaise n'est jamais loin. Quelques toiles mélancoliques nous transportent vers de petits villages d'Europe centrale, où les maisons se serrent les unes contre les autres (voir *Inselstadt,* l'île-ville). Le peintre semble trouver enfin un certain apaisement dans le superbe *Soleil couchant.* Quand on sait que Schiele est mort de la grippe espagnole en 1918 à l'âge de 28 ans, on ose à peine imaginer les merveilles qu'il aurait pu produire. Au moment où le Dr Leopold acquit ces ***quelque 220 tableaux et dessins,*** peu nombreux étaient ceux qui croyaient au talent du jeune peintre.

Les 1er et 2e sous-sols abritent des ***expositions temporaires.*** Boutique très bien fournie au 2e étage.

En sortant, prenez un verre au ***Café Leopold*** *(tlj 10h-minuit),* toujours animé quelle que soit la saison. Accès possible en cours de visite, pour qui veut grignoter un plat du jour à tendance asiatique ; il suffit de montrer son ticket.

MUMOK – Museum Moderner Kunst Stiftung Ludwig *(musée d'Art moderne Fondation Ludwig ; zoom, C4)* **:** *dans le MQ, grand bâtiment noir sur la droite. ☎ 525-00-0. • mumok.at • Tlj sauf lun 10h-18h (20h mer). Entrée : 15 € ; réduc. Guide multimédia (en anglais) : 4 €. Assurez-vous avt d'entrer que les collections annoncées ci-après sont bien présentes, le musée les prête parfois.*

Cet imposant bâtiment en basalte noir est (au sens propre comme au figuré) à l'opposé du musée Léopold. Tout noir, il vit replié sur lui-même et n'a quasiment aucune fenêtre sur l'extérieur.

Ce musée rassemble sur 5 niveaux les œuvres de la Fondation Ludwig et celles du musée d'Art moderne de la Ville. Il met l'accent sur le ***pop art,*** le ***photoréalisme,*** le ***nouveau réalisme*** et l'***actionnisme viennois.*** Il nous est très difficile de vous décrire ce que vous y verrez, puisque les collections (pas moins de 10 000 œuvres) sont présentées par roulement et les expos temporaires changent régulièrement. Le mieux qu'on puisse vous conseiller, c'est de vérifier en ligne où ça en est !
Parmi les artistes phares, ***Kandinsky, Magritte, Giacometti, Klee...*** Mais aussi tout un tas d'artistes contemporains, l'occasion de découvrir ce qui se fait de nouveau, toujours dans une muséographie travaillée qui pousse, d'une salle à l'autre, à penser différemment l'espace du musée. Le 2e sous-sol est dédié au mouvement provocant des ***actionnistes viennois.***

Kunsthalle Wien *(halle d'Art ; zoom, C4)* **:** *dans l'ancien manège impérial, entrée sur la droite du MQ. ☎ 521-89-0. • kunsthallewien.at • Tlj sauf lun 11h-19h (21h jeu). Entrée : 8 € ; réduc ; gratuit moins de 19 ans.* Merveilleuse harmonie de la brique, de la pierre et du béton. Très orienté vers les nouveaux médias, la vidéo et les performances, c'est la vitrine viennoise de l'art contemporain. L'intérêt dépend de l'expo temporaire organisée.
– Une *annexe* se trouve sur la Karlsplatz *(zoom, D4 ; mêmes horaires que la Kunsthalle Wien ; GRATUIT),* presque en face du pavillon de la Sécession.

Le très sympa ***Café Halle*** *(tlj sauf lun 11h-19h),* jeune et bohème-chic, a été aménagé dans l'ancienne loge. Cuisine légère aux accents méditerranéens et terrasse juste devant le MUMOK aux beaux jours.

Architekturzentrum Wien *(AzW ; Centre d'architecture de Vienne ; zoom, C4)* **:** *occupe la cour intérieure à droite de l'entrée du MQ. ☎ 522-31-15. • azw.at • Tlj 10h-19h. Entrée : 9 € ; réduc.* Le Centre d'architecture de Vienne rassemble 2 salles d'exposition. Dans l'une, expo permanente sur l'architecture autrichienne du XXe s (un peu brouillonne... l'expo, pas l'architecture). Dans l'autre, expo temporaire.

Zoom Kindermuseum *(musée des Enfants ; zoom, C4)* **:** *occupe l'aile gauche de la cour principale du MQ. ☎ 524-79-08. • kindermuseum.at • Horaires d'ouverture et prix d'entrée variables selon expos et ateliers. En principe, tlj sauf lun 8h30-16h45, w-e et j. fériés 9h15-17h15. Entrée : autour de 7 €.* Le Zoom est à mi-chemin du Palais de la découverte et de la Cité des sciences de Paris. Les expos temporaires s'adressent à ***tous les enfants***, des nouveau-nés aux préados. Des ateliers et des labos leur permettent d'expérimenter les plaisirs des 5 sens, ou de jouer aux petits chimistes. Juste à côté, vous trouverez au *Wien-Xtra Kinder-Info* toute l'information sur les activités pour les enfants (voir la rubrique « Informations touristiques » dans « Adresses et infos utiles », au début du chapitre sur Vienne).

Le MQ loge encore nombre d'institutions et d'auditoriums. Ainsi le ***Tanzquartier*** abrite le centre chorégraphique de Vienne. *Rens : ☎ 581-35-91 ; • tqw.at •* Et le ***Dschungel*** propose des créations théâtrales résolument modernes à destination des 7-14 ans. *Rens : ☎ 522-07-20-19 ; • dschungelwien.at •*

Last but not least, comme disent les guides, réfugiez-vous au ***Glacis Beisl*** *(zoom, C4,* ***100*** *; tlj 12h-minuit),* un amour de troquet caché dans les hauteurs, si vous voulez changer de style de restauration, ou simplement grignoter en terrasse (voir la rubrique « Où manger ? »).

Neubau et Josefstadt *(plan, B-C3-4-5)*

Au nord de la *Mariahilfer Straße,* les quartiers de *Neubau* et *Josefstadt* (7e et 8e arrondissements) ne sont pas non plus dénués d'intérêt, loin de là : ça vit, ça bouge, par ici.

Hofmobiliendepot – Möbel Museum Wien *(musée du Meuble et dépôt du mobilier de la Cour ; plan, B5)* **:** *Andreasgasse 7 (Wien 7). ☎ 524-33-57. • moebelmuseumwien.at • Ⓜ Zieglergasse (U3), sortie Andreasgasse. Tlj sauf lun 10h-17h. Entrée : 13 € ; réduc. Compris dans le Sisi Ticket Deluxe (44 €). Audioguide en français inclus.* Beaucoup de verre et d'acier derrière les vieux murs de cette belle bâtisse de l'époque *Biedermeier.* Ici se trouvent tout à la fois le ***musée du Meuble,*** le ***dépôt du mobilier de la Cour*** (où l'on vient chercher chaises, tapis rouges, etc., pour les grandes occasions) et l'***atelier de restauration du mobilier.*** L'endroit est vaste, et c'est avec plaisir que l'on parcourt les pièces et les étages pour admirer les objets exposés qui retracent bien l'évolution du mobilier et de l'habitat autrichien depuis plus de 3 siècles. Au dernier étage, belle collection de meubles Sécession et modernes : *Otto Wagner, Josef Hoffman* ou *Adolf Loos* sont bien représentés. Plusieurs pièces sont également reconstituées selon différentes époques. Intéressantes expos temporaires.

Volkskunde Museum *(musée des Arts et Traditions populaires ; plan, B3)* **:** *Laudongasse 15-19 (Wien 8). ☎ 406-89-05. • volkskundemuseum.at • Ⓣ nos 5 ou 33 ; bus no 13A, arrêt Laudongasse. Tlj sauf lun 10h-17h (20h jeu). Entrée : 8 € ; réduc ; gratuit moins de 19 ans. Audioguide.* Le quartier de *Josefstadt* (en hommage à Joseph II) évoque immanquablement le XVIIIe s : petits palais, églises baroques et rues gentiment pittoresques. Le palais *Schönborn* dessiné au début du XVIIIe s par ***Johan Lukas von Hildebrandt*** abrite un intéressant musée un peu fourre-tout de la tradition populaire du XVIIe au XIXe s. Mobilier, costumes, jouets, accessoires de mode, ustensiles de cuisine, outils, masques de carnaval, vieux poêles en faïence, maquettes d'habitations et d'églises jalonnent les salles et rendent compte du mode de vie des provinces autrichiennes et des pays limitrophes. À l'étage, des expositions temporaires consacrées au folklore sont régulièrement proposées.

Spittelberg *(plan et zoom, B-C4)* **:** *entre les Siebensterngasse, Burggasse et Sigmundsgasse (Wien 7).*
Un quartier ancien restauré, qui a retrouvé magnifiquement tout son lustre d'antan. Posé sur une petite colline, il fut urbanisé au XVIIIe s. Un des rares exemples architecturaux à Vienne d'un petit lacis de rues et ruelles homogènes. Balade délicieuse de jour, encore plus de nuit, d'autant que tout le quartier est piéton. Quelques cours intérieures méritent le coup d'œil. Pas mal de restos avec terrasse et de bars étudiants.
Voici les demeures baroques les plus marquantes : sur la *Spittelbergasse,* au no 20, christ sculpté sur la fenêtre centrale d'une maison de 1715. Au no 18, élégant pignon baroque datant de 1708. Au no 9, fenêtres ouvragées ravissantes, avec trompe-l'œil aux effets étonnants la nuit. Au no 11, autres belles ouvertures et jolie Vierge dans une niche. En face, maison de 1695. Au no 13, Vierge Marie en corniche *(Zum Heiligen Joseph).* La *Gutenberggasse* est aussi bordée de nobles édifices du XVIIIe s.

Sankt-Ulrichs-Platz *(plan, B4)* **:** *Burggasse.* L'église du début du XVIIIe s est environnée de jolies demeures bourgeoises. Ne pas manquer de jeter un œil sur la cour intérieure du no 2 si elle est ouverte.

Encore 2 immeubles dus au grand Otto Wagner, aux nos 2 et 4 de la *Döblergasse (plan, B4),* une petite rue donnant entre la *Lerchenfelder Straße* et la *Neustiftgasse.* Œuvres plus tardives que celles de la *Linke Wienzeile.* Ici, le style de l'architecte s'est considérablement épuré, au point d'abandonner toute démarche décorative (ni stucs ni décors floraux) pour ne plus conserver que des lignes géométriques. Façades vraiment dépouillées. Au no 35 de la *Lerchenfelder Straße (plan, B4),* remarquable façade (de 1912) avec des fenêtres superbement dessinées et rythmées, formant un genre de frise.

Piaristenkirche *(église des Piaristes ; plan, B3)* **:** *Piaristengasse 43.* Sur la placette en retrait, la façade aux 2 tours des frères piaristes, chargés de l'éducation des enfants pauvres, forme avec les bâtiments monastiques adjacents un ensemble à l'ordonnance bien classique. Devant le porche, une colonne votive, coiffée de la Vierge, rappelle l'épidémie de peste de 1713. À l'intérieur, *Franz Anton Maulbertsch* décora la coupole de fresques de couleurs chatoyantes. On lui doit aussi la *Crucifixion* ornant une chapelle à gauche du chœur.

On trouve aussi dans le quartier le ***Theater in der Josefstadt*** (au nº 26 de la rue qui porte son nom), l'un des plus anciens de Vienne (1788) encore en activité. S'il propose aujourd'hui un répertoire de comédies légères, il connut une notoriété certaine en montant les pièces de *Max Reinhardt.*

AU NORD-OUEST DU RING (2e et 9e arr.)

Sigmund Freud Museum *(maison de Freud ; plan, C2)* **:** *Berggasse 19 (Wien 9). ☎ 319-15-96. • freud-museum.at • Tlj (sauf mar hors été) 10h-18h (20h ven en été). Entrée : 14 € ; réduc ; gratuit moins de 12 ans.* Un lieu surtout mythique pour les freudiens. Freud habita cet immeuble bourgeois durant 47 ans (du 20 septembre 1891 au 4 juin 1938 précisément). Il faut savoir que si l'on y trouve nombre de documents, les appartements familiaux, le bureau, le cabinet et les autres salles n'abritent aucun meuble et très peu de souvenirs de la période. Le célèbre divan est resté à Londres, comme le reste du mobilier (en dehors de ceux de la salle d'attente). Seules quelques vieilles photos témoignent de l'aspect des lieux avant le départ de Freud pour l'Angleterre. Ne pas s'attendre à « entrer » dans l'univers de Sigmund, mais plutôt à rencontrer son œuvre (bien que pas facile à décrypter ici).

À l'intérieur, l'atmosphère n'a guère changé. Très belle cage d'escalier avec glaces gravées pour monter jusqu'à l'appartement destiné aux consultations et la célèbre salle d'attente. C'était autrefois le cabinet du docteur ***Victor Adler,*** fondateur de la social-démocratie autrichienne. De 1902 à 1910 s'y tiendront, une fois par semaine, les réunions de la Société psychanalytique du mercredi. Freud fut l'un des derniers juifs à quitter l'Autriche le 4 juin 1938. Dès l'arrivée des nazis à Vienne, sa fille Anna est arrêtée par la Gestapo et détenue une journée. Il fallut que les SS perquisitionnent 2 fois le *19 Berggasse* pour que Freud (qui souffrait aussi d'un cancer de la mâchoire) se décidât enfin à s'exiler. La princesse ***Marie Bonaparte*** (disciple et amie de Freud, et l'une des 1res adeptes de la psychanalyse en France) organisa le départ, et Freud passa sa 1re nuit d'exil à Paris.

FREUD ET SES CHÈRES COLLECTIONS

Le psychanalyste s'était constitué une jolie collection d'antiquités (près de 2 000 pièces) principalement égyptiennes, grecques et romaines, qu'il n'hésitait pas à montrer à ses patients. Devoir les abandonner pour fuir les nazis était pour lui un véritable crève-cœur. Son ami Hans Demel, directeur au musée des Beaux-Arts, lui fournit alors un inventaire chiffré sous-évaluant délibérément leur valeur. Ce subterfuge permit à Freud de les expédier à Londres, où il acheva sa vie.

Les pièces sont en fait remplies de panneaux et vitrines sur le travail du psychanalyste : livres, documents, courriers, quelques objets personnels. L'ensemble est organisé par thèmes : théorie sur la sexualité, Freud et sa famille, critique des religions, interprétation des rêves... On découvre ses célèbres petites lunettes rondes, sa sacoche, un guéridon marqueté, une boîte de jeux en bois... Film en noir et blanc des années 1930 (15 mn), assez émouvant, où l'auguste personnage est en compagnie de ses proches.

Dans l'ancien bureau, une vitrine abrite les petites antiquités de sa collection personnelle, dont certaines décoraient son bureau. Ces quelques objets sont les seuls qui permettent de recréer un peu l'atmosphère de la vie quotidienne du célèbre psychanalyste qui par ailleurs menait une vie très tranquille entre ses patients et sa famille.

Josephinum *(musée d'Histoire de la médecine ; plan, C2)* **:** *Währinger Str. 25 (Wien 9). ☎ 401-60-26-001. • josephinum.ac.at • Ⓜ Schottentor (U2). Horaires variables mais en principe, mer-sam et vac. scol 10h-18h ; fermé dim-mar. Entrée : 12 € ; réduc ; gratuit moins de 12 ans.* L'Académie de chirurgie militaire fut fondée par l'empereur Joseph II (d'où le nom du musée) en 1785. Le bâtiment, conçu par Isidore Canevale, est un exemple d'architecture classique rare à Vienne : en dehors de la Bibliothèque nationale, c'est le seul monument représentatif de cette époque.
On découvre ici les collections de l'université de médecine de Vienne. L'expo permanente relate son histoire depuis sa création, et présente son héritage culturel sur plus de 650 ans. La collection de ***modèles anatomiques en cire*** est le clou de la visite. Aussi des expos temporaires.

Schubert Geburtshaus *(maison natale de Schubert ; plan, C1)* **:** *Nussdorfer Str. 54 (Wien 9). ☎ 317-36-01. • wienmuseum.at • Ⓣ n°s 37 ou 38 : Canisiusgasse. Tlj sauf lun 10h-13h, 14h-18h. Entrée : 5 € ; réduc ; gratuit moins de 19 ans et pour tous le 1er dim du mois.* Schubert est né le 31 janvier 1797 dans cette *maison de L'Écrevisse rouge,* dans le faubourg de *Lichtental.* « Je ne suis venu au monde que pour composer », disait-il. En 1801, ses parents s'installèrent dans la *maison du Cheval noir,* une demeure plus vaste. Péniblement acquise par son père *Theodor Schubert,* elle comportait 7 pièces pour l'école paroissiale qu'il dirigeait et un petit logement pour la famille, dans lequel *Schwammerl* (« le petit champignon », comme le surnommaient ses camarades de classe) vécut enfant (1801-1808). On y donne parfois quelques concerts.

SCHÖNBRUNN

• Plan *p. 139*

Voici le monument le plus visité d'Autriche ! À moins de 7 km du centre, la résidence d'été de *Marie-Thérèse* attire chaque année plusieurs millions de visiteurs, qui se pressent dès le matin devant les grilles du château. Un palais de style rococo qu'elle fit construire à la place du pavillon de chasse édifié par Léopold Ier après l'historique victoire de 1683 contre les Turcs (ceux-ci ayant détruit au passage un ancien château de plaisance appartenant déjà aux Habsbourg). Une réussite de l'architecture baroque comprenant pas moins de 1 441 pièces ! Il fallait bien ça pour accueillir la Cour (plus de 1 500 personnes), durant les mois d'été que l'impératrice passait ici. Les héritiers de Marie-Thérèse ont chacun laissé leur empreinte, côté aménagement et décoration, notamment François-Joseph, né et décédé dans ce château après un règne de 68 ans.
Schönbrunn possède une façade baroque sobre aux teintes jaunes et ocre, et un merveilleux jardin, qui a retrouvé en grande partie sa magnificence d'origine et offre une très séduisante promenade. À l'intérieur, la profusion de la décoration rococo et la présence d'objets personnels de *François-Joseph* et de *Sissi* rendent la visite particulièrement attachante. Une quarantaine de pièces sont aujourd'hui ouvertes au public, celles datant du XIXe s, situés dans l'aile ouest, où résidaient François-Joseph et son épouse Élisabeth, jusqu'aux luxueux appartements réservés aux hôtes étrangers,

en passant notamment par les salles de réception. Au rez-de-chaussée, un musée pour enfants est aménagé dans les pièces ornées de fresques de *Johann Bergl*.

– Prévoir une bonne demi-journée, avec la visite du zoo et celle du *musée des Carrosses*. Un système de réservation permet d'éviter les files. Inutile de trop compter sur l'absence de groupes pour visiter tranquillement, mais essayez de vous glisser entre 2, avec votre audioguide.

– Si vous arrivez très tôt, ne vous étonnez pas de trouver déjà du monde dans le parc : on vient ici faire un jogging matinal, en voisin ou en locataire des lieux, car le 2e étage du château, tout comme les dépendances d'ailleurs, a été aménagé en appartements (heureux locataires !). Un petit plus qui s'ajoute aux chiffres impressionnants des (r)entrées... d'argent ! Et qui explique la nouvelle destinée de ce château géré par un groupe privé (tout comme la *Hofburg* et le *Möbel Museum*) chargé de rassembler, par ses propres moyens, les fonds nécessaires à la conservation et à la restauration du château.

RENCONTRE HISTORIQUE

En juin 1961 se déroule au château de Schönbrunn la rencontre historique entre J. F. Kennedy et Khrouchtchev. La splendeur du décor n'aidera pas à régler la question allemande, et, 2 mois plus tard, l'édification du mur de Berlin commencera...

Schönbrunn, mode d'emploi

– ***Schloss Schönbrunn*** (château de Schönbrunn) **:** *résas de visites au ☎ 811-13-239 et sur • schoenbrunn.at • Ⓜ Schönbrunn (U4). Ⓣ nos 60 ou 10 : Schönbrunn ; bus no 10A. Compter 15 mn du centre puis 10 mn de marche depuis la station de métro.*

– ***Le château :*** *visite des appartements tlj 8h30-17h30 (17h nov-mars).* ***Imperial Tour*** *(visite de 22 pièces) : 24 € (avec audioguide).* ***Grand Tour*** *(plus intéressant, 40 pièces) : 29 € (avec audioguide) ; réduc. Prix fin 2023.* Bon plan : l'achat du *Sisi Ticket Deluxe* à la Hofburg (voir plus haut la rubrique « À voir "en ville". Dans le centre historique. La Hofburg et alentour ») permet d'éviter de faire la queue à la caisse et d'entrer immédiatement dans le château. Sinon, ***achat en ligne, c'est encore plus facile.*** *Prix : 44 €. Valable 1 an à partir de la date d'émission. L'idéal est de réserver une entrée très matinale.*

– ***Classic Pass :*** *avr-oct seulement. Pour 34 €, il donne accès au Grand Tour avec audioguide, mais aussi au jardin du prince héritier, à l'Orangerie, à la terrasse panoramique de la Gloriette et au labyrinthe. Offre également des réducs sur les autres attractions du château. Comptez une ½ journée si vous voulez tt visiter. Conseil : prévoyez votre gourde avt l'entrée.*

– ***Kindermuseum*** (musée des Enfants) **:** *☎ 811-13-239. • kindermuseumschoenbrunn.at • Tlj 10h-17h (dernière entrée à 16h). Entrée : 8,50 € ; réduc.* Ce petit musée aménagé dans les appartements des enfants de la famille impériale est essentiellement destiné aux 5-12 ans pour leur faire découvrir la vie des enfants au château, leurs jeux, leur hygiène, leur alimentation et leur habillement. Possibilité d'enfiler les tenues de l'époque (en taille enfant !). Musée interactif dont les textes sont traduits (normalement) en français. Un espace amusant et intéressant pour les plus jeunes.

– ***Concerts à l'Orangerie :*** *tlj à 20h30. Plusieurs formules avec, au choix, dîner et/ou concert en plus de la visite. Résas et infos sur • imagevienna.com • ou au ☎ 812-50-04.*

– ***Schlosspark*** (parc du château) **:** *tlj de 6h30 à la tombée de la nuit. Accès libre.*

– ***Kronprinzengarten*** (jardin du Prince héritier) **:** *tlj 9h-17h (18h juil-août, 16h nov). Entrée : 5 € ; réduc.*

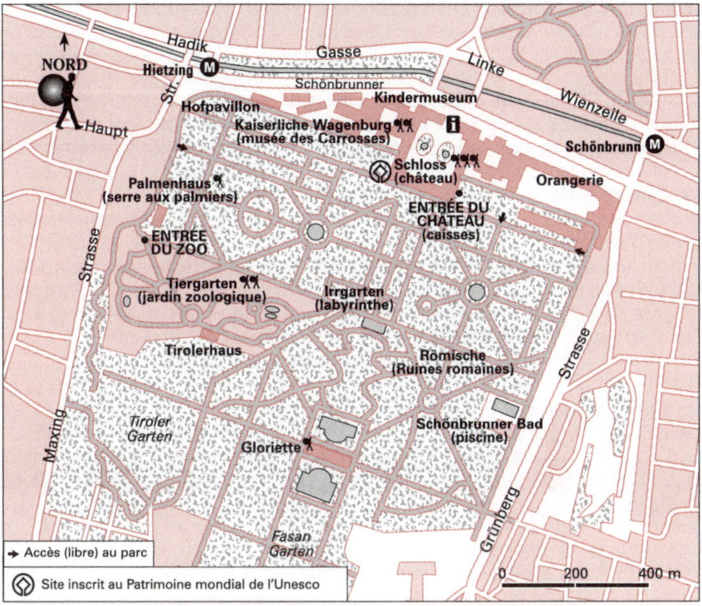

LE CHÂTEAU DE SCHÖNBRUNN

– **Gloriette :** *accès à la terrasse panoramique tlj 9h30-17h30 avr-juin, 18h30 juil-août, 17h sept-oct, 16h nov. Fermé le reste de l'année. Entrée : 5 € ; gratuit moins de 6 ans. Café au rdc avec terrasse côté jardin.*

– **Irrgarten** (Labyrinthe) **:** *mêmes horaires que la Gloriette. Entrée : 5 € ; réduc.*

– ***Tiergarten*** *(Jardin zoologique)* **:** *☎ 877-92-94-0. • zoovienna.at • Tlj 9h-18h30 (17h30 mars et oct, 17h fév, 16h30 nov-janv). Entrée : 26 € ; réduc ; gratuit moins de 6 ans.*

– **Palmenhaus** (serre aux palmiers) **:** *tlj 9h30-18h (17h oct-avr). Entrée : 8 € ; réduc.* Superbes serres rassemblant plus de 4 000 variétés de plantes, et pas uniquement des palmiers !

– ***Marionettentheater*** *(théâtre de marionnettes)* **:** *résas au ☎ 817-32-47. • marionettentheater.at • En principe, spectacle en sem vers 19h et w-e l'ap-m et le soir. Billetterie 13h-19h (18h dim). Entrée (selon spectacle) : 15-39 € ; réduc.* Spectacle de marionnettes sur *La Flûte enchantée* de Mozart, notamment. Différentes représentations pour adultes et enfants.

– ***Kaiserliche Wagenburg*** *(musée impérial des Carrosses)* **:** *☎ 525-24-40-31. • kaiserliche-wagenburg.at • Tlj 9h-17h (10h-16h de déc à mi-mars). Entrée : 12 € ; réduc ; gratuit moins de 19 ans. Audioguide (en français) : 2 €.*

LA VISITE AU CHÂTEAU...

Le château de Schönbrunn : si le baroque domine à l'extérieur, le rococo s'affirme plutôt dans l'ornementation intérieure. Remarquer les pavés en bois pour amortir le bruit des chevaux.

– Les sacs à dos ou sacoches volumineux vont obligatoirement en consigne.

– Très utile : l'audioguide individuel en français vous dira tt sur les lieux (voir plus haut « Schönbrunn, mode d'emploi »). Préférence pour le circuit de 40 pièces (Grand Tour), celui des 22 premières salles (Imperial Tour) étant un peu court.

C'est ***toute l'histoire de l'Autriche*** qui défile dans ces pièces, à travers les fresques et tableaux à la gloire de Marie-Thérèse et de ses enfants (dont une certaine ***Marie-Antoinette,*** que l'on voit en costume de chasse, avant qu'elle ne parte épouser le futur Louis XVI), jusqu'à la salle de bains installée en 1917 pour *Zita,* la dernière impératrice.

La visite commence d'ailleurs par l'***antichambre de François-Joseph.*** Intronisé à l'âge de 18 ans, il s'installe à Schönbrunn de façon permanente en 1849. Vient ensuite sa ***salle de billard*** (n° 2), qui servait de salle d'attente pour ses audiences. On enchaîne avec la ***salle en noyer*** (n° 3) ainsi que le ***bureau de François-Joseph*** (n° 4), qui voyait défiler une centaine de visiteurs par matinée (il se levait à 4h !), le tout au pas de course, puisqu'on ne restait qu'une minute ou 2.

S'ensuivent la ***chambre à coucher de François-Joseph*** (n° 5), où il mourut en 1916, sur un simple lit de camp en fer ; la ***chambre à coucher de François-Joseph et de Sissi*** (n° 9), en fait peu utilisée par les 2 époux, Élisabeth fuyant des mois et parfois des années la Cour, et par la même occasion son mari. Ce sont des temps forts de la visite, et un léger embouteillage s'y installe souvent, chacun voulant prendre le temps de voir le ***fameux cabinet de toilette de Sissi***.

Quant au ***salon de Marie-Antoinette*** (n° 11) qui, du temps d'Élisabeth, servait de salle à manger familiale, il ne donne qu'une petite idée du protocole d'un empereur préférant la cuisine traditionnelle viennoise aux plats français, en face d'une impératrice (les rares fois où elle était présente) s'imposant des jeûnes constants pour garder la ligne.

La suite du « Tour impérial » permet de remonter dans le temps, et de découvrir la vie au château du temps de ***Marie-Thérèse*** et de son époux, ***François de Lorraine,*** qu'elle avait fait empereur du Saint Empire romain germanique. Ce financier hors pair, amoureux des sciences naturelles, laissa sa femme mener les affaires politiques, lui donnant d'ailleurs une quinzaine d'enfants (dont on découvre la ***chambre*** salle n° 12) appelés à se faire une place dans toutes les cours d'Europe.

On visite ensuite la salle des glaces, ***où le petit Mozart aurait grimpé sur les genoux de Sa Majesté, après son 1er grand concert,*** les ***salles de Rosa*** (nos 17, 18 et 19), du nom du peintre italien annonciateur du réalisme qui réalisa ces paysages ; et enfin la ***petite*** et la ***grande galerie*** (nos 21 et 22).

En cas d'achat d'un billet pour un tour complet, on poursuit la visite sur le ***salon bleu chinois,*** qui vit la fin d'un empire (n° 28). ***Charles Ier,*** qui n'a régné que 2 ans, et appelé ironiquement *Charles Dernier,* y signe en 1918 la ***fin du pouvoir des Habsbourg.*** Menant en exil à Madère une vie familiale et pieuse, il a été béatifié par le Vatican en 2004.

MOZART AVANT MOZART

Dans la salle qui fait transition entre les 2 types de « tour » se trouvent plusieurs tableaux. Sur l'un d'eux, on peut voir le jeune Mozart. Problème : il n'était pas encore né lors de l'événement représenté ! Il a en fait été ajouté après coup, une fois devenu célèbre.

Puis, ***chambre en vieille laque*** (n° 29) d'une Marie-Thérèse portant le deuil d'un époux bien-aimé. La ***salle Napoléon*** (n° 30) rappelle que ce dernier y séjourna en 1805 (après la bataille d'Austerlitz) et en 1809 (après celle de Wagram). À travers lui, c'est surtout à son fils, le duc de Reichstadt, autrement dit l'***Aiglon,*** que les visiteurs s'intéressent. ***Le château connaît d'ailleurs son apogée en 1814-1815*** durant le congrès de Vienne, qui va obliger le petit garçon à grandir à l'écart de la vie politique.

Suivent la ***salle des millions*** (nº 32), avec les miniatures indiennes, la ***salle des Gobelins*** (nº 33), le ***bureau de François-Charles*** (nº 38) et enfin la ***salle de chasse*** (nº 40). Ouf !

Le parc du château

Ce grand jardin à la française de 200 ha, ancien territoire de chasse de l'empereur Maximilien II, fut ouvert au public pratiquement dès sa création. Vastes parterres de fleurs menant à la fontaine de Neptune (de 1780) au pied de la colline de la Gloriette. De part et d'autre, splendides bosquets avec allées en diagonale, parsemées de statues. À gauche (dos au château), la fontaine des Naïades. À quelques pas, la ***Belle Fontaine,*** à l'origine du nom du château *(Schönbrunn).* Au bout de l'allée, la cascade de l'Obélisque. Dans l'allée parallèle au château (à mi-chemin de l'obélisque et de la fontaine de Neptune), on découvre une « Ruine romaine », pastiche datant de la fin du XVIIIe s.

HORMONES IMPÉRIALES

N'en déplaise aux fans de Sissi, Marie-Thérèse d'Autriche (1717-1780) reste l'impératrice la plus chère au cœur des Viennois. Son mariage d'amour avec François-Étienne de Lorraine est donné en exemple pour les 16 enfants (dont Marie-Antoinette) qu'elle lui donna. On oublie souvent, en revanche, la trentaine d'enfants naturels de son mari, en plus des officiels... Il mourut en 1765, et elle resta inconsolable. Elle ne fut sans doute pas la seule...

VIENNE

★ ***La Gloriette :*** long portique de style classique, monument commémoratif d'une bataille remportée sur l'armée prussienne de Frédéric le Grand. Édifiée en 1775, elle offre une ***vue intéressante sur le château et le parc.*** C'était un refuge apprécié de Sissi. Compter 15 mn pour y monter (bancs en chemin !).

★ ***La grande serre aux palmiers*** *(Palmenhaus)* **:** à l'opposé de l'obélisque, au même niveau, s'élève la plus grande serre d'Europe. Architecture de fer et de verre vraiment impressionnante et fort élégante.

UNE JOURNÉE À SCHÖNBRUNN

La visite se poursuit avec 2 incontournables et quelques attractions dont on trouve le détail sur le site ou dans la brochure. Outre la course-poursuite dans le ***labyrinthe*** et la ***démonstration de préparation du strudel aux pommes***, vous pourrez également ***visiter le zoo,*** l'un des plus intéressants d'Europe, si ce n'est l'un des plus beaux. Mais n'hésitez pas aussi à faire un détour par le ***musée des Carrosses,*** pour poursuivre votre voyage dans le temps :

★★ ***Kaiserliche Wagenburg*** *(musée des Carosses)* **:** *audioguide en français.* Un musée assez exceptionnel, regroupant quelque 180 véhicules, en comptant les traîneaux et les automobiles. On commence par le ***carrosse impérial*** construit pour Charles VI, le père de Marie-Thérèse, véritable trône avec des roues (4 t en bois doré). Pas de siège pour le cocher, car il était impensable d'être plus haut que l'empereur. Ce musée présente aussi ***la plus grande collection au monde de véhicules de... Napoléon*** : on peut admirer le carrosse du couronnement de Napoléon Ier le jour où il se déclara roi d'Italie, et, plus attendrissant, le ***petit carrosse doré de l'Aiglon.*** On passe d'une voiture « de sport » de François Ier à une « saucisse » aménagée pour le prince-chasseur pour porter à la marche (elle possède une chaise pivotante !), d'un landau ouvert pour un couronnement à un corbillard noir rarement sorti (de Sissi à Zita). Magnifique véhicule de voyage, notamment, une « dormeuse » avec toilettes et bagages au-dessus.

Le zoo de Schönbrunn

Tiergarten : il a été couronné 6 fois meilleur zoo d'Europe, et ce serait ***le plus ancien du monde encore en activité.*** Fondé en 1752, il a conservé en son centre le pavillon d'apparat où les empereurs venaient observer leurs animaux préférés et où vous pourrez déjeuner. C'est le rendez-vous préféré des familles, on y vient avec les petits pour voir... les petits. Chaque naissance de panda, d'éléphant, de bébé girafe prend ici une allure d'événement. Plus de 8 000 animaux y vivent, de la fourmi coupe-feuille à l'éléphant d'Afrique, avec des conditions de confort qui s'améliorent de plus en plus. Les ours polaires bénéficient d'un vaste enclos, où une ingénieuse installation permet de les observer nageant sous l'eau... Impressionnant ! Plusieurs snacks disséminés sur le site.

LE PANDA EST UN COSSARD

À la période glaciaire, beaucoup d'animaux disparurent et le panda dut, quant à lui, se mettre à grignoter du bambou, très peu énergétique. Il passe un temps fou à se nourrir et, le soir, il est souvent trop fatigué pour honorer sa compagne. Pour ne rien améliorer, la femelle panda n'est fertile que 1 ou 2 jours par an. Un zoo chinois semble avoir trouvé la solution : le panda mâle a droit à 15 mn de film porno pour pandas chaque jour !

VIENNE

À proximité

Klimt-Villa *(plan d'ensemble)* **:** *Feldmühlgasse 11 (Wien 13).* ☎ *876-11-25.* • *klimtvilla.at* • Ⓜ *Unter St. Veit (U4). Tlj sauf lun-mar 10h-18h. Congés : début janv. Entrée : 10 € ; réduc ; gratuit avec le Vienna Pass.* Au sein d'un jardin bien entretenu se tient le dernier atelier de Klimt, dans lequel il travailla durant les ultimes années de sa vie (1911-1918). C'est le seul atelier qui ait survécu. Grâce aux écrits détaillés d'Egon Schiele et aux photos d'époque retrouvées, la villa-atelier a pu retrouver autant que possible ses plans originaux. Reproduction des meubles dessinés par Hoffmann. On peut ainsi se faire une petite idée du cadre de vie et de travail de l'artiste.

Hermesvilla *(villa Hermès ; hors plan d'ensemble par le sud-ouest)* **:** *Lainzer Tiergarten 13 (Wien 13).* ☎ *804-13-24.* • *wienmuseum.at* • Ⓣ *nos 60 ou 62, puis bus no 60B, arrêt Lainzer Tor. Entrée par la Hermesstr. ; à l'ouest du château de Schönbrunn. De mi-mars à oct, tlj sauf lun 10h-18h ; horaires réduits hors saison. Entrée : 8 € ; réduc ; gratuit moins de 19 ans et pour tous le 1er dim du mois.* Ancienne réserve de chasse ouverte au public à l'avènement de la République, le *Lainzer Tiergarten* est une autre des ***promenades estivales*** favorites des Viennois. Dans un ultime effort pour séduire sa femme Sissi, François-Joseph fit bâtir au milieu du parc un élégant pavillon de pierre et de brique (1882), qui abrite aujourd'hui des expositions temporaires. Au rez-de-chaussée, un café propose des pâtisseries à prix raisonnables. Le petit train qui parcourt l'immense parc est un peu cher...

À VOIR ENCORE, SI VOUS AVEZ LE TEMPS

À L'OUEST DE LA VILLE (plan d'ensemble)

Kirche am Steinhof *(église Saint-Léopold ; hors plan d'ensemble par l'ouest)* **:** *Baumgartner Höhe 1 (Wien 14).* Ⓜ *Ottakring (U3), puis bus no 48A. Dans le quartier de Penzing, à 40 mn du centre. Face à l'arrêt du bus, pénétrer à l'intérieur du parc du Psychiatrisches Zentrum (centre psychiatrique). De mi-mars à oct. Visite libre*

sam 14h-17h, dim 11h-17h : 5 €. Visites guidées lun-ven 9h-14h sur résa au ☎ 505-87-47-85-180 ou par mail • service@wienmuseum.at •
L'une des œuvres majeures d'***Otto Wagner*** (1905). Bâtie en forme de croix latine surmontée d'un dôme, ce fut au départ l'***église de l'asile d'aliénés.*** Porche monumental articulé sur 4 colonnes avec des anges. Décor intérieur présentant des réminiscences byzantines. Otto Wagner a demandé à ***Koloman Moser*** de concevoir les vitraux et les mosaïques derrière le magnifique maître-autel en cuivre doré. Quant aux bancs, ils sont dépourvus d'arêtes vives afin que les malades agités ne se blessent pas.
– En traversant le parc, au retour, pour reprendre le bus, arrêt devant le ***monument élevé à la mémoire des enfants qui servirent ici de cobayes pendant la guerre.*** Si une trentaine de pavillons sert encore à l'hôpital, le reste a été vendu comme résidence. Difficile de trouver plus chic et plus calme à quelques dizaines de minutes du centre !

Ernst Fuchs Museum – Otto Wagner Villa *(hors plan d'ensemble par l'ouest)* **:** *Hüttelbergstr. 26 (Wien 14). ☎ 914-85-75. • ernstfuchsmuseum.at • Ⓜ Hütteldorf (terminus U4), puis bus nos 52A ou 52B (arrêt Campingplatz Wien I). Tlj sauf lun 10h-16h. Entrée : 14 € ; réduc. Visite guidée ven à 14h (résa en ligne) : 4,50 €, mail à • info@ernstfuchsmuseum.at •*
Superbe visite aux portes de la capitale, à la lisière de la forêt viennoise. Édifice *Jugendstil* remarquable, la villa Wagner abrite aujourd'hui l'*Ernst Fuchs Museum.* Construite par ***Otto Wagner*** comme résidence de campagne, elle est inspirée des villas de Palladio : façade à colonnes, doubles escaliers, symétrie classique... Mais l'architecte lui applique une foisonnante ***décoration Art nouveau*** avec statues, frises ou élégantes grilles en fer forgé. Quelques années après sa construction, Wagner choisit de la revendre et de se construire une villa plus modeste juste à côté *(visible depuis la route, mais ne se visite pas).*
Après la guerre, la villa en ruine est acquise par ***Ernst Fuchs,*** artiste inclassable proche de Hundertwasser. Il la rénove dans un style hybride, entre Sécession et surréalisme, et y installe son atelier. Ses œuvres garnissent aujourd'hui les murs de la villa : amateur d'atmosphères fantastiques, il se définit comme un « chroniqueur des mondes inconnus ». Difficile parfois de distinguer décor d'origine et réaménagements très nombreux de Fuchs.

La visite
On commence la visite par la spectaculaire pièce principale, ouverte sur l'extérieur et les fesses rebondies d'une statue. De part et d'autre des fenêtres, marbres *Jugendstil.* À droite, le salon oriental conserve une fabuleuse ***verrière*** d'origine, dessinée par ***Adolf Boehm*** et fabriquée par ***Tiffany.*** Elle représente la forêt viennoise, toute proche. On découvre également une petite salle à manger, meublée de curieux fauteuils, et différents salons, superbement aménagés et décorés. À l'étage, coup d'œil aux bains romains, dont les mosaïques animalières ont été réalisées par ***Koloman Moser...***

CÔTÉ DANUBE *(plan d'ensemble)*

Rares sont les métropoles à disposer d'autant d'espaces verts. Toute l'année, les parcs se prêtent au jogging, de jour (presque) comme de nuit. N'attendez pas le soir pour découvrir le Prater, au-delà de son parc d'attractions (voir plus haut), plus que propice à la randonnée avec ses 6 millions de mètres carrés de prairies, de forêts et d'étangs, ou l'île du Danube et ses 21 km de plages de sable, de galets ou de verdure.

Donaupark *(plan d'ensemble)* **:** un parc de loisirs, un lac artificiel et la très visible ***Donauturm,*** tour de 252 m *(tlj 10h-22h ; dernier départ à 21h30 ; dernière descente à 21h45 ; tarif : 18 €, réduc).* On peut aussi aller au café-resto, qui offre un beau panorama (360°) à 150 m de haut.

VIENNE

À côté, jeter un œil sur ***UNO-City*** : *Wagramer Str., Donaupark (Wien 22). ☎ 260-60-33-28. • unvienna.org • Ⓜ Kaisermühlen/VIC (U1). Visite guidée en allemand et en anglais (se munir d'une pièce d'identité) lun-ven à 11h, 12h30, 14h et 15h30. Env 1h. Tarif : 15 € ; réduc. Se renseigner à l'office de tourisme.*
Vaste complexe architectural abritant les organisations internationales de l'ONU, l'Agence internationale pour l'énergie atomique, l'Unido... Autour d'un édifice circulaire, 4 tours faciles à repérer en forme de « Y ».
– Un peu plus loin, sur les bords du Danube, la gigantesque ***DC Tower I,*** conçue par ***Dominique Perrault,*** architecte de la BNF à Paris. On peut monter jusqu'à son 57e étage pour prendre un verre (cher).

AU SUD-EST DE LA VILLE (plan d'ensemble)

Sankt Marxer Friedhof *(cimetière Saint-Marc ; plan d'ensemble)* **:** *Leberstr. 6 (Wien 3). Train S7 jusqu'à la station Sankt-Marx. Autre solution, tram : nº 7 : Sankt Marx. Avr-sept, tlj 6h30-20h ; oct-mars, tlj 6h30-18h30. Animaux interdits.* Le *Sankt Marx* est l'***un des plus adorables champs de repos que l'on connaisse.*** Composé de taillis touffus, bosquets divers noyant les vieilles pierres tombales dans un océan de verdure. Pas de goélands, mais tous les oisillons des bois et de la campagne. Petites allées silencieuses, paisibles. De là, le mémorial au souvenir de ***Mozart*** (rien de bien spectaculaire) est situé juste avant la grande croix en pierre, dans une allée latérale sur votre gauche. Si le génie ne repose pas dessous, en revanche, il n'est pas loin. Le petit-fils d'un ami de Mozart se rappela avoir été amené là dans son enfance par son père et témoigna quand des recherches furent entreprises pour retrouver la sépulture, en fait une fosse commune. Il paraît que le jour des funérailles, à la cathédrale Saint-Étienne, il faisait un temps exécrable. Aucun des amis de Mozart ne suivit le corbillard. Il partit seul, le 6 décembre 1791, à tout juste 35 ans.

Gasometer Music City *(gazomètres de Simmering ; plan d'ensemble)* **:** *Guglgasse, Eyzinggasse, Döblerhofstr. (Wien 11). • gasometer.at • Ⓜ Gasometer (U3).*
Le début du XXIe s vit l'achèvement d'un des plus gros programmes d'urbanisme depuis la fin de la guerre. Les anciens gazomètres de *Simmering,* laissés à l'abandon depuis près de 20 ans, firent l'objet d'une ***réhabilitation de grande ampleur.*** Construits au tournant du XXe s alors que le gaz de charbon constituait une énergie bon marché pour le chauffage urbain, ils furent totalement transformés par des architectes de renom, comme le Français ***Jean Nouvel.*** Ces grands édifices de brique, de plus de 70 m de haut, abritent une gigantesque galerie commerciale, des bureaux, des salles de cinéma et au-dessus quelques appartements très courus. L'ensemble impressionne, tant par ses dimensions que par les audacieuses façades de verre et de béton. Un remarquable exemple de reconversion d'un patrimoine industriel unique en Europe.

Zentralfriedhof *(cimetière central ; hors plan d'ensemble par le sud-est)* **:** *Simmeringer Hauptstr. 234 (Wien 11). ☎ 534-69-284-05. • friedhoefewien.at • Ⓣ nos 6 ou 71 de la pl. Schwarzenberg jusqu'au terminus. Pour voir les tombes des musiciens célèbres, ne pas aller jusqu'au terminus, mais s'arrêter à Zentralfriedhof Tür 2 (porte 2). Prendre l'allée centrale, c'est au milieu,*

TERMINUS, TOUT LE MONDE DESCEND !

Pour se rendre au cimetière central, les Viennois empruntent depuis longtemps le tramway 71. D'où l'expression « il a pris le 71 », qui ne signifie pas que la personne en question fait une petite virée en transports en commun, mais qu'elle est... décédée.

à gauche. Nov-fév, tlj 8h-17h ; mars et oct, tlj 7h-18h ; avr-sept, tlj 7h-19h (20h jeu mai-août). Pratique, un guide multimédia se loue auprès du portier, à l'entrée principale. Plusieurs visites guidées dont une nocturne.

C'est ***le principal cimetière de Vienne,*** inauguré en 1874. Il est si grand (sur 2 km : le 2e cimetière d'Europe par sa superficie) que les 3 dernières stations du tram le desservent. Quasiment tous les personnages célèbres y reposent, dont les plus prestigieux musiciens. ***Lieu de tournage*** aussi, puisque le film *Le Troisième Homme* commence et s'achève ici. Lieu de promenade des familles, dont les centaines d'enfants jouent parmi les pelouses, prairies et bosquets. Le guide multimédia propose, en 42 étapes, de vous faire visiter à sa façon la nécropole viennoise et donne des renseignements aussi bien sur la faune ou la flore que sur son histoire.

À ne pas manquer

– ***Le Walhalla de la bourgeoisie viennoise :*** dans les grandes arcades, peu après l'entrée principale. Ce sont de pompeux mausolées où la famille, l'épouse éplorée, les pleureuses de service sont statufiées aux pieds du patriarche, bien sûr très altier, ancien banquier ou capitaine d'industrie...

– ***Les tombes d'honneur :*** au bout de l'allée centrale prolongeant l'entrée principale, sur la gauche, avant d'arriver à l'église Saint-Charles-Borromée *(Zum Heiligen Karl Borromäus),* il y a un panneau « Musiker ». C'est là que sont enterrés ***Beethoven, Brahms, Gluck, Schubert, Strauss*** père et fils, ***von Suppé,*** les peintres ***Alt, Makart, Amerling,*** l'acteur ***Curd Jürgens...*** Les grands musiciens sont presque tous regroupés autour du cénotaphe de Mozart (enterré au cimetière Sankt Marx).

Hors du bosquet des musiciens, sur la gauche de la crypte présidentielle, avant l'église, un cube en pierre marque l'endroit où repose ***Arnold Schönberg,*** inventeur de la musique sérielle.

– ***Le vieux cimetière juif :*** accès par la porte 1 *(Tor 1),* au tout début du *Zentralfriedhof.* À environ 1 km de l'entrée principale (ou reprendre le tram). L'*Israelitische Abteilung* occupe la partie nord-est du cimetière, soit un bon tiers de sa surface totale. De longues allées ombragées et vides ainsi que des sentiers quadrillent cet immense secteur peuplé de milliers de tombes. Beaucoup sont abandonnées aux herbes folles, aux plantes sauvages et aux ronces.

La nature envahissante a repris ses droits avec ses ribambelles d'oiseaux, ses chats errants, ses lapins et ses écureuils. La plupart des tombes datent d'avant la Shoah. On voit d'ailleurs très peu d'étoiles de David, contrairement aux tombes juives d'après 1948 (date de la création de l'État d'Israël).

Pour trouver la tombe de l'écrivain ***Arthur Schnitzler,*** entrer par la *Tor 1* (près du grand boulevard *Simmeringer Hauptstraße*), puis tourner à droite, traverser une sorte d'hémicycle couvert de gazon. Marcher jusqu'au point de départ de l'allée du milieu, marquée d'un panneau noir sur lequel il est écrit ***Gruppe 5h.*** À côté, il y a un plan usé du secteur juif du cimetière. La tombe de *Schnitzler* est la 3e à droite après ce plan défraîchi.

Enfin, les amateurs d'architecture jetteront un œil sur le crématorium, de l'autre côté de la *Simmeringer Hauptstraße.* Construction originale de 1922.

NE PARLEZ PAS DE MAHLER !

Ne cherchez pas la tombe de Gustav Mahler, enterré au cimetière de Grinzing (au nord de Vienne), ni celle de Freud (mort en exil à Londres et incinéré), ni celle de Stefan Zweig (mort au Brésil). Quant à Theodor Herzl, autre Viennois célèbre, il est enterré à Jérusalem, sur le mont qui porte son nom.

Bestattungsmuseum *(musée des Pompes funèbres ; hors plan d'ensemble)* ***:*** *dans l'enceinte du cimetière central (Zentralfriedhof), au sud-est de la ville. Simmeringer Hauptstr. 254 (Wien 10). ☎ 760-67. • bestattungsmuseum.at • Tlj sauf w-e 9h30-16h30 ; aussi chaque 1er sam du mois 9h30-16h30 (avec visite guidée). Entrée : 5 € ; réduc ; gratuit moins de 12 ans.*

VIENNE

Au sous-sol d'une chapelle ardente, on est accueilli par 2 mannequins habillés en croque-morts et éclairés par une lumière bleue... Le ton est donné, frissons assurés ! Une bande-son diffuse ***les musiques les plus utilisées lors des cérémonies funéraires,*** l'*Ave Maria* de Schubert étant un must du genre ! Puis, à grand renfort de vidéos et de diaporamas, on découvre le couteau pour transpercer le cœur du défunt (radical en cas de doute !), les tentures qu'on accrochait sur les maisons jusqu'en 1945 (suivant le rang social du défunt !), les vêtements et bijoux de deuil, les cercueils et les corbillards en tout genre, les urnes funéraires, etc. Pour se détendre un peu dans cet univers lugubre, un drôle de signal d'alarme pour les gens qui avaient peur d'être enterrés vivants, ou encore cet étui à cigarettes métallique, cadeau publicitaire d'une entreprise de pompes funèbres, sur lequel on peut lire « la cigarette libère des emplois ».

AU NORD-OUEST DE LA VILLE *(plan d'ensemble)*

Entre 1918 et 1934, Vienne fut rouge, entendez par là, dirigée par une social-démocratie, quelque peu différente de celles qu'on trouvait ailleurs en Europe. ***Elle était tout à la fois réformiste et radicale.*** Réformiste, puisqu'elle voulait arriver au pouvoir par la voie électorale en s'appuyant d'abord sur le rapport de force entre Vienne (y emportant ⅔ des voix) et le pays profond (plutôt à droite et conservateur). Radicale, parce que cela ne l'empêchait pas de mettre en place toutes les conditions nécessaires pour vivre mieux, dans des domaines comme l'éducation, la santé, le logement.
Une politique hardie dans le domaine social, scolaire et culturel fut mise en place. C'est en matière de logement que ce dynamisme prit un côté spectaculaire : loyers très modérés, protection des locataires, construction de logements sociaux. En effet, avant 1920, la situation du logement était dramatique à Vienne. Près des ¾ de la population s'entassaient dans des appartements sans aucun confort. ***Entre 1920 et 1933, 60 000 logements furent construits,*** pouvant héberger 220 000 personnes.
La construction de la plupart des grands ensembles, appelés *Höfe,* fut confiée à de célèbres architectes aux idées avant-gardistes : fonctionnels, esthétiques avec le maximum d'espaces verts, privilégiant le confort des locataires.
Ces ensembles prendront des noms faisant référence au mouvement ouvrier, à ses leaders ou penseurs, célébrant les démocrates célèbres et autres humanistes. Voir dans la rubrique « Les villages vignerons. Heiligenstadt » plus loin le ***Karl-Marx-Hof*** *(plan Les villages vignerons, N11)* : *Heiligenstädter Str. 82-92 (Wien 19).* Ⓜ *Heiligenstadt (U4).*

Autre exemple intéressant d'urbanisme ouvrier, construit en 1925, au nord-ouest du centre : ***Professor-Jodl-Hof*** *(cour du Professeur-Jodl ; plan d'ensemble ; intersection des Guneschgasse, Sommergasse et Döblinger Gürtel, au nord de la Franz-Josefs-Bahnhof ; tram : Spittelau – Wien 19).* Noter les pittoresques petites tours, de forme presque cubique, qui ornent les façades.

Müllverbrennungsanlage Spittelau *(incinérateur de Spittelau ; plan d'ensemble)* : *Spittelauer Lände 45 (Wien 9). Juste à la sortie du métro Spittelau.* Pour les inconditionnels de ***Hundertwasser,*** aller jeter un coup d'œil à cet incinérateur relooké par l'artiste, repérable à sa grande cheminée de faïence bleue en bordure du Donaukanal.

Et, pour les passionnés d'urbanisme ouvrier, toujours :
– Au nord de l'Augarten *(plan, D-E1),* le quartier de *Brigittenau* propose le ***Winarsky Hof*** *(Stromstr. 36)* et l'***Otto-Haas-Hof*** *(plan d'ensemble ; Winarskystr. 16-20).* On appréciera le jeu des moulures horizontales qui, sur les façades du 1er, adoucissent l'aspect sévère de l'ensemble. En revanche, l'Otto-Haas-Hof, son petit voisin, est typique du style dépouillé et épuré d'***Adolf Loos,*** l'un des architectes de cet ensemble.

– Détour intéressant par le ***Karl-Seitz-Hof*** : *entre Jedleseer Str. 66-94, Voltagasse et Dunantgasse (Wien 21). Pas loin d'Am Spitz. Pour s'y rendre, bus nº 33B.* Élégante façade principale en hémicycle, avec un grand portail donnant accès à la rue intérieure. Beaucoup d'espaces verts, tour d'horloge principale, jolies entrées d'immeubles ornées de céramiques.

UN PEU PLUS LOIN... LES VILLAGES VIGNERONS

• Plan *p. 148-149*

La grande banlieue viennoise a englobé dans son développement urbain les *anciens villages viticoles* des alentours, faisant de Vienne la seule métropole au monde profitant d'une vaste production viticole intra-muros. Pas moins de 700 ha ! Une plaisanterie aux yeux des historiens, qui diraient qu'on consommait 6 fois plus de vin au Moyen Âge qu'aujourd'hui : dans les tavernes des villages, vers la fin du XVIe s, il se buvait en moyenne 120 l de vin par an et par habitant (si l'on se fie aux statistiques de l'époque) !
Toujours est-il qu'aujourd'hui, Vienne s'enorgueillit de posséder un petit terroir qui ne manque pas d'ambition, promu par un groupe de vignerons qui, sous l'emblème « *Wien Wein* » (facile à retenir, moins à prononcer sans se mélanger les pinceaux), cartonnent un max. Ici, parler d'assemblage ne vous fera pas montrer du doigt par les puristes : le « *gemischter satz* », c'est « comme un meursault sans le bois », pour reprendre, en v.f., le mot de Fritz Wieninger, vigneron vedette de la Vienne d'aujourd'hui. Une Vienne qui n'entend plus boire que des vins viennois dans les bars à vins de la ville, mais surtout dans les tavernes des faubourgs qui connaissent un succès plus que mérité.

DE VIGNE EN VERRE

Par décret impérial, les vignerons de *Grinzing, Neustift* ou *Heiligenstadt* ont reçu dès le XVIIIe s l'autorisation d'écouler leurs propres crus. Depuis, par assimilation, le terme ***Heuriger,*** qui désigne le vin de l'année, s'est étendu aux guinguettes et tavernes qui le servent jusqu'à la Saint-Martin (le 11 novembre). Au contraire des restaurants qui peuvent servir le vin qu'ils ont acheté n'importe où, les ***Heurigen*** dépendent uniquement de leur production pour leur ouverture...
Ce sont de véritables lieux de culture populaire où, dès la fin de l'après-midi, les Viennois s'attablent en famille ou entre amis pour siroter un petit blanc accompagné de charcuterie, de fromage et de salade tout en se laissant bercer par l'inénarrable *Schrammelmusik* (musique traditionnelle de la région) jouée par un quatuor à cordes et accordéon. Pour bon nombre de ces lieux, c'est malheureusement

LANTERNE JAUNE, MAISON PAS CLOSE !

C'est à la branche de pin accrochée à l'entrée que l'on reconnaît les Heurigen. *Et la lanterne allumée indique que la maison est ouverte ! Eh oui, faut oser pousser la porte. Les serveuses en robe traditionnelle ou les garçons en* Lederhosen *vous servent immédiatement le vin, mais il est de coutume d'aller soi-même chercher sa nourriture au buffet.*

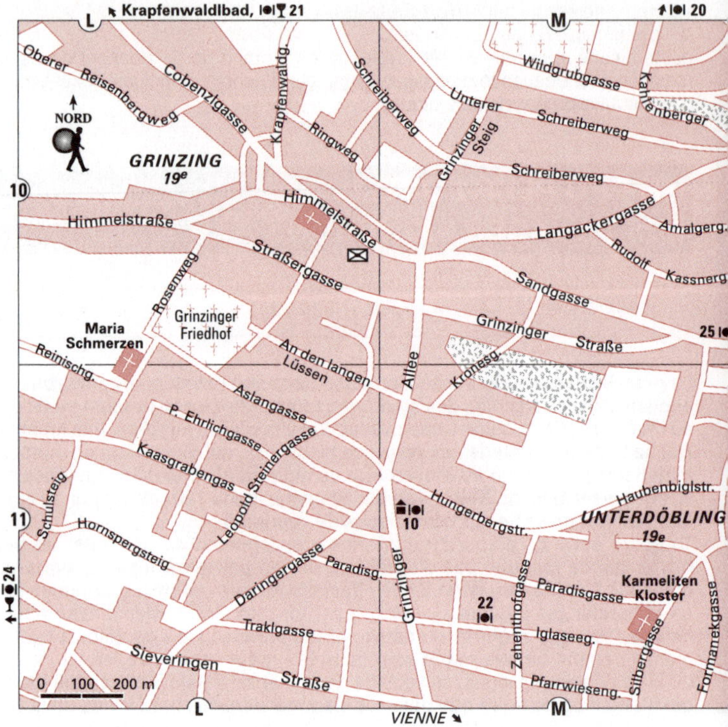

	Où dormir ?		(hors plan par M10)
	10 Hotel Müllner (M11)	**21**	Rondell Café
	Où manger ? Où boire un verre ?		am Cobenzl
	20 Heuriger Sirbu		(hors plan par L10)

aussi devenu l'étape obligée des circuits organisés qui y déversent chaque soir la cargaison de plusieurs cars. Le répertoire musical se transforme alors en melting-pot de la variété internationale !

Heureusement, il en reste d'autres, fréquentés surtout par des Viennois qui se mettent parfois à entonner *a cappella* de vieilles chansons nostalgiques où il est question de la douceur de vivre viennoise et des plaisirs du vin. Le matin ou l'après-midi ne présentent que peu d'intérêt. Allez-y plutôt à la nuit tombante, quand l'ambiance commence à se dégourdir.

– ***IMPORTANT :*** il est rare que les *Heurigen* acceptent le paiement par carte (on paie les plats à la caisse, après les avoir choisis, en indiquant les portions). Si vous vous laissez tenter par les plats chauds, ne vous étonnez pas si l'addition grimpe vite, allant parfois au-delà de 20 € par personne. Sans parler des vins,

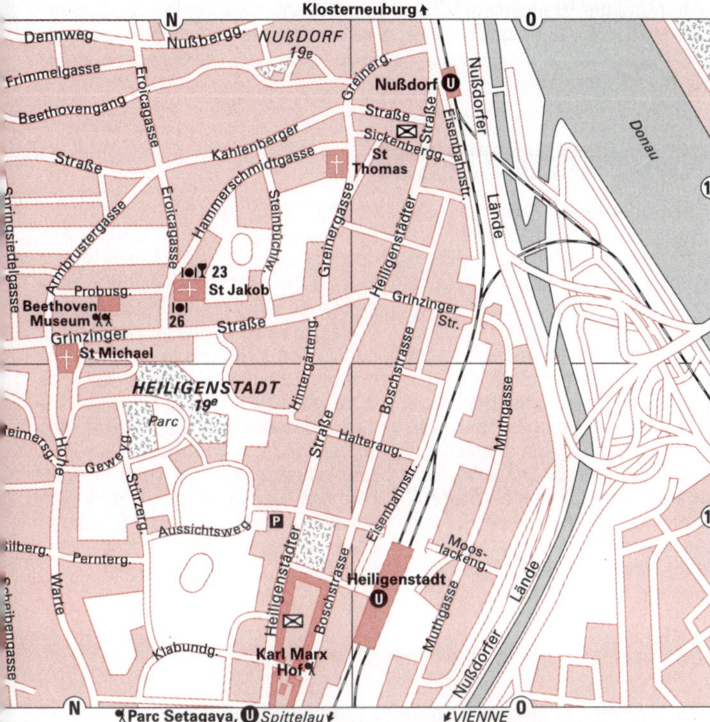

LES VILLAGES VIGNERONS

22 Hengl-Haselbrunner (M11)	(hors plan par L11)
23 Mayer am Pfarrplatz (N10)	**25** Weingut Feuerwehr Wagner (M10)
24 Weinhof Zimmermann	**26** Pfarrwirt (N10)

qui sont généralement réglés directement au serveur ou à la serveuse en fin de soirée. ***Prévoyez suffisamment de liquide !***

GRINZING *(19e arr.)*

Cet ancien village de vignerons est désormais englobé dans le 19e arrondissement. Malgré une forte fréquentation touristique, il a conservé tout le charme de ses maisons anciennes (du XVIe et du XVIIIe s), pimpantes et croulant sous la vigne vierge.

➢ Pour y aller, inutile de louer une voiture ou de prendre un taxi. Le tram no 38 s'y rend régulièrement depuis la *Schottentor* (sinon, métro ligne U4 jusqu'au terminus, *Heiligenstadt,* puis bus n° 38A). L'expression populaire : « Prendre le dernier 38 » signifie d'ailleurs rentrer chez soi après une soirée bien arrosée. Petit détail : si minuit reste l'heure de fermeture, n'attendez pas la nuit noire si vous voulez dîner !

Où dormir ? Où manger ?

Hotel Müllner *(plan Les villages vignerons, M11,* ***10****) : Grinzinger Allee 30. ☎ 320-84-530. À 20 mn du centre-ville par le tram n° 38 et à 5 mn de Grinzing par ce même tram (terminus Grinzing). Doubles à partir de 70 €.* Aux portes de la capitale, un hôtel un peu vieillot, entouré d'un jardin ombragé et fleuri. Chambres sans grand charme mais propres et avec vue sur les arbres (éviter celle donnant sur la rue, particulièrement bruyante). Bon restaurant italien, attenant, ***L'Autentico,*** idéal pour dîner après une longue journée de visite.

Hengl-Haselbrunner *(plan Les villages vignerons, M11,* ***22****) : Iglaseegasse 10. ☎ 320-33-30. T n° 38 (à 10 mn du centre de Grinzing et à 5 mn d'Unterdöbling). Tlj sauf dim-lun 15h30-23h (cuisine 22h).* Un peu à l'écart de l'animation de Grinzing, l'adresse que les nostalgiques de Vienne évoquent à leur retour. Vins intéressants et excellente cuisine. Au buffet, si vous voulez vous lancer sans peur d'écorcher les noms, demandez des *Schinkenfleckerl,* des *Topfenknödel...* ou laissez-vous tout simplement guider par votre instinct. Le mardi, vous pourrez même y profiter d'un concert ! Jardin intime, salles chaleureuses, atmosphère conviviale, tout y est.

À voir à Grinzing et dans les environs

Voir le ***centre ancien,*** son église et son pittoresque clocher à bulbe, et arpenter les délicieuses *Sandgasse, Himmelstraße* et *Cobenzlgasse* (très jolie cour au n° 9).

Proche de Vienne, Grinzing était l'***un des lieux de promenade favoris de Schubert,*** au cours de sa brève existence. Juste après l'église du village, à gauche en montant la rue principale, au n° 1/25 de la *Himmelstraße,* le visage du musicien a été sculpté sur un panneau de façade d'une belle maison couleur jaune. Promeneur solitaire, il aimait aussi fréquenter avec ses amis les *Heurigen* de Grinzing, où il appréciait la chaleur humaine et la simplicité des gens.

Dans les années 1930, avant son exil à Londres, ***Sigmund Freud,*** déjà mondialement connu, aimait venir se reposer dans une maison de Grinzing en compagnie de sa femme et de ses enfants.

Au cimetière de Grinzing se trouve la tombe de ***Gustav Mahler*** (1860-1911), enterré à 2 pas de sa fille (groupe 6, allées 6 et 7). Sur la pierre tombale, aucune inscription, seulement son nom. « Ceux qui me cherchent savent qui j'étais, les autres n'ont pas besoin de le savoir. »

Autour de Grinzing, sur le versant proche de la Wienerwald, s'étendent d'autres villages vignerons, ***Sievering, Neustift*** et ***Nußdorf,*** moins touristiques mais sans le charme de Grinzing.

Autre balade sympa au village de ***Josefsdorf*** (au nord de Grinzing). Belle vue sur Vienne depuis le *Kahlenberg* (pour y aller, bus n° 38A, voir notre randonnée ci-dessous). À côté, ***Leopoldsberg*** avec sa belle église du XVIIe s baroquisée. De là, panorama prodigieux : par beau temps, le regard peut porter jusqu'à la Slovaquie !

➢ Pour s'y rendre, bus n° 38A qui fait l'A/R entre les 2 monts.

Randonnée vigneronne depuis le Kahlenberg : à la belle saison, une fantastique randonnée vous attend au milieu des vignes. Départ depuis le grand parking du Kahlenberg *(accessible par le bus nº 38A).* Dépassez l'église baroque de Saint-Joseph, laissez les hôtels-restaurants panoramiques sur la gauche et descendez la route vers les vignobles (suivre panonceau *Nußdorf*). Un peu plus bas, un petit escalier sur la gauche dévale au milieu des vignobles, avec en toile de fond une **vue splendide sur la plaine danubienne et Vienne.** En chemin, faites halte chez divers producteurs, qui ont tous installé des *Heurigen* champêtres dans leurs vignes. Parfait pour découvrir les vins locaux (riesling, *grüner veltiner, gemischte satz*) ! Dans certains, on peut aussi grignoter quelques tartines, des pâtisseries, voire des petits plats. À retenir, la superbe terrasse panoramique de **Wailand Weingut,** le riesling de chez **Mayer am Nußdorf** à déguster sur des chaises longues et le *gemischter satz* de **Wieninger,** LA star de l'appellation. Quand votre balade est terminée (boire ou randonner, il faut choisir !), redescendez vers le village de *Heiligenstadt* par la *Kahlenbergstraße* et accordez-vous un bon dîner dans l'un des *Heurigen* du village.

HEILIGENSTADT *(19e arr.)*

➢ Pour y aller, emprunter la ligne U2 jusqu'à *Schottenring,* puis la ligne U4 jusqu'à la station de *Heilingenstadt,* en face du *Karl-Marx-Hof.* Ensuite, prendre le bus nº 38A qui fait la navette entre les 2 villages. Si vous souhaitez prendre un taxi au retour (mais les bus et métros circulent assez tard), on en trouve à la station près de l'église et de l'arrêt du tram nº 38. Également le terminus de notre randonnée vigneronne décrite plus haut.

Où manger ? Où boire un verre dans un *Heuriger* ?

De bon marché à prix moyens

Mayer am Pfarrplatz *(plan Les villages vignerons, N10,* **23***) : Pfarrplatz 2. ☎ 370-33-61. Ⓜ Heiligenstadt (U4). Tlj 12h-minuit. Repas 17-30 €.* Très vieille et charmante auberge, qui eut comme habitué ce cher Ludwig. Et il n'avait pas tort : l'accueil comme la petite cour aux murs jaunes croulant sous la treille se révèlent irrésistibles. Il y séjourna même l'été 1817 et composa quelques morceaux de la *Neuvième.* Sinon, le vin, souvent primé, est gouleyant à souhait, et la nourriture (salades, *Wiener Schnitzel,* jarret grillé, saucisses maison, jambon, fromage, etc.) savoureuse. Intérieur champêtre, bois de cerf aux murs. Événements musicaux parfois en soirée.

Weingut Feuerwehr Wagner *(plan Les villages vignerons, M10,* **25***) : Grinzinger Str. 53. ☎ 320-24-42. Tlj ; avr-juin 16h (12h w-e)-minuit ; sinon 16h (13h dim)-minuit. Plats 10-19 €.* La bonne adresse qui saura vous accueillir quand les autres refusent du monde, car la place ne manque pas dans le jardin. Le plus dur, comme toujours, c'est de vous faire comprendre au moment de passer commande, car il y a du choix. Bon, même si on vous sert autre chose que ce dont vous aviez envie, laissez-vous faire ! Grande aire de jeux pour les enfants.

Pfarrwirt *(plan Les villages vignerons, N10,* **26***) : Pfarrplatz 5. ☎ 370-73-73. Tlj 12h-minuit. Plats env 15-28 €.* Cet établissement couvert de lierre n'est pas un *Heuriger* mais plutôt un resto au cadre soigné : vaste véranda, planchers qui craquent, gravures de Vienne et portraits de François-Joseph, tout y est. Délicieux jardin et vénérables marronniers qui ont dû connaître le grand Beethoven. Cuisine de tradition autrichienne avec quelques touches plus inventives. Service enjoué dans la bonne tradition de la Vienne impériale. Vins des domaines du propriétaire, *Hans Schmid (Kärntner Str. 6).*

Heuriger Sirbu *(hors plan Les villages vignerons par M10,* ***20****) : Kahlenberger Str. 210. ☎ 320-59-28. La route qui y mène suit la crête d'une colline dominant le vignoble de Grinzing et la ville de Vienne. Assez difficile à trouver, mais plus rien ne résiste au GPS. Tlj sauf dim-lun 16h (15h sam)-23h. Buffets 28-45 €.* L'un des seuls *Heuriger* « en dur » installé au milieu des vignes. Bonne atmosphère dans cette mignonne maison jaune, même si le service est assez aléatoire. Terrasse arborée offrant une vue plongeante sur le Danube, au loin. Ce cadre exceptionnel est bondé dès le retour des beaux jours : réserver !

Rondell Café am Cobenzl *(hors plan Les villages vignerons par L10,* ***21****) : Am Cobenzl 94. ☎ 845-51-01. Tlj 11h30 (9h30 ven-dim)-22h30. Plats 14,50-24,50 €.* De la terrasse, quelle vue ! Tout Vienne s'offre à vos yeux ébahis. Si elle est prise d'assaut et que vous n'avez pas pensé à réserver, on vous offrira une place dans la vaste salle élégante, toute de verdure. Carte courte de mets classiques (option végane dispo) et, bien sûr, ce qu'il faut niveau vins du coin. On peut aussi profiter du cadre exceptionnel pour un petit déjeuner *(ven-dim)* avant de partir en rando.

Weinhof Zimmermann *(hors plan Les villages vignerons par L11,* ***24****) : Mitterwurzergasse 20. ☎ 440-12-07. Tlj sauf lun 15h-minuit (12h-23h dim). Repas env 15-30 €.* Autre sympathique *Heuriger,* quoiqu'un peu excentré. Beaucoup de monde s'entasse en été dans ce dédale de cours et de jardins, mais le lieu n'a pas encore perdu son âme. Service cependant aléatoire.

À voir

Beethoven Museum *(musée Beethoven ; plan Les villages vignerons, N10) : Probusgasse 6. 0664-889-508-01. • wienmuseum.at/en/locations/beethoven-museum • Ⓜ Heiligenstadt (U4). Tlj sauf lun 10h-13h, 14h-18h. Entrée : 8 € ; réduc ; gratuit moins de 19 ans et pour tous le 1er dim du mois.*

Le compositeur légua 6 de ses maisons de campagne à ses héritiers ; en voici une, transformée en un musée qui ravira les inconditionnels grâce au pouvoir évocateur des lieux et à la richesse des objets et documents exposés. 6 pièces thématiques retracent son parcours exceptionnel et explorent différents aspects de sa personnalité et de son art. Intéressant *Testament de Heiligenstadt,* où le génial musicien, dans une longue lettre pathétique à ses frères, déplore la surdité dont il est frappé et n'envisage ni plus ni moins que le suicide. Il survécut encore 25 ans et, pour communiquer avec ses proches, utilisa des carnets de conversation que l'on peut voir dans une vitrine. Quelques jolis tableaux des environs de Vienne complètent la visite.

Karl-Marx-Hof *(plan Les Villages vignerons, N11) : Heiligenstädter Str. 82-92. Ⓜ Heiligenstadt (U4). Tram D : 12.-Februar-Platz.*

Haut lieu de l'histoire de la ville, ce célèbre ***ensemble prolétarien***, symbole de la Vienne rouge, est surtout intéressant pour sa richesse historique. Coincé entre route et chemin de fer, cet ensemble de 1 300 logements sur près de 1 000 m de long fut réalisé en 1927 par l'architecte ***Karl Ehn,*** l'un des plus célèbres disciples d'*Otto Wagner,* qui réussit à le rendre cohérent et harmonieux avec, bien sûr, le maximum d'équipements collectifs : aires de jeux, espaces verts, 2 établissements de bains, une clinique dentaire, un dispensaire, une bibliothèque, etc. 3 grandes cours intérieures (*Hof* signifie « cour », en allemand !) et, au milieu, une place immense avec un superbe immeuble en fond. Avec ses teintes ocre et rouge, le design géométrique de la façade (réminiscences d'Art déco), ses sculptures monumentales, ses larges passages en voûte, l'ensemble ressemblerait presque à un décor de théâtre. D'ailleurs, on pense que les architectes de l'époque voulaient mettre en scène (au sens presque littéral) les ouvriers, véritables acteurs de l'histoire. Devant, une statue d'un jeune semeur (d'idées subversives ?), à mi-chemin du style néoclassique et du réalisme socialiste.

Bastion de la résistance aux fascistes au moment de la guerre civile de 1934, le *Karl-Marx-Hof* fut surnommé la *Forteresse rouge.* Le gouvernement du chancelier *Dollfuß* fit tirer au canon, autant pour détruire ce symbole ouvrier que pour liquider les rouges. Il fut ensuite débaptisé, et les loyers doublèrent. Des cartes postales furent éditées avec les immeubles éventrés, ultime hommage inconscient à la politique des sociaux-démocrates. En 1977, le *Karl-Marx-Hof* fut déclaré Monument historique. Il figure aujourd'hui sur les circuits touristiques comme œuvre d'Art déco. Seulement ! Quelle injuste ironie de l'Histoire...

Dernier clin d'œil nostalgique et sentimental sur les acquis de la Vienne rouge : les ***jardins ouvriers*** le long de la voie de chemin de fer vers la station de métro. Des bouts de campagne, propres, ordonnés, avec des cabanes pimpantes ou des petits chalets.

Le parc Setagaya *(hors plan Les villages vignerons par N11)* **:** *Gallmeyergasse 4.* Ⓜ *Heiligenstadt (U4). Mars-oct, tlj 7h-21h (20h avr et sept, 19h mars et oct) ; fermé le reste de l'année.* Durant la période estivale, on peut finir sa promenade par un saut dans cet adorable petit ***jardin japonais***, longer son étang en zieutant les carpes, et admirer ses cerisiers en fleur. Bucolique à souhait !

DE LA FORÊT VIENNOISE À LA FRONTIÈRE SLOVAQUE

• Pour la carte de la forêt viennoise,
se reporter au plan détachable en fin de guide.

Pourquoi ne pas profiter d'un séjour à Vienne pour jouer les prolongations jusqu'à Mayerling et la forêt viennoise ? 1 jour ou 2 suffiront pour découvrir cette vaste forêt, chère à tous les nostalgiques de Strauss (c'est le titre d'une de ses valses les plus connues), parsemée de charmants villages et de sites intéressants, qui s'étend de Vienne jusqu'aux Alpes. Et si vous souhaitez faire durer le plaisir en Slovaquie, Bratislava est toute proche !

KLOSTERNEUBURG

À 13 km au nord de Vienne par la *Höhenstraße* à partir du *Gürtel.* Au cœur des vignobles, un village resté dans son jus (de raisin, évidemment !) qui recèle des trésors cachés, comme quelques *Heurigen* authentiques (qui n'ouvrent que certains soirs en revanche), ou sa célèbre *abbaye.*

À voir

Stift Klosterneuburg *(abbaye de Klosterneuburg ; hors plan d'ensemble par le nord)* **:** *Stiftsplatz 1. ☎ (02243) 411-0. • stift-klosterneuburg.at • À 10 mn en voiture depuis les limites de la ville par la B14. Grand parking avec 4h de stationnement gratuit ; apportez votre ticket de parking à la réception des visiteurs pour validation. En transports en commun : Ⓜ Heiligenstadt (U4), puis bus nos 400 ou 402 à la sortie de la station, arrêt Niedermarkt ou Bahnhof, si on aime marcher un peu. Mai-oct, tlj 9h-18h (10h-16h reste de l'année). Billet journalier : 15 € (tour sacré, impérial, salle des chais, salle du trésor, jardin et musée, audioguide inclus). Abbaye : 9 € ; réduc (trésor, expos et musée inclus). Audioguide : 3 €. Également des visites guidées.*

Fondée par des chanoines augustins réguliers au XIIe s, à l'initiative du *margrave de Babenberg,* dynastie fondatrice du pays, l'abbaye a toujours été l'un des principaux centres intellectuels de la Marche d'Autriche. Elle résista aux Turcs lors des 2 sièges de Vienne en 1529 et 1683. En 1730, par la volonté de ***Charles VI de Habsbourg,*** père de Marie-Thérèse, elle fut transformée en un ensemble baroque inspiré par l'Escurial de Madrid. Elle devait s'organiser sur la base de plans babyloniens de *Donato Felice d'Allio,* autour de 4 cours que devaient ceinturer pas moins de 9 coupoles. On se contenta de 2 coupoles (portant la couronne du Saint Empire) et d'une seule cour, et à la mort de l'empereur les travaux furent interrompus.

– ***L'abbatiale :*** l'église romane à 3 nefs fut transformée à plusieurs reprises puis « baroquisée » à haute dose par ***Giovanni Battista Carlone,*** ce qui n'empêche pas une certaine harmonie : fresques de la voûte de *Georg Greiner,* et de ***Rottmayr*** pour celles du chœur ; autels latéraux ornés de belles sculptures, maître-autel, abat-voix de la chaire et magnifiques stalles aux blasons des Habsbourg de *Matthias Steinl.* Les grandes orgues du XVIIe s étaient, paraît-il, très appréciées d'*Anton Bruckner.*
Un escalier mène à la ***chapelle Saint-Léopold*** (le fameux Babenberg cité plus haut, canonisé en 1485 et devenu le saint patron de l'Autriche), ancienne salle capitulaire où, derrière une grille, est exposé le *retable de Verdun* (1181), l'un des chefs-d'œuvre de l'art roman mosan attribué à ***Nicolas de Verdun*** (auteur également de la châsse des Rois mages de Cologne et de la châsse de la cathédrale de Tournai). Le magnifique travail d'orfèvrerie, confinant à la perfection absolue, est constitué de 51 plaques (45 à l'origine) de métal doré sur lesquelles sont gravés et émaillés des épisodes de la Bible.
On raconte qu'en 1330, après un incendie éteint en aspergeant le retable de vin, il fut transformé en triptyque pour exposer les scènes de l'Ancien Testament au-dessus et en dessous de celles du Nouveau Testament en y adjoignant les 6 plaques supplémentaires. 4 scènes peintes au verso sont exposées au musée de l'abbaye. Au sommet du retable, les reliques de ***saint Léopold*** sont enfermées dans une petite châsse. À gauche, les vitraux lumineux du XIVe s, et dans l'ancienne salle de la fontaine du cloître de style gothique primitif mâtiné d'influences bourguignonnes, un monumental candélabre de bronze à 7 branches fabriqué à Vérone au XIIe s.
– En sortant par le portail de l'église, on tourne à droite vers le ***Leopoldihof,*** agréable cour à la fontaine cernée de bâtiments gothiques et Renaissance joliment ciselés.
– En face, le ***Binderstadl,*** la tonnellerie, partie du cellier abbatial, contient un tonneau de 56 000 l de 1704, qui sert de toboggan lors des réjouissances de la fête du 15 novembre.
– Pour visiter le ***musée,*** prendre à droite à l'entrée des bâtiments abbatiaux et gravir le grand escalier menant aux appartements impériaux et à la grandiose salle de marbre. Les dimensions de cette salle un peu nue donnent une idée de ce qu'aurait pu devenir l'ensemble si les projets de Charles VI avaient été réalisés. Un petit texte explicatif en français introduit chacune des pièces.
Quelques œuvres de 1er plan du Moyen Âge à la Renaissance sont exposées au 2e étage, tel un *Christ au tombeau* en bois sculpté au réalisme troublant (voir les cicatrices de clous aux mains et aux pieds), une collection de petits bronzes du XVIe s à caractère mythologique, les bois peints de *Rueland Frueauf le Jeune,* représentatifs de l'école danubienne du XVIe s, un *retable de sainte Ursule* – œuvre d'un anonyme de 1464 –, l'*arbre généalogique des Babenberg* et les volets du verso du retable de Verdun cités plus haut.
Le 3e étage abrite des ivoires sculptés, des jeux d'échecs ainsi que des œuvres représentant l'abbaye aux XVIIIe et XIXe s. La bibliothèque abritant plus de 170 000 volumes ne se visite hélas pas.

MÖDLING

À 15 km au sud de Vienne. Cité pittoresque qu'apprécièrent *Schubert, Egon Schiele, Richard Wagner* et bien d'autres. Son tout petit centre piéton est très mignon. Voir l'hôtel de ville Renaissance (avec étage à arcades) sur la *Schrannenplatz.* Sur la *Hauptplatz,* belles demeures Renaissance aussi et une colonne de la peste de 1713. Église paroissiale *Saint-Othmar* du XVe s.

Curieux ossuaire roman à côté, affublé d'un clocher à bulbe. Riches vitraux. Depuis le parvis, jolie vue sur les environs. Dans le centre, la charmante *Spitalkirche* du XVe s fut remaniée au XIXe s (l'intérieur présente moins d'intérêt que la façade gothique). Musée de la ville, qui plaira aux géologues amateurs de fossiles. À 2 km, jeter un œil sur le *Burg Liechtenstein,* berceau d'une famille qu'on ne présente plus.

➢ ***Pour y aller :*** de Vienne, trains très fréquents de *Wien Meidling* (10-20 mn de trajet). En voiture, autoroute A2.

Adresse utile

Office de tourisme : *Kaiserin-Elisabeth-Str. 2. ☎ (02236) 400-125. • moedling.at • En contrebas de la Schrannenplatz. Tlj sauf w-e, 9h-17h.*

Où manger ? Où boire un verre ?

Mödlinger Kobenzl : *Jubliäumspark 2. 0660-143-14-53. Tlj sauf lun-mar, 11h-22h. Menu à prix doux le midi en sem ; carte env 13-20 €.* Adresse à environ 10 mn de marche de l'office de tourisme, de quoi se mettre en appétit. Le resto est en hauteur, sur une plateforme qui domine la région. On aperçoit même Vienne au loin. Et on apprécie d'être au calme, loin de toute agitation urbaine, au milieu d'un jardin (avec une aire de jeux pour les enfants). Cuisine traditionnelle très correcte. Vin assez cher mais possibilité de prendre juste un verre. Repas à l'extérieur en été, à l'ombre des tilleuls.

DANS LES ENVIRONS DE MÖDLING

HINTERBRÜHL

Entre Mödling et Heiligenkreuz. Ce petit village perdu dans la Wienerwald attire de nombreux touristes grâce à une ***grotte*** exceptionnelle renfermant le plus grand lac souterrain d'Europe (grand certes, mais pas d'une beauté inoubliable...). Température intérieure : 9 °C (on peut louer une écharpe). *• seegrotte.at • Avr-oct, tlj 9h-17h ; nov-mars, lun-ven 9h-15h, w-e 9h-15h30. Plusieurs visites/j. dont certaines en anglais (45 mn). Tarif : 18 € ; réduc.*

L'ABBAYE DE HEILIGENKREUZ

À 15 km de Vienne et env 14 km de Mödling. ☎ (02258) 87-030. • stift-heiligenkreuz.org • Visites guidées obligatoires pour le monastère, en allemand seulement, plusieurs/j. Entrée : env 11 € ; réduc. Accès à l'abbatiale gratuit et libre. Abbaye fondée au XIIe s par les cisterciens, en partie détruite par les Turcs en 1683. Superbe cloître aux 300 colonnes de marbre, marquant bien la transition du roman au gothique, avec une nef principale romane, un chœur de type église-halle en gothique rayonnant flanqué de stalles baroques. Tableau d'autel d'***Altomonte*** et ***Rottmayr.*** Tombeaux des Babenberg. Église des XIIe et XIIIe s, mélange de styles roman et gothique. Orgue grandiose. Une communauté de cisterciens continue à y vivre selon la règle de saint Benoît : *Ora et labora* (« Prie et travaille »). C'est dans le cimetière communal que se trouve la tombe de ***Marie Vetsera*** (voir ci-après l'histoire de Mayerling).

MAYERLING

Un nom connu des romantiques du monde entier, mais une visite qui vous laissera sur votre faim. Pour la petite histoire, c'est dans cette localité que, le 30 janvier 1889, ***Rodolphe,*** fils de l'empereur François-Joseph et de Sissi, se suicida, après avoir tué sa maîtresse, la baronne ***Marie Vetsera.*** 2 jours avant, son père lui avait signifié le refus du pape d'annuler son mariage raté avec *Stéphanie de Belgique* et sa propre opposition à un divorce. C'en était peut-être trop pour Rodolphe, déjà en conflit avec son père à cause de son soutien aux nationalistes hongrois.
La version d'un meurtre a été avancée en 1983 par ***Zita,*** veuve du dernier empereur ***Charles Ier.*** Selon elle, Rodolphe aurait été assassiné à cause de son refus de participer à un complot qui visait à détrôner son père, François-Joseph, et à le remplacer à Vienne par l'archiduc *Jean de Habsbourg-Toscane* et à Budapest par *Rodolphe.* Il aurait été informé de certains éléments relatifs au complot et assassiné afin que les conjurés ne soient pas inquiétés. Zita n'a fourni aucune piste pour identifier ces instigateurs. La thèse exclut donc l'idée souvent évoquée d'un assassinat commandité par François-Joseph lui-même. ***François-Joseph*** est le seul de la famille à mourir tranquillement dans son lit... Plusieurs cinéastes s'intéressèrent à cette tragique histoire.
De Heiligenkreuz, suivre la route nº 11 ; ***Mayerling est à 2 km.*** Quand on arrive par là, l'entrée de l'ancien pavillon de chasse est tout de suite à droite. Aujourd'hui, il n'y a guère plus grand-chose à voir à Mayerling. La chambre où l'on découvrit les corps fut démolie, et une église de style néogothique construite à son emplacement. On peut quand même y voir quelques souvenirs liés à cet épisode. *Avr-nov, tlj 10h-17h30, sauf lun ; nov-mars, w-e et j. fériés, 10h-17h. Entrée : 7 € ; réduc.*

BADEN

À 26 km au sud de Vienne. Depuis les Romains, cette célèbre station thermale attire des curistes venus soigner leurs rhumatismes grâce aux sources chaudes (4 millions de litres par jour !), ou grâce aux bains de boue d'eau sulfureuse. *Napoléon* et *Marie-Louise* y firent escale (ce qui n'a pas sauvé leur couple, certes !). La « bande des Trois » (Mozart, Beethoven et Schubert) y séjourna bien souvent, suivie peu après des princes de l'opérette, *Strauss, Lanner, Zeller...* dans le sillage, bien évidemment, de la cour impériale. Juste à côté du casino, à l'élégance très « crème fouettée », joli parc fleuri abritant des cafés et une gloriette où sont encore donnés des concerts l'après-midi en été. L'architecture *Biedermeier* domine, et la fréquentation des thermes par une clientèle un peu... amortie donne à la cité un charme un tantinet suranné. Prendre le temps de flâner autour du *Rathaus* (l'incontournable hôtel de ville) pour visiter la maison qu'occupa *Beethoven* de 1822 à 1824 *(Rathausgasse 10 ; ☎ (02252) 86-800-630 ; ● beethovenhaus-baden.at ● ; tlj sauf lun 10h-18h ; entrée : 8 €, réduc ; visites guidées le w-e à 14h : 3 €).*

➢ ***Pour y aller :*** de Vienne, plusieurs trains/h depuis Wien Meidling. En voiture, autoroute A2.

Office de tourisme : *Brusattiplatz 3. ☎ (02252) 86-800-600. ● tourismus.baden.at ● En principe, tlj 10h-16h (18h jeu et sam).* Carte de la région gratuite (disponible même quand l'office est fermé). Brochure sur les hébergements.

DANS LES ENVIRONS DE BADEN

GUMPOLDSKIRCHEN

Petit village fameux pour son vin blanc. Nombreuses guinguettes. Hôtel de ville du XVIe s. Pittoresques maisons basses de vignerons. Fin juin et fin août, fêtes du vin réputées.

LAXENBURG

À 17 km de Vienne, à mi-chemin de Baden et Schwechat, bourgade au sud de Vienne plus connue pour héberger un aéroport international à sa périphérie. C'est à Laxenburg qu'il faut s'arrêter, en remontant vers Vienne, pour clore sur une note champêtre cette balade sur les pas de Sissi & fils. Laxenburg fut le lieu de villégiature d'été de la cour impériale. Rodolphe y naquit en 1858. Grand parc où s'élève l'***Altes Schloss*** *(petit droit d'entrée pdt la journée).* Très apprécié des Viennois qui viennent régulièrement y faire leur footing ou du roller le soir venu. Sur une petite île au fond du parc, le ***Franzensburg,*** mignon pastiche de château du Moyen Âge *(possibilité de visites guidées : ☎ (02236) 712-26 ; ● schloss-laxenburg.at ● ; tlj 9h30-19h ; entrée : 11 €, réduc ; 16,50 € en nocturne).* Beaux plafonds et intéressant mobilier. En hiver, le lac se transforme en une immense patinoire, pour le plaisir de tous. Quelques tables pour pique-niquer, aire de jeux pour les enfants. Avec un peu de chance, on peut croiser des vaches, des biches et d'autres animaux. Une agréable promenade bucolique dans un grand parc boisé.

➢ ***Pour aller vers la frontière slovaque :*** reprendre la route de Vienne ou du moins celle de l'aéroport, et suivre la direction de Bratislava.

ROHRAU

Schloss Rohrau : *au sud de Petronell. On s'y rend en voiture par l'autoroute A4, sortie Bruck/Leitha Ost, puis route nationale B21, sortie Petronell-Carnuntum. ☎ (02164) 22-53-16. ● schloss-rohrau.at ● Pâques-Toussaint, visites guidées les w-e et j. fériés à 10h30, 13h30 et 15h. Tarif : 12 € ; réduc.*
Demeure au style Renaissance, jadis entourée de douves, des ***comtes de Harrach,*** une des grandes familles de l'Ancien Régime dont un membre fut vice-roi de Naples. Grandiose collection privée de peintures en provenance de Madrid, Naples, Rome et des Pays-Bas des XVIIe et XVIIIe s, comptant des œuvres de *Giordano, Solimena, Ribera, Van Dyck, Teniers, Ruisdael, Bruegel père et fils,* et un chef-d'œuvre : *Le Concert,* du « maître des bustes féminins » (un expert en la matière sans doute).

Haydn Geburtshaus *(maison natale de Haydn)* **:** *Obere Hauptstr. 25. ☎ (02164) 22-68. ● haydngeburtshaus.at ● Fin mars-oct, tlj sauf lun 10h-17h. Entrée : 7 € ; réduc.* Une maison de 1728 aménagée en petit musée avec souvenirs et partitions originales. Beau mobilier de bois peint. Des concerts y sont organisés.

CARNUNTUM

Situé dans la vallée du Danube à l'est de Vienne vers la frontière slovaque et Bratislava, on s'y rend en voiture par l'autoroute A4, sortie *Fischamend,* puis route nationale B9, sortie *Petronell-Carnuntum.* En train, départ de *Wien*

***Mitte* ou de Wien Nord (environ 1h). Sur le territoire de cette commune, des fouilles archéologiques ont permis de mettre au jour le site de Carnuntum, ancienne capitale romaine de la Pannonie.**

Adresse utile

Office de tourisme : *Hauptstr. 3. ☎ (02163) 35-55-10. • donau.com • Tlj sauf w-e, 9h-16h30 (14h30 ven) ; w-e, antenne ouv dans le parc.* Accueil en français.

Où camper ?

Campingplatz Tennishalle Wirtshaus : *Bruckerstr. 28. 0677-62-77-14-35. • tennishalle-petronell.at • Ouv mai-sept. Resto tlj 7h-21h. Compter 23 € pour 2 avec tente et voiture.* Juste une quinzaine d'emplacements pour les tentes (d'autres réservés aux caravanes et camping-cars), sur une jolie pelouse bien verte à côté d'un complexe sportif (tennis, badminton, sauna) et gril. Bien situé pour visiter cette région Danube-Morava, dont le style des maisons annonce déjà l'Europe centrale.

À voir

Archäologischer Park Carnuntum *(parc archéologique de Carnuntum)* ***:*** *☎ (02163) 33-77-0. • carnuntum.at • De mi-mars à mi-nov, tlj 9h-17h. Entrée : 13 € ; réduc.* Nombreuses activités didactiques pour les enfants. La ville de Carnuntum était la garnison la plus importante sur la route de l'ambre. Elle compta jusqu'à 50 000 habitants au IIIe s. **Marc Aurèle** y rédigea ses *Pensées* (longtemps avant Pascal). Les invasions des Huns (puis des autres...) mirent un terme à cette belle prospérité. On en trouve des traces indéniables avec les soubassements des maisons et des magasins qui dévoilent des systèmes de canalisations et de chauffage assez élaborés, reliés aux vastes thermes. À 100 m à l'ouest du village, on voit les ruines d'un amphithéâtre d'une capacité de 13 000 spectateurs. Piétons et cyclistes peuvent se balader en empruntant un sentier de 18,5 km, « via Carnuntum ».

SUR LES TRACES DE SPARTACUS

Une découverte archéologique sensationnelle a été annoncée en 2011 : rien de moins que les fondations d'une école de gladiateurs vieille de 1 900 ans et comparable à celle du Colisée à Rome, avec un amphithéâtre et une petite arène de 20 m de diamètre. Selon le directeur du site, un cimetière de gladiateurs devrait se trouver à proximité. L'espérance de vie des gladiateurs dépassait rarement les 4 ou 5 combats.

Heidentor *(porte des Païens)* ***:*** *situé à env 2 km de Petronell par la sortie ouest, bien indiqué (visible de la route).* Symbole de la région, vestige d'un arc de triomphe du IVe s apr. J.-C. dédié à l'empereur Constance II. Son nom vient du Moyen Âge, où il fut considéré comme l'œuvre de non-chrétiens.

AU NORD DE CARNUNTUM

SCHLOSS HOF

Suivre la B9 en direction de Hainburg et prendre la B49 jusqu'à Schlosshof (ne pas confondre le nom du village et celui du château, qui s'écrit en 2 mots). ☎ *(02285) 20-000.* • *schlosshof.at* • *De mi-mars à nov, tlj 10h-18h (dernier billet à 17h) ; de déc à mi-mars, tlj 10h-16h. Entrée : 21 € ; réduc ; gratuit moins de 6 ans. Si vous prévoyez la visite des différents sites impériaux, préférez l'achat du* Sisi Ticket Deluxe *à 44 € (réduc enfants), un billet combiné incluant notamment le « Grand Tour » du château de Schönbrunn, les appartements impériaux et le musée Sissi.*

Un bien beau château édifié en 1726 par le ***prince Eugène.*** Il fut ensuite transformé et aménagé par l'impératrice Marie-Thérèse, qui y organisa de somptueuses fêtes qui éblouirent toute l'Europe, pour reprendre la formule consacrée de la gazette de l'époque. Plus de 200 personnes y logeaient (comprenez qu'il y avait 180 domestiques pour s'occuper des invités du moment). Il resta vide jusqu'en 1898, date à laquelle il fut donné à l'armée autrichienne, et les décennies suivantes ne lui firent pas de cadeau. C'est l'armée russe qui l'occupa de 1945 à 1955, et la restauration ne commença que dans les années 1980. Il a aujourd'hui, pour qui le découvre sans être prévenu, un petit côté château de la Belle au bois dormant.

Face à la vallée de la Morava (*March* en allemand) et avec au loin les 1ers contreforts des petites Carpates en Slovaquie, le château est entouré de ***jardins à la française*** avec terrasses, fontaines, sculptures et grilles ouvragées. L'intérieur baroque, restauré, abrite dans ses magnifiques salles de fêtes aux stucs délicats d'intéressantes expos temporaires. ***La chapelle privée***, dont le plafond est orné d'une fresque de ***Carlone,*** demeure la seule pièce restée dans le jus de l'époque.

Bon, soyons sincères : pas la peine de faire le voyage exprès, sauf si vous avez envie de passer un dimanche à la campagne (un bus part de la *Schwedenplatz* à Vienne autour de 9h), au milieu des familles slovaques (on est en fait à 5 mn des faubourgs de Bratislava). S'il fait beau, on visite les jardins, on grignote en terrasse, on va voir les animaux (il y a même des chameaux offerts à l'ancien président autrichien, qui a trouvé là un moyen de s'en débarrasser). Et si vous devez reprendre l'avion à Bratislava (moins cher qu'à Vienne, on vous donne le tuyau) ou continuer le voyage en Slovaquie, vous êtes vraiment tout près.

HOMMES, CULTURE, ENVIRONNEMENT

ART DE VIVRE

Vienne distille un art de vivre unique qui, de Saint-Étienne aux faubourgs viticoles, de Schönbrunn au Donaukanal, ne laisse pas indifférent. Mêlez-vous à la foule pour célébrer, toutes générations et classes confondues, l'arrivée du vin nouveau dans un ***Heuriger,*** maison vigneronne qui cultive le sens de la fête et des traditions. Faites une pause typique et gourmande dans l'un des nombreux ***Würstelstand*** du centre historique, où grillent non-stop ces fameuses saucisses qu'habitants du quartier, employés en cravate, habitués de l'Opéra ou touristes affamés se partagent à toute heure...
Ce n'est pas par hasard si cet art de vivre domine. Il est favorisé par un urbanisme qui respecte la ***mixité sociale,*** sans mépris pour les populations ouvrières. Un petit jardin fleurit toujours entre 2 HLM. Ville d'***espaces verts,*** avec des chiffres qui laissent rêveur : 120 m^2 de verdure par habitant à Vienne, alors que les Parisiens se contentent d'à peine 14 m^2 ! Les ***préoccupations écologiques*** sont quant à elles omniprésentes. La ville s'est dotée de plusieurs éco-hôtels qui s'efforcent de réduire au minimum leur empreinte environnementale. Si vous y pensiez, ne vous avisez pas de jeter un mégot ni un papier dans la rue ! Outre le fait de passer pour un mal-élevé, vous risquez une amende (comme en France, d'ailleurs).
Ville rêvée pour les piétons et les cyclistes grâce à un remarquable réseau de transports urbains et un tissu efficace de ***pistes cyclables.*** Les voitures sont présentes sans être envahissantes, les chauffeurs devant patienter derrière les calèches !
Les familles se retrouvent volontiers dans les restaurants, surtout en été, lorsque s'installent les terrasses et que s'ouvrent les jardins aux allures de guinguette, au cœur de la ville. La jeunesse y trouve aussi son compte avec un choix incroyable d'activités, de bars et de lieux alternatifs où l'argent n'est pas nécessairement le seul droit d'entrée...

Savoir vivre et coutumes

Même si le temps a passé et si les vérités d'hier font partie des caricatures d'aujourd'hui, les Autrichiens, et les Viennois en particulier, sont d'une nature plutôt disciplinée. Évitez donc, par exemple, de frauder dans les files d'attente ou de traverser n'importe comment (même si ça semble évident...).

– ***Repas :*** sachez profiter du petit déjeuner, compris dans le prix de la chambre. Copieux, varié (charcuterie, salades, fromages, confitures, fruits, petits pains...), il constitue un véritable repas à lui seul. Le midi, les Viennois déjeunent léger (un plat et c'est tout) et s'offrent plutôt une petite pause sucrée dans l'après-midi. Les gâteaux sont excellents, ce serait un sacrilège de ne pas y goûter. Le dîner, servi tôt (dès 18h !), se termine habituellement par un dessert chaud. Souvent, la cuisine des restos s'arrête autour de 21h-21h30.

– ***Pourboire :*** même s'il est déjà compris, il est d'usage de laisser au moins 10 % de l'addition au resto (on annonce le montant exact du pourboire au serveur ***avant*** de régler la note finale). Idem pour les chauffeurs de taxi. Si vous réglez par carte de paiement, pensez à inscrire vous-même le montant du pourboire et vérifiez la somme finale avant de valider.

– ***Circulation :*** les piétons sont en général très respectueux du code de la route. Ne vous faites pas remarquer en traversant au rouge ou en dehors des passages protégés ! Attention, avec le système de trottoir partagé entre piétons et cyclistes, ces derniers n'hésiteront pas à vous rappeler à l'ordre, d'un coup de sonnette plus ou moins rageur, si vous mordez sur la bande jaune !

TRAVERSONS GAYMENT !

Les feux piétons représentant des couples gays reliés par un cœur, provisoirement installés pour le concours de l'Eurovision, ont remporté un tel succès que la Mairie de Vienne a décidé de les laisser en place. Il se pourrait même que les 120 déjà existants fassent bizarrement des petits !

BALS

Que la fête commence ! Dans la capitale de la valse, le passage par une école de danse, même bref, constitue une étape éducative conseillée à tout adolescent. On en sort avec un diplôme (!), fin prêt à courir les 450 bals donnés à Vienne chaque année et fréquentés par des danseurs venus du monde entier.
La saison débute entre le 15 et le 30 novembre avec le Bal des ramoneurs de Vienne et celui de la Croix-Rouge, et se termine à la fin du carnaval, ou *Fasching,* au lendemain du Mardi gras. ***Globalement, ils sont organisés d'octobre à avril*** et le calendrier des bals est disponible à l'office de tourisme ou sur le site ● *ballkalender.com* ● Chaque corps de métiers, association ou quartier y participe, les cafetiers *(Ball der Wiener Kaffeesieder),* les fleuristes *(Blumenball)* et l'association pour un mode de vie intégratif *(Ball der Sargfabrik),* les juristes *(Juristenball)* ou les médecins *(Wiener Ärzteball)*. ***Pensez à réserver une table*** (et à faire des économies) longtemps, longtemps à l'avance. En général, 3 ou 4 orchestres jouent simultanément dans plusieurs salles différentes pour satisfaire tous les goûts : restez sobre pour être opérationnel !
Mais on est loin des grands bals de l'*Orchestre philharmonique de Vienne* et de l'*Opéra,* où tout n'est que mondanités, luxe et ostentation. Difficile de s'y introduire quand on n'est pas du sérail. Vous pouvez toujours acheter votre ticket pour le poulailler et apercevoir le président de la République soupant dans l'ancienne loge impériale avec quelques VIP. Pour les nostalgiques des films de Sissi, on ne peut rêver mieux.
Mais Vienne offre d'autres possibilités pour danser (à la mi-février). Si vous n'avez pas eu de places au tirage au sort (eh oui, ça marche comme ça, succès oblige !) pour le ***bal de l'Opéra*** *(Opernball),* pourquoi ne pas réserver pour le ***bal des Roses*** *(Rosenball)* qui a lieu le même jour, animé par la communauté LGBT ? Seule la polonaise d'ouverture rappelle la tradition. Pour le reste, place au disco et à l'électro. Et le lendemain au *Konzerthaus,* c'est au tour de l'informel et sucré *bal du Bonbon* de faire guincher !

BOISSONS

Les Autrichiens compteraient parmi les plus grands buveurs du monde. Et les Viennois ne nuisent pas à leur réputation ! Les vignobles produisent des ***vins très agréables,*** quoique peu de crus soient destinés à la conservation. Dans les restos ou les bars, les vins sont plutôt chers mais ils peuvent être servis au verre.
Vienne est une destination courue par tous les amateurs de ces vins rouges ou blancs que l'on boit sous la treille, dans un *Heuriger* (voir « Cuisine. Où se restaurer tout en buvant un verre (ou 2) ? » plus loin). Ils méritent une dégustation sérieuse (le bus, le tramway et le métro vous ramèneront ensuite jusqu'à l'hôtel, à condition

que vous ne vous perdiez pas en route !).

Lorsque vous passerez une soirée dans un *Heuriger* (inutile d'arriver avant 18h), ne ratez pas le ***Most,*** genre de moût jaunâtre et opaque dont la teneur en alcool est encore faible. Ou le ***Sturm,*** plus avancé dans la fermentation et connu pour receler, comme son nom l'indique (« bourrasque »), quelques vertus décoiffantes. Vous pourrez par facilité commander un ***Gespritzter,*** vin blanc coupé à 50 % avec de l'eau gazeuse. Très désaltérant. Les Viennois le consomment comme entrée en matière, lorsque s'amorce une longue soirée de beuverie conviviale !

ENTRE COUSINS GERMAINS, IL Y A DES NUANCES

Être aussi efficace que leurs voisins allemands, mais sans en avoir l'air et en cultivant un art de vivre méridional. Tel est le credo des Autrichiens. Ces différences sont particulièrement marquées en matière culinaire : si l'un est un buveur de bière, l'autre préférera nettement le vin.

Voici un récapitulatif des principales boissons que vous pouvez rencontrer lors de votre séjour, selon la saison.

– ***Vins blancs :*** Grüner Veltliner (sec), Gemischter Satz (sec mais fruité), riesling et gewurztraminer (comme en Alsace), Müller-Thurgau (fleuri et fruité), Welschriesling (demi-sec) et Muskat Ottonel (fruité).

– ***Vins rouges :*** Blauer Portugieser (doux), Blaufränkisch, Blauer Zweigelt (plus puissant), St Laurent (souple), pinot noir (comme en France).

– ***Vin rosé :*** Schilcher (assez âpre mais fruité).

– ***Vins de dessert :*** Spätlese (doux), Eiswein (moelleux et sucré, provenant de vendanges tardives, à la 1re gelée).

– ***Glühwein (rouge ou blanc) :*** vin chaud aromatisé (clou de girofle, cannelle, écorce d'orange). Idéal en hiver, sur un marché de Noël, pour se réchauffer.

– ***Schnaps :*** eau-de-vie aux prunes, abricots, pommes, poires ou framboises. Ou tout à la fois : commandez alors un *Obstler.*

– ***Bières (blondes) :*** Gösser, Schwechater, Zipfer, Puntigamer (chaque marque propose aussi une variante sans alcool). La bière que les Viennois boivent en *Seidel* (0,35 l) ou en *Krügel* (0,5 l) est de très bonne qualité. Faites comme eux, régalez-vous, dans un parc, autour d'un tonneau, en l'accompagnant d'une saucisse, d'un peu de moutarde et d'un *Brötchen* !

– ***Et l'eau...*** Sachez enfin que les robinets prodiguent de la très bonne eau de montagne mais que si vous désirez de l'eau « minérale », les épiceries ne vous en vendront que gazeuse et toujours en bouteille de verre consignée. L'eau « plate » en bouteille porte les mots *ohne Gas* sur l'étiquette, ce qui signifie « sans gaz ». Au restaurant, demandez de la *Leitungswasser* (eau du robinet), de préférence en carafe *(Karaffe)* – sinon, on risque de ne vous en servir qu'un seul verre !

CAFÉS VIENNOIS

Il en va des cafés comme des concerts : tout le monde ici se côtoie au sein d'institutions qui ont pour certaines fait l'histoire (la petite comme la grande) de la ville. Lorsque, battus en 1683 au siège de Vienne, les Turcs s'enfuient, ils laissent des tonnes d'équipement, d'armes, de vivres. Notamment des petits grains vert foncé qu'on prend d'abord pour de la nourriture pour dromadaires. Avant que cela ne finisse dans le Danube, un jeune Polonais bien informé nommé ***Kolschitzky,*** qui espionnait par ailleurs les Turcs, ***s'avise qu'il s'agit en fait de café.*** Lui qui a passé quelques années chez eux connaît la torréfaction des grains et sait comment préparer un café... turc, évidemment. Pour ses bons et loyaux services, il obtient d'ouvrir le 1er établissement pour y servir le *Wiener Café.* Une belle histoire, trop belle pour être vraie. La preuve : des recherches plus récentes ont prouvé qu'un Arménien du nom de ***Johannes Diodato*** avait reçu, le 17 janvier 1685, le droit de « préparer sous forme de café le breuvage turc ». Le 1er cafetier, c'est lui !

« *Eine Melange, bitte !* »

Ainsi, un grand merci aux Ottomans pour avoir contribué à la naissance d'une extraordinaire institution : le café viennois. Il en exista jusqu'à 1 500 avant la 2de Guerre mondiale et il en reste encore la moitié aujourd'hui. Beaucoup ont disparu dans les bombardements, d'autres sous les coups des pelleteuses de la voracité immobilière (l'évolution des goûts ayant bon dos).

Les cafés ont été longtemps le ***centre de la vie politique, littéraire et culturelle.*** Dans la 1re moitié du XXe s, tous les écrivains, journalistes et politiciens les fréquentent assidûment. D'abord, il y fait chaud, alors que les grands appartements viennois sont difficiles à chauffer. On aime venir y jouer aux dames, aux échecs, au billard, mais encore plus y lire les journaux. Les gens prennent ainsi l'habitude de boire leur café d'une main et de tenir la hampe de bois verni du journal de l'autre. Le poète Peter Altenberg disait : « Être au café, c'est se retrouver chez soi, sans être à la maison ! » Aussi trouvait-il souvent des patrons qui acceptaient, après le départ du dernier client, qu'il dorme sur une moelleuse banquette.

ET UN CROISSANT AVEC LE CAFÉ, UN !

C'est à Vienne que fut lancé le café-croissant. Par dérision, les Viennois reprirent l'emblème de l'islam pour confectionner ce délicieux feuilleté (« viennoiserie »). En fait, un hommage rendu aux boulangers, qui avaient aussi contribué à l'échec du siège de 1683 en travaillant de nuit dans les fournils en sous-sol. Là, ils avaient pu entendre l'ennemi ottoman en train de creuser des tunnels.

Classés au Patrimoine immatériel de l'Unesco

Une oasis de tranquillité hors des contraintes du temps, plus encore qu'un lieu de convivialité, tel apparait le café viennois traditionnel. Un habitué du *Griensteidl* écrivit : « C'est le meilleur endroit pour être seul en compagnie. » En effet, un client pouvait, et peut toujours d'ailleurs, s'y installer aussi longtemps qu'il le souhaite, sans prendre plus d'une consommation. Chaque habitué pouvait y recevoir son courrier, demander du papier pour écrire. Des tables y étaient dressées pour des parties de cartes ou d'échecs, et la répartition des sièges répondait à une stratégie délicate, conforme aux exigences de la hiérarchie sociale et, bien sûr, des affinités et des inimitiés de chacun.

Aujourd'hui, les cafés viennois sont courus par une clientèle jeune d'étudiants, d'artistes, à laquelle se mêlent touristes, hommes et femmes d'affaires, jeunes parents... Les portables ont remplacé les blocs-notes. Ce qui n'a guère changé, pour beaucoup d'entre eux, c'est la classe et le métier des serveurs. Même l'Unesco s'y est laissé prendre puisque, depuis 2011, ***les cafés viennois sont inscrits sur la liste du Patrimoine culturel immatériel.*** Rien que ça !

Le café, quant à lui, est presque toujours servi sur un petit plateau en métal argenté, avec un verre d'eau fraîche.

Pour conclure, si le café viennois n'est plus l'endroit où se forge l'opinion publique, et la source privilégiée des journalistes, il reste un ***havre de tranquillité.*** Idéal pour rêver, écrire ses lettres ou travailler sur son ordinateur ! Normal, c'est souvent spacieux et confortable. Certains cafés très traditionnels, ni huppés ni snobs, ressemblent même à de beaux salons ou à des salles à manger bourgeoises cossues. Ici, pas de machines à sous, pas de tensions ; on y boit d'ailleurs peu d'alcool.

Petit lexique pour amoureux du café

Il existe différentes variantes de ce breuvage, et donc des termes différents pour le nommer. Les ignorer pour commander à tout bout de champ un « café » vous ferait passer pour un ignare. Si vous sentez que le serveur fait partie de la vieille école, donnez-lui du *Herr Ober,* et un pourboire en conséquence, pour lui montrer que vous savez vivre ! Voici, pour vous aider, une liste qui vous permettra de bien paraître en société.
- ***Kleiner Schwarzer/Mocca :*** le petit noir classique.
- ***Großer Schwarzer/Mocca :*** idem mais en grand.
- ***Kleiner/großer Brauner :*** le petit ou grand « brun », en fait une tasse de *Mocca* servie avec un petit pot de lait. C'est ce que l'on vous apportera si vous vous obstinez à commander un « café » !
- ***Verlängerter :*** version allégée du *kleiner/großer Mocca* ou *Brauner,* allongé avec de l'eau chaude.
- ***Kapuziner :*** beaucoup de café, un soupçon de lait et une goutte de crème.
- ***Melange :*** comparable au crème français. Le plus consommé. Et le plus facile à prononcer aussi !
- ***Einspänner :*** littéralement « fiacre ». C'était la boisson traditionnelle des cochers qui voulaient se réchauffer entre 2 courses. Café noir servi dans un verre avec une bonne portion de crème Chantilly. Ce qu'on appelle le café viennois (ou liégeois) chez nous.
- ***Kaisermelange :*** « mélange impérial ». Café noir avec un jaune d'œuf battu mélangé à du cognac. Apparu lors de la 1re Guerre mondiale lorsque le lait était rationné et qu'il fallait lui trouver un substitut. Tonique. Ne se trouve cependant pas dans tous les établissements.
- ***Maria Theresia :*** café noir avec une liqueur à l'orange.
- ***Eiskaffee :*** café noir avec de la glace à la vanille et de la crème fouettée, servi dans un verre. À consommer par temps de chaleur.
- ***Fiaker :*** le très classique café long avec du rhum et de la chantilly, servi chaud.

CINÉMA

Côté réalisateurs...

Avant que leurs noms ne soient associés à la grande épopée de Hollywood, de nombreux cinéastes firent partie de ces hordes d'émigrants européens partis vers les rêves du Nouveau Monde ou chassés brutalement par le nazisme.
- Prenez ***Josef von Sternberg*** (1894-1969). En 1901, à l'âge de 7 ans, il émigre avec ses parents à New York. *Les Damnés de l'océan* (1928) sera un 1er pas vers la reconnaissance. En 1929, Sternberg est appelé en Allemagne, où il tourne *L'Ange bleu* avec une jeune actrice qui deviendra vite sa muse, Marlene Dietrich : un coup de maître pour le cinéaste réaliste. Leur collaboration se poursuit outre-Atlantique, ponctuée de chefs-d'œuvre, tels que *L'Impératrice rouge* (1934) ou *La Femme et le Pantin* (1935).
- Quant à ***Erich von Stroheim*** (1885-1957), si ses études à l'Académie militaire de Vienne le destinaient à une vie en uniforme, c'était sans compter l'ardeur du militaire qui, en 1909, part se frotter au rêve américain ! Devenu on ne sait comment metteur en scène, il signe *Folie de femmes* (1922) et *Queen Kelly* (1928), mais Hollywood le boude. Contraint de gagner sa vie, il endosse à nouveau son vieil habit d'officier, mais en tant qu'acteur cette fois-ci.
- Les années 1930 sont celles de tous les exils : ***Fritz Lang*** (1890-1976), le grand maître de l'expressionnisme allemand ; ***Joe May*** (1880-1954), considéré comme l'un des pionniers du cinéma allemand ; ***Otto Preminger*** (1905-1986), qui réalise des films d'anthologie tels que *La Rivière sans retour* ou *Carmen Jones* (tous 2 en 1954) ; ***Fred Zinnemann*** (1907-1997), qui peut se

targuer d'avoir appris aux Américains l'art et la manière de faire de bons westerns avec *Le train sifflera trois fois* (1952) !
Aujourd'hui, les cinéastes n'ont heureusement plus besoin de quitter leur douce patrie.
– Bien que né à Munich (en 1942), ***Michael Haneke*** a passé la plus grande partie de son enfance dans la banlieue sud de Vienne. Après des études à l'université, il devient critique de cinéma, puis metteur en scène. Il ne passe au cinéma qu'en 1989 avec *Le Septième Continent.* Ses films sont froids (voire glaçants), parfois lents et souvent violents (mentalement et physiquement). Citons *La Pianiste* (2000) ou *Caché* (2005), ainsi que *Le Ruban blanc* (2009) et *Amour* (2012), tous 2 Palme d'or à Cannes. En 2017, il signe *Happy End* avec Isabelle Huppert, Jean-Louis Trintignant et Matthieu Kassovitz.
– ***Jessica Hausner*** (née en 1972) a fait ses débuts auprès de Haneke. Scripte sur le dérangeant *Funny Games,* elle passe rapidement à la réalisation avec *Lovely Rita* (2002), *Hôtel* (2005), *Amour fou* (2014), *Little Joe* (2019), ou *Club Zéro* (2023), des films aux personnages solitaires et singuliers. Elle se déclare fan de Luis Buñuel et de... Conchita Wurst.
– ***Ulrich Seidl*** (né en 1952) a d'abord étudié le cinéma à la Wiener Filmakademie. Très polémique, il est souvent critiqué pour ses films ambigus, traitant la plupart du temps du sexe et de la médiocrité humaine. Après des documentaires empreints de pessimisme, il se lance avec succès dans la fiction avec *Dog Days* (2002) ou encore avec la trilogie *Paradis : Amour* (2012), *Paradis : Foi* (2012) et *Paradis : Espoir* (2013). Plus récemment, en 2022, il signe *Remini* et *Sparta.*

... et côté acteurs

– ***Oskar Werner*** *(1922-1984)* **:** il est l'acteur incontesté du Burgtheater de Vienne dans les années 1940, où il joue les grandes pièces du répertoire classique, avant de connaître l'affection du public français avec le film *Jules et Jim* de Truffaut. Le timbre de sa voix, douce et absente, fait de lui un être hors du temps, presque surnaturel. Ses prestations scéniques sont restées gravées dans la mémoire des Autrichiens.
– ***Romy Schneider*** *(1938-1982)* **:** native de Vienne, elle débute très jeune dans des films (très) romanesques, chaperonnée par sa mère Magda Schneider, actrice elle aussi. Sissi, qu'elle incarne avec une tendre ingénuité, la sacre nouvelle impératrice du 7e art. Remercions ici solennellement Alain Delon d'avoir incité cet oiseau rare à venir s'installer en France. La suite, tout le monde la connaît. Pour la redécouvrir, sublimée comme jamais, courez voir *L'Enfer* d'Henri-Georges Clouzot ou, mieux encore, *La Piscine,* devenu un film culte.

ROMY ET LE (IIIe) REICH

Magda Schneider, mère de Romy, était aussi actrice et amie de Martin Bormann, conseiller d'Hitler. On vit donc Romy au nid d'aigle de Berchtesgaden (elle n'habitait d'ailleurs qu'à 20 km). Mais elle n'avait que 3 ans ! Plus tard, pour montrer son rejet des thèses nazies, elle choisira 2 prénoms hébraïques pour ses enfants : David et Sarah.

– ***Helmut Berger*** *(1944-2023)* **:** lorsque Gala, la femme de Dalí, présente Helmut Berger à Luchino Visconti, c'est le coup de foudre. Blond, beau, décadent, Berger correspond exactement à la figure héroïque qui habite l'imaginaire du cinéaste italien : *Les Damnés, Ludwig II de Bavière, Violence et Passion* scelleront des amours passionnées entre les 2 artistes. En 2014, il incarne un Yves Saint Laurent âgé, dans le film de Bertrand Bonello.
– ***Klaus-Maria Brandauer*** *(né en 1943)* **:** le Depardieu viennois. Acteur de théâtre, dans la troupe du Burgtheater, et de cinéma, mais aussi metteur en scène à ses heures, il s'illustre dans le film *Mephisto* du Hongrois István Szabó, qui lui vaudra

le prix d'interprétation à Cannes en 1981. On l'a revu dans *Colonel Redl* du même Szabo, interprétant le rôle d'un officier parvenu, d'origine ruthène, sacrifié sur l'autel de la *realpolitik* des rivalités nationales au sein de l'Empire. Il incarne successivement Danton, Rembrandt ou Jules César, et bien sûr le baron Blixen dans *Out of Africa,* aux côtés de Meryl Streep.
– ***Christoph Waltz*** *(né en 1956)* **:** on ne présente plus le génialissime colonel nazi d'*Inglourious Basterds,* pour lequel il obtient l'oscar, le Golden Globe et le Bafta du meilleur acteur, ainsi que le prix d'interprétation masculine à Cannes. Pas mal pour un 1er film international ! Depuis, sa carrière est lancée. Pour ne citer qu'eux : *The Green Hornet, Carnage, Django Unchained, Big Eyes, The French Dispatch* et *Mourir peut attendre...*
– Citons encore, tous nés à Vienne, ***Gustav Diessl, Mady Christians, Willi Forst, Oskar Homolka, Maria Schell*** ou encore ***Barbara Valentin.***

Quelques films

– ***Liebelei*** (Max Ophüls, 1932). La fille unique d'un modeste violoniste du Burgtheater de Vienne s'éprend d'un jeune lieutenant de la Garde impériale. Un beau mélodrame, considéré comme le 1er grand film de Max Ophüls.
– ***Le Troisième Homme*** (Carol Reed, 1949). Voir plus bas « Sur les traces du *Troisième Homme* ». Un air de cithare célébrissime.
– ***Sissi*** (Ernst Marischka, 1955-1957). Une trilogie composée de *Sissi, Sissi impératrice* et *Sissi face à son destin.* Pas de très grands films, mais une grande actrice, Romy Schneider, dans la peau d'un grand personnage, l'impératrice Sissi. C'est kitsch et sirupeux, mais on pardonne tout à Romy ! Enfin, presque...
– ***Welcome in Vienna*** (Alex Corti, 1982-1986). Là encore, une trilogie, mais incomparable. On y suit la trajectoire d'un adolescent juif, Ferry Tobler, dans sa fuite de Vienne, au lendemain de la Nuit de cristal de 1938 (1er volet). Il arrive à New York, où il va rapidement déchanter (2e volet), avant de rejoindre sa ville natale, une fois la guerre achevée (3e volet). Une superbe fresque humaine inspirée de la vie de Georg Stefan Troller (le coscénariste).
– ***Amadeus*** (Miloš Forman, 1984). Adapté de la pièce éponyme de Peter Shaffer. Mozart, incarné avec brio par Tom Hulce, arrive à Vienne. Sa réputation effraie ses rivaux, Antonio Salieri le 1er, qui va tenter de l'évincer tout en l'approchant pour mieux l'appréhender. César du meilleur film étranger, oscar du meilleur film et du meilleur acteur en 1985 (40 prix en tout !).
– ***La Pianiste*** (Michael Haneke, 2001). Adapté du livre éponyme d'Elfriede Jelinek. Erika (Isabelle Huppert) enseigne le piano au Conservatoire de Vienne, vit avec sa mère (Annie Girardot) et pratique régulièrement le voyeurisme. Arrive Walter (Benoît Magimel), un jeune élève qui tombe rapidement amoureux d'elle et avec lequel elle va entretenir une relation aussi attendue que perverse. Grand prix du jury à Cannes.
– ***Dog Days*** (Ulrich Seidl, 2002). Le récit de 6 personnages se croisant dans une banlieue viennoise caniculaire et étouffante. L'occasion de dresser un portrait cauchemardesque du genre humain, d'autant plus violent qu'il est réaliste et ordinaire. Grand prix à la Mostra de Venise.
– ***Le Braqueur*** (Benjamin Heisenberg, 2010). Johann est un marathonien couronné de succès. Mais cela ne lui suffit pas, il braque également des banques. Sans cesse en mouvement, il vole puis s'enfuit, non pas à bord d'une voiture mais en courant à travers les rues de Vienne. Un film qui ne manque pas de souffle !
– ***Une seconde femme*** (Umut Dağ, 2012). Plongée dans la communauté turque de Vienne, Fatma vit avec son mari, Mustafa, et leurs enfants. Leur vie va changer quand arrive la belle Ayse, une jeune femme choisie en Turquie pour épouser son fils. Fatma décide alors d'en faire la 2e femme de son mari et sa complice.
– ***Nouveau Souffle*** (Karl Markovics, 2012). 18 ans, Roman a purgé la moitié de sa peine. Pour être libéré sur parole, il accepte de travailler à la morgue de Vienne.

Un jour, il découvre le corps d'une femme qui porte le même nom que lui. Il se lance alors à la recherche de sa mère, une femme qu'il n'a jamais connue. Un beau film, réaliste et sobre.

– ***La Femme au tableau*** (Simon Curtis, 2015). Hélène Mirren incarne une septuagénaire américaine décidée à récupérer un tableau de Klimt, volé à sa famille juive par les nazis et exposé à Vienne comme patrimoine national autrichien. Une histoire vraie !

– On peut aussi signaler 2 films tournés en partie à Vienne, en 2011. Le 1er, ***A Dangerous Method,*** ravira les fans de Vigo Mortensen, qui joue Freud aux côtés de Michael Fassbender (alias Jung). Le 2d, ***360,*** est une (très) libre adaptation de *La Ronde,* d'Arthur Schnitzler, avec Jude Law et Anthony Hopkins.

Sur les traces du *Troisième Homme*

Le film ***Le Troisième Homme*** n'a rien perdu de son pouvoir de fascination. Comment ne pas réserver une place spéciale à l'un des chefs-d'œuvre du cinéma mondial qui obtint le grand prix du Festival de Cannes en 1949 ? Une histoire à suspense sur le thème de l'amitié et de la trahison. Parfaitement écrit et réalisé, il fut tourné en noir et blanc en décor naturel à Vienne. Quelques scènes seulement furent mises en boîte dans un studio londonien, comme la scène dans la cabine de la roue du Prater.

En 1945, Vienne est une cité dévastée, divisée, comme Berlin, en secteurs placés sous la responsabilité respective des 4 grandes puissances victorieuses : les États-Unis, la France, la Grande-Bretagne et l'URSS. Le cœur de la ville est administré par chaque puissance à tour de rôle pendant 1 mois. Pour assurer la sécurité, des patrouilles de 4 hommes (un soldat par pays) parcourent jour et nuit ce lugubre décor de vieille cité européenne en ruine. Plat, gris et boueux, le Danube coule le long de la zone russe. Au-dessus du Prater écrasé, envahi d'herbes folles, la grande roue tournoie sinistrement.

Dans cette ville où les trafiquants du marché noir font fortune, Holly Martins, un romancier américain de 2de zone, part sur les traces de ***Harry Lime,*** son ami d'enfance. Celui-ci est accusé par la police de s'être livré à un trafic de pénicilline frelatée ayant entraîné la folie ou provoqué la mort de nombreux enfants.

Suite à l'écran. La traque viennoise s'achèvera par une inoubliable course nocturne dans les égouts de Vienne, l'une des scènes les plus prenantes du film. Dans *Le Troisième Homme,* obsédé par les contrastes entre le noir et le blanc, le clair et l'obscur, le cinéaste londonien ***Carol Reed*** (1906-1976) tourna beaucoup la nuit, opposant sans cesse les ombres et les lumières. Cela donna au film sa touche unique, cette « inquiétante étrangeté ».

Générique

Le film fut produit par ***Alexander Korda*** (un Hongrois naturalisé britannique), patron tout-puissant de la célèbre *London Film Productions.* Celui-ci voulait faire un film sur l'occupation quadripartite de Vienne après la 2de Guerre mondiale, et demanda à l'écrivain britannique ***Graham Greene*** d'écrire le scénario. Celui-ci commença par écrire une histoire sous forme de roman (voir la rubrique « Livres de route » dans le chapitre « Vienne utile » en début de guide), puis il s'attaqua au scénario. Mais l'auteur l'avoue d'entrée dans la préface : « *Le Troisième Homme* fut écrit non pas pour être lu, mais pour être vu. » Quant à la musique... Pas d'orchestre symphonique, aucun violon ni tambour, comme c'était courant à l'époque dans les grands films, mais une simple mélodie, lancinante et répétitive, jouée à la cithare par le merveilleux Viennois ***Anton Karas.*** Un air inoubliable !

Lieux de tournage

Pour les cinéphiles, nous citons, tout au long du guide, les lieux visibles qui existent toujours aujourd'hui et qu'on peut retrouver au fil d'une simple balade à pied. Il est préférable d'avoir vu et revu le film avant le voyage. Cela pour mieux apprécier cette promenade dans les pas du *Troisième Homme.* Avis aux retardataires, sachez qu'il passe encore toutes les semaines au ***Burgkino*** (voir la rubrique « Culture, cinéma » dans la rubrique « Adresses et infos utiles » du chapitre « Vienne »). L'association ***Dritte-Mann-Tour*** organise des balades sur les pas du *Troisième Homme* (voir la rubrique « Visites guidées » dans la rubrique « Adresses et infos utiles » du chapitre « Vienne »).

CONCERTS CLASSIQUES ET OPÉRAS À PRIX DOUX

Au XVIIIe s, Vienne était à la musique classique ce que Hollywood était au cinéma du XXe : un creuset unique pour les créateurs et un foyer de production artistique sans commune mesure avec les autres villes européennes.
Même si l'âge d'or de ***Mozart, Schubert, Beethoven*** et ***Mahler*** appartient au passé, la ville semble être toujours entraînée dans une farandole musicale incessante. Il suffit de consulter le programme des concerts pour le mesurer. Séjourner à Vienne sans assister au moins une fois à un concert de musique classique ou à un opéra serait vraiment dommage. Les Viennois qui aiment la musique vont au concert plusieurs fois dans l'année, voire dans le mois. Plusieurs raisons à cela : d'abord la qualité et la variété des orchestres, ensuite le prix des billets. Bon, d'accord, le plus dur est de trouver des places (achetez en ligne si vous ne voulez pas faire la queue ou tomber sur des salles déjà archipleines).
Bref, à Vienne, pour quelques dizaines d'euros, n'importe qui peut jouir des meilleures prestations dans des décors somptueux (pour s'organiser, voir « Écouter un concert ou assister à un opéra : où ? quand ? comment ? » dans la rubrique « Adresses et infos utiles » du chapitre « Vienne »).

CUISINE

– ***Attention :*** au restaurant, le pain est facturé en plus des plats commandés, proportionnellement à sa consommation. Cela dit, vous apprendrez très vite à vous en passer, sauf si vous vous arrêtez dans un *Biergarten* ou sur un stand de saucisses au marché pour grignoter sur le pouce. Le reste du temps, avec les pommes de terre et les fameux *Knödel,* demander du pain serait un poil de trop.

Plats traditionnels

La cuisine autrichienne – très bien représentée à Vienne – est largement méconnue et trop souvent comparée à sa voisine allemande. Erreur ! En réalité, au temps de l'Empire austro-hongrois, une famille autrichienne aisée se devait d'avoir à son service une cuisinière de Bohême ou de Hongrie. Au cours des siècles, le pays s'est ainsi enrichi des habitudes culinaires de ses voisins, jusqu'à offrir une ***bonne synthèse de toutes les cuisines d'Europe centrale.*** Un peu de cuisine des Alpes, une bonne dose de Moravie et d'Italie du Nord, une rasade de Croatie et de Galicie, une prise de

UNE CUISINE SANS FRONTIÈRES !

La cuisine viennoise s'est, en fait, inspirée des recettes de l'ancien empire : l'escalope viennoise vient de Milan, comme les gnocchis, le paprika et le goulasch de Hongrie, le strudel d'Orient... Bon, on n'oublie pas le très populaire Tafelspitz, *viande bouillie qui est ici un plat de roi, ou du moins d'empereur, car François-Joseph l'adorait !*

yiddish, de bavarois, de styrien et de slovène, laisser mijoter... C'est une cuisine un peu lourde toutefois car riche en crème fraîche, farine, panure et lard. Si vous restez 1 semaine, vous aurez l'occasion de goûter à l'essentiel des spécialités.

À la lecture des plats qui suivent, certains s'inquiéteront peut-être pour la prononciation, d'autres pour leur régime. Dans le 1er cas, pas de souci, vous trouverez généralement quelqu'un pour vous aider à décrypter la carte... ou un serveur patient. Pour ce qui est des calories, il faut reconnaître que dégoter quelque chose d'un peu diététique dans un resto de campagne peut être une mission plus délicate ! En revanche, la cuisine s'allège dans les grandes villes, notamment à Vienne, où les produits locaux et de saison, bio de préférence, sont de plus en plus souvent mis à l'honneur. Dernière tendance, on trouve de plus en plus de propositions végétariennes sur les menus, y compris dans les *Wirtshaus* les plus traditionnelles.

- ***Knödel :*** sorte de petite quenelle de pommes de terre, de mie de pain ou de semoule pouvant accompagner tous les plats. Parfois farcie. Souvent servie en entrée dans les menus. In-con-tour-na-ble et capable du meilleur comme du pire.
- ***Grießnockerl, Frittaten ou Leberknödel Suppe :*** soupe aux boulettes de semoule, aux lamelles de crêpe salée ou aux *Knödel* de foie. La seule et vraie entrée autrichienne.
- ***Schweinebraten*** (ou *Schweinsbraten*) **:** rôti de porc à l'ail et au cumin, avec des *Knödel* et de la choucroute. Délicieux !
- ***Tafelspitz :*** filet de bœuf bouilli à l'eau, à la manière du pot-au-feu, servi avec une sauce au raifort ou à la ciboulette.
- ***Rindsroulade :*** escalope de bœuf roulée et farcie de lard et de cornichons.
- ***Wiener Schnitzel :*** le plat préféré des Viennois, paraît-il. La plus connue des escalopes panées (veau exclusivement pour bénéficier de l'appellation) se doit d'être servie avec pommes de terre persillées et sauce aux airelles. Aujourd'hui, nombre de restos mettent du porc à la place du veau, par mesure d'économie, et la salade de pommes de terre, avec une tranche de citron, est l'accompagnement le plus courant.
- ***Rindsgulasch :*** bœuf braisé aux oignons et au paprika. Excellent quand il est bien préparé. On le trouve partout, et c'est un nom facile à mémoriser quand on panique face à une carte proposée en v.o. uniquement.
- ***Backhendl :*** poulet pané, accompagné souvent de salade verte. Pour changer des escalopes panées : il n'est aucun poisson, aucune viande, aucun légume qui ici n'ait été recouvert un jour de cette enveloppe dorée, ondulée et croustillante, faite de farine, d'œuf et de chapelure.
- ***Stelze :*** jarret de porc grillé. Une des spécialités des fêtes et des brasseries, à arroser avec de la bonne bière locale.
- ***Geselchtes :*** porc fumé avec de la choucroute.
- ***Bauernschmaus :*** le « délice de l'agriculteur », composé d'une tranche de *Schweinebraten* et de *Geselchtes* avec des saucisses grillées sur un lit de choucroute. Copieux.
- ***Beuschel :*** ragoût d'abats dans une sauce aigre à la crème fraîche. Faut aimer...
- ***Krenfleisch :*** porcelet cuit avec sa couenne, assaisonné de raifort râpé. Attention, c'est fort.
- ***Wild :*** mot qui signifie « gibier » (chevreuil, cerf, lièvre, canard sauvage) et que vous retrouvez à la carte, pour des plats proposés souvent avec une compote d'airelles. Servi en automne.
- ***Eierschwammerln :*** il ne s'agit pas vraiment d'une spécialité autrichienne mais, en juin-juillet, vous les trouverez au menu de tous les restos (ou presque). Il s'agit de girolles servies sautées ou avec de la crème fraîche et accompagnées de *Knödel.* Succulent !

Cuisine viennoise actuelle

On vous a fait peur avec tous ces plats qui tiennent bien au corps ? Allez, respirez ! À Vienne comme ailleurs, les habitudes culinaires ont énormément évolué ces

dernières années. La cuisine s'allège, la consommation de viande diminue, les restos bio fleurissent et les Viennois se rendent volontiers au marché pour faire leurs courses.
Aux emplettes s'associe souvent une petite pause pour prendre un petit déj ou un brunch. Le ***Naschmarkt,*** avec son mélange détonant de stands *Jugendstil* et de bistrots design, n'a plus rien de confidentiel. Quant au marché de l'*Yppenplatz,* dans le quartier d'*Ottakring,* ou au *Karmelitermarkt,* dans l'ancien quartier juif de la Leopoldstadt, les petits bars et restos sympas ne manquent pas non plus, attirant les amateurs de bio et les locavores. Plus question de manger autre chose que des légumes du potager viennois, des viandes ou des produits du Burgenland. Même le miel vient désormais des innombrables ruches implantées sur les toits les plus improbables...

Gâteaux et desserts traditionnels

Un repas viennois ne saurait être complet sans un dessert chaud. Celui-ci peut se prendre dans l'après-midi, après quelques heures de marche. Ils sont généralement préparés à la commande. Goûtez-y même s'ils vous paraissent inhabituels, nous nous en portons garants ! Et puis il y a toutes les tartes aux fruits et autres délices sucrés pour le goûter (mais ne regardez pas votre montre car ici, on peut en manger à toute heure !).

– ***Sachertorte :*** célébrissime gâteau viennois composé de chocolat moelleux avec une fine couche de confiture d'abricots au milieu.
– ***Apfelstrudel :*** est-ce bien utile de présenter ce feuilleté aux pommes, aux raisins secs et à la cannelle, dont la réputation a largement dépassé les frontières ? On le sert en général chaud et nappé d'une crème fouettée. Une variante très populaire : le *Topfenstrudel,* fourré avec du fromage blanc (un peu lourd, donc !).
– ***Salzburger Nockerln :*** une spécialité de Salzbourg, comme son nom l'indique, mais servie partout en Autriche. Soufflé très crémeux dont la forme rappelle les montagnes salzbourgeoises !
– ***Kaiserschmarrn :*** une grosse crêpe aux œufs montés en neige, sucrée et découpée en lamelles, servie avec une compote ou des fruits au sirop. Le dessert préféré de François-Joseph, d'où son nom.
– ***Marillen/Zwetschgen Knödel :*** abricot (ou prune) enrobé d'une pâte et roulé dans de la chapelure. Servi avec du sucre et du beurre fondu.
– ***Germknödel :*** pâte à la levure avec de la confiture de prunes et saupoudrée de grains de pavot moulus. Le grand dessert bohémien.
– ***Palatschinken :*** la crêpe locale avec confiture, fromage blanc ou chocolat. Plus épaisse toutefois que sa cousine française.

LA ROLLS DES PÂTISSERIES

La Sachertorte est à Stefan Zweig ce que la madeleine est à Marcel Proust : la jeunesse disparue. C'est à Franz Sacher, un marmiton de 16 ans au service de Metternich, qu'on la doit. En 1832, le chancelier voulait épater ses invités lors d'un dîner. Le chef pâtissier étant malade, le gamin saisit sa chance et inventa cette génoise parfumée d'un mélange d'épices, fourrée d'une couche de confiture d'abricots, couverte de chocolat, servie avec une légère crème fouettée. Une réussite jamais démentie !

Où se restaurer tout en buvant un verre (ou 2) ?

En dehors des établissements classiques, souvent chers et à l'atmosphère compassée, les lieux de restauration typiquement autrichiens ne manquent pas.
– **Heuriger** *(au pluriel, Heurigen)* **:** désigne à la fois le vin nouveau et l'endroit où l'on peut le déguster, à la belle saison. Cette guinguette familiale, garnie de tables et de

bancs, vient de l'époque où les petits viticulteurs des alentours de Vienne avaient obtenu l'autorisation d'aménager leur habitation en local de vente. Les Autrichiens adorent y venir, seuls ou en famille. On y mange aussi de la charcuterie ou des fromages. Il faut aller se servir soi-même au buffet (une règle établie pour éviter de concurrencer les restaurants traditionnels !). Goûtez aux *Aufstriche,* ces pâtes à tartiner variées (aux œufs, au fromage, au thon, à l'avocat, etc.) qu'on étale en couche épaisse sur du pain noir. Nous vous recommandons particulièrement le *Liptauer,* à base de fromage blanc et de paprika. D'aucuns apporteront leur propre pique-nique, c'est permis ! Le *Heuriger* est alors une formidable étape si vous entreprenez une randonnée. Évitez enfin les établissements trop grands, toujours très touristiques, ou allez-y de préférence au printemps, on y lézarde volontiers au soleil dans la cour ou dans le jardin.

– ***Gasthaus et Gasthof :*** la taverne autrichienne telle qu'on l'imagine, chaleureuse, conviviale. Pour en trouver, si vous êtes parti jouer les trekkeurs urbains autour du Ring, pas de problème : demandez autour de vous, chaque Viennois a « sa » *Gasthaus* (ne dites pas « restaurant », on pensera que vous cherchez une table gastronomique !). Toujours très fréquentée, en général pas trop chère, la *Gasthaus* exhale ses bonnes odeurs de soupes ou de *Schweinebraten* dès le seuil. On y sert de la *Hausmannskost,* autrement dit de la bonne cuisine maison. Les cartes sont aussi fournies que les portions sont copieuses. Alors, faites comme les Viennois : commandez une soupe pour patienter, et un plat du jour avec une salade. Et gardez le sucré pour l'après-midi ! Le soir, seuls les anciens continuent de manger comme 4 (soupe, salade ou accompagnement, plat, dessert) : n'ayez aucune honte à commander un plat unique déjà bien consistant. La *Gasthof* fait davantage auberge campagnarde et peut mettre à votre disposition quelques chambres à coucher.

RIVALITÉS FROMAGÈRES AU CONGRÈS DE VIENNE

Durant l'interminable congrès de Vienne (1815), on ne se contenta pas de redécouper l'Europe postnapoléonienne. Lors du banquet de clôture, une dégustation de 52 fromages régionaux représentant les différents pays en présence opposa en finale le bleu de Bavière, défendu par Metternich, au brie de Meaux, vanté par Talleyrand. C'est le brie qui en sortit vainqueur et fut proclamé « Prince des fromages et 1er des desserts ».

– ***Beisl :*** le bistrot universel, simple et généralement bon marché, avec une petite carte et un plat du jour. Souvent, le midi, on y déjeune léger. La mode aidant, on en trouve de plus en plus qui proposent une restauration davantage élaborée. Un lieu de sortie et de rencontre en somme, en musique souvent.

– ***Würstelstand :*** la solution la plus simple, pratique lorsqu'on visite. Et bon. Ces stands de saucisses grillées ou chauffées à l'eau se trouvent à peu près partout dans le centre-ville. Une attention spéciale pour le *Leberkäse,* un pain de viande découpé en tranches que l'on mange en sandwich ou coupé en petits dés (ne faites pas la moue, c'est succulent). Pour les saucisses, vous avez le choix, montrez du doigt celle qui vous plaît le plus, précisez juste l'accompagnement. En règle générale, dans ces stands, les saucisses sont servies avec du pain et de la moutarde, ou du ketchup. Même en hiver, enlevez vos moufles et pincez délicatement la saucisse avec vos doigts, c'est d'usage ! Sinon, il vous reste la possibilité d'aller dans certaines charcuteries où sont aménagés des petits coins dégustation.

CURIEUX, NON ?

– Toute personne ayant décroché un titre universitaire a droit à être saluée d'un « ***Herr Doktor*** » ou « ***Frau Doktorin*** » (pour les femmes), qu'on ait rédigé une thèse en mathématique, en sociologie ou en histoire de la musique… L'Autriche n'est plus qu'un petit pays au milieu de l'Europe, mais ses habitants peuvent

encore porter des titres aussi longs que les anciennes moustaches impériales. Avec toutes leurs abréviations, ils remplissent aisément une carte de visite.
– Orphelins d'un empire, mélancoliques à l'excès, les Viennois souffrent de toute évidence d'une pathologie singulière : la « ***dépression joyeuse*** ». Principal symptôme : l'autodénigrement, mêlé d'euphorie. Lorsqu'un malheur survient dans le monde, leur 1er réflexe est d'envisager que les choses vont s'aggraver et de toujours prévoir le pire...
– Le gardien des traditions viennoises est l'***Ober*** (le garçon de café). Il y a des choses « qui se font » et d'autres « qui ne se font pas ». Ne jamais l'appeler par un « s'il vous plaît ! » (ou *bitte* en allemand) intempestif. C'est déplacé et contraire à l'esprit des lieux. Il vaut mieux faire un petit signe discret. Selon le rituel immuable, le café servi sur un plateau argenté, afin de ne pas abîmer le marbre des tables, est toujours accompagné d'un verre d'eau (souvenir turc). L'*Ober* expérimenté n'est pas aimable, ne sourit presque jamais et ne respecte que les habitués. Une attitude déconcertante pour les visiteurs. Au café, les clients ne sont pas rois, ils sont simplement tolérés.
– On a coutume de dire que Vienne ne se trouve pas au sud-est de l'Allemagne, mais bien au nord-ouest des Balkans... Le goulasch l'emporte sur la saucisse, et le vin sur la bière. La plupart de ses habitants possèdent des ascendants venant de Hongrie, de Serbie, de Croatie. Quant à l'annuaire téléphonique, il foisonne de noms tchèques.
– Dans la bonne société viennoise, le baisemain, cet héritage de la cour impériale, est encore largement pratiqué. Mais attention à ne pas commettre d'impair : on ne baise la main d'une dame que lorsqu'elle est mariée (*Frau* et non *Fraulein*) et non gantée ; on ne baise pas une main qu'on ne vous tend pas et on ne fait qu'effleurer cette main en s'inclinant légèrement et en évitant d'y poser les lèvres.

GÉOGRAPHIE ET ORIENTATION

À l'extrême est de l'Autriche, voilà une capitale bien ***excentrée*** par rapport au reste du pays, plus proche de la Hongrie, de la République tchèque ou de la Slovaquie que de la Suisse ou de l'Italie. D'ailleurs, Bratislava, capitale slovaque, n'est qu'à 65 km ! En ville, de grands panneaux bleus indiquent la direction de Prague, à 311 km. Il est presque aussi aisé d'aller de Vienne à Budapest que de Vienne à Salzbourg (ville frontalière de l'Allemagne). Bref, on est bel et bien au cœur de cette zone que l'on nomma la *Mitteleuropa*.
Couvertes de près et de bois, blanches en hiver, vertes et éclatantes en été, les collines de la ***Wienerwald*** (« forêt viennoise » en v.f.) marquent en fait la fin des Alpes. De ce balcon en forêt, unique accident du relief autour de cette ville plate, on embrasse Vienne d'un seul coup d'œil. L'agglomération viennoise, qui compte 23 arrondissements, s'étend sur une surface 4 fois plus grande que Paris intramuros, mais elle est moins peuplée.
Vienne semble être traversée par un fleuve. Mais non, il s'agit du ***Donaukanal,*** un canal qui décrit une grande courbe de plusieurs kilomètres, quittant le cours principal du fleuve à l'entrée de l'agglomération, le rejoignant dès sa sortie. C'est un ancien bras du fleuve actuellement canalisé. En réalité, le fameux Danube (plus vert-gris que bleu) passe tranquillement au nord d'une ville qui l'a longtemps dédaigné, le remarquant à peine. Fleuve romantique et wagnérien par excellence en amont, dans la Wachau notamment, le voilà à Vienne plus austro-hongrois que nature, et il devient magyar à mesure qu'il se dirige vers la plaine hongroise toute proche.
– La ville s'organise autour du *Bezirk 1,* le 1er arrondissement, le ***centre historique*** *(Innere Stadt).* Beaucoup des monuments à visiter (musées, églises, palais...) y sont rassemblés, ça tombe bien. Il s'agit de l'endroit le plus fréquenté par les touristes. La découverte de ce secteur, presque exclusivement piéton, peut se faire entièrement à pied.
– Le ***Ring*** est une succession de grands boulevards qui ceinturent la vieille ville depuis plus de 150 ans, tel un anneau bourdonnant de vie et de circulation.

Plantés d'arbres, ombragés, ouverts aux tramways et aux voitures, ces boulevards portent des noms qui se terminent tous par « ring » : Schottenring, Burgring, Opernring, Schubertring... C'est un point de repère important dans la topographie de la ville : en empruntant les lignes n°s 1 et 2 du tram, on peut en voir l'essentiel, par étapes ou non.

– La 2e ceinture de boulevards, plus connue sous le nom de ***Gürtel*** (qui se traduit par « ceinture »), se trouve 2 km plus loin, au-delà du Ring. Il s'agit là encore de boulevards qui se suivent sur des kilomètres et dont le nom se termine toujours par « Gürtel » : Lerchenfelder Gürtel, Mariahilfer Gürtel, Margaretengürtel... Ils encerclent réellement la ville une 2e fois. Le métro aérien y passe. 2 importantes gares ferroviaires les balisent : la Westbahnhof (gare de l'Ouest) et la Hauptbahnhof (la nouvelle gare principale).

– ***Entre les Ring et les Gürtel,*** plusieurs arrondissements se suivent, du 3e jusqu'au 9e. C'est là que se concentre aujourd'hui l'essentiel de la vie viennoise avec ses grandes artères commerciales (Mariahilfer Straße), ses quartiers branchés (autour de la Wienzeile) et sa faune underground (dont le *Wuk* sur la Währinger Straße constitue le lieu de rassemblement favori). La meilleure façon d'y circuler : à pied, en tram, en bus ou à bicyclette.

– ***Au-delà des Gürtel*** s'étend une Vienne plus provinciale, plus aérée, avec d'immenses cimetières, des parcs fleuris au printemps, des espaces verts, des quartiers résidentiels. Les quartiers industriels s'étendent au sud et au sud-est de Vienne, entre la ville et l'aéroport notamment.

– Le ***château de Schönbrunn*** est situé à seulement 4 km à l'ouest du centre de Vienne. C'est souvent le 2^{d} monument (après la Hofburg) que visitent ceux qui « font la ville » en quelques jours. On peut s'y rendre très rapidement (10 mn) en *U-Bahn.*

Comment lire une adresse ?

On peut déceler le numéro de l'arrondissement *(Bezirk)* d'une adresse rien qu'à la lecture de son code postal. Exemple : Pension Sissi, Postgasse 7, A-1010 Wien. Le numéro de l'arrondissement est formé par les 2e et 3e chiffres, soit 01, c'est donc dans le 1er arrondissement qu'on trouve cette célèbre pension. Si c'est 02, c'est donc le 2e arrondissement (bien, vous suivez...) et ainsi de suite.

Sur certaines brochures, des adresses sont parfois libellées de la façon suivante : Pension Leopold, 6 Brauergasse 21... Le chiffre 6 brut de brut, sans être précédé du zéro et placé devant le nom de la rue, indique le numéro de l'arrondissement, et le 21 indique le numéro dans la rue (idem sur les plaques indiquant le nom des rues : le chiffre de l'arrondissement précède le nom)...

Autre piège : vous devez vous rendre chez un mystérieux correspondant qui détiendrait les mémoires secrets de Sissi (si !). Sur sa carte de visite, on trouve : A-1070 Wien, Nouvorichgasse 45/3/6. Il habite donc l'Autriche (le A), dans le 7e arrondissement de Vienne, au numéro 45. Le 3 après 45 indique l'entrée dans un bâtiment « à entrées multiples », et le 6 après le 3, le numéro de la porte de l'appartement. Encore un détail, mais qui a son importance : si vous découvrez que l'adresse qu'on vous indique est située Schubertstr., pas de panique, il s'agit bien de la rue Schubert – en abrégé, « Str. » remplaçant le mot *Straße.*

HISTOIRE

Des Romains aux Habsbourg

Sous le nom de *Vindobona,* les Romains font de cet ancien campement celte au bord du Danube un poste avancé de leur empire face aux Germains. Son site privilégié, dans une vallée fertile, allait amener l'installation d'un nœud de communications assurant – déjà – une liaison facile entre l'Orient et l'Occident, le Sud et le Nord. ***Marc Aurèle*** y meurt probablement en l'an 180, après avoir vaincu les Marcomans, descendus des monts de Bohême. Chemin de passage obligé de tous les Barbares durant 4 longs siècles, la région de Vienne se constitue pendant la période carolingienne en *Marche de l'Est (Ostmark).* Après la mort de Charlemagne, discordes et rivalités opposent ses petits-fils, et la « Marche » passe aux mains des Magyars en 880.

DU SANG SUR LE DRAPEAU

*D'où viennent les couleurs du drapeau autrichien qui a remplacé celui de l'empire après 1918 ? Au XII*e *s, lors d'une bataille contre les Maures, le duc de Babenberg arborait une tunique blanche tachée de sang. Lorsqu'il retira sa ceinture, une bande blanche apparut. Rouge, blanc, rouge !*

Du Xe au XIIe s, Vienne est la petite capitale d'un duché de la famille franco-bavaroise des ***Babenberg*** (cadeau de l'empereur allemand Otton Ier, arrivé au pouvoir en 955), qui assure à la ville une longue période de paix et de prospérité. Apparaît alors officiellement le nom d'*Ostarrichi* (« pays de l'Est », qui deviendra ***Österreich,*** « Autriche » en v.f.). En 1156, les Babenberg reçoivent le titre de ducs et font de Vienne le centre du duché autrichien. Au début du XIIIe s, construction de la 1re enceinte de la ville.

Difficile de ne pas évoquer ici le « spectre » d'Ottokar (petit clin d'œil aux lecteurs de *Tintin* !). À la mort du dernier des Babenberg, Frédéric II, en 1246, le roi de Bohême, ***Przemysl Ottokar II,*** tente de s'emparer du duché, mais il se heurte à l'opposition d'une nouvelle dynastie appelée à mettre son empreinte sur tout le pays.

Débute alors (en 1278) le long règne des ***Habsbourg,*** famille noble originaire de Suisse. L'université de Vienne est fondée en 1365 par Rodolphe IV, qui fait aussi construire la version gothique de Saint-Étienne. En 1421, la communauté juive est chassée de la ville. Vienne devient en quelques années la capitale d'un territoire très convoité. Le roi de Hongrie ***Matthias Corvin Ier*** s'en empare en 1485. Après sa mort, en 1490, Maximilien Ier reprend le contrôle de la ville. En 1521, Charles Quint, son petit-fils qui règne sur l'empire depuis 1519, confie, par précaution, l'Autriche à son frère ***Ferdinand.*** La branche autrichienne des Habsbourg régnera sur l'Autriche et l'Europe centrale jusqu'en 1918.

LA MALÉDICTION DES HABSBOURG

Les multiples mariages consanguins de la famille impériale qui régna longtemps sur l'Autriche et l'Espagne provoquèrent une dégénérescence et des malformations qui empoisonnèrent le sang d'une partie des familles régnantes européennes. Le menton en galoche et la mâchoire avancée (prognathisme) de Charles Quint se retrouva jusque dans les traits de l'empereur Pierre II du Brésil, 300 ans plus tard.

Vienne, capitale du Saint Empire

Le XVIe s est décisif pour Vienne : elle connaît son lot d'épreuves. Exécution du maire opposé à l'autoritarisme des Habsbourg, nouveau statut de la ville, incendies, construction de nouveaux remparts... L'attaque turque en 1529 provoque de nombreuses destructions, mais les troupes de ***Soliman*** minées par les pluies et les maladies doivent lever le siège après 19 jours. Vienne, à qui nul ne conteste plus le rang de capitale du Saint Empire, grandit spontanément. Les styles, comme les populations, se mêlent, le centre se couvre de beaux hôtels particuliers et, bien sûr, d'églises. C'est alors une ville très peuplée, qui offre aux yeux des visiteurs un dédale de rues tournantes, où les maisons collées les unes aux autres se protègent du froid comme des hommes.

En 1679, elle est à nouveau frappée par la ***peste,*** puis subit, 4 ans plus tard, le dernier ***assaut turc.*** Le plus rude aussi : 200 000 Ottomans campent près des remparts sous le commandement du grand vizir ***Kara Mustafa.*** Après 2 mois de siège et sur le point de tomber, Vienne reçoit l'aide décisive des troupes polonaises de *Jean III Sobieski,* ralliées par le prince *Eugène de Savoie.* Cette défaite des Ottomans est le point de départ d'une campagne militaire de 16 ans permettant aux Habsbourg de reprendre les territoires de Hongrie et de Croatie. Cette victoire mettra définitivement fin à la menace ottomane en Europe centrale.

Le départ des Turcs en 1683 est aussi l'occasion d'un renouvellement et d'un embellissement de la capitale impériale. Tous les nobles veulent avoir à Vienne un palais témoignant de leur puissance et de leur goût, à l'image du château du Belvédère du ***prince Eugène de Savoie,*** commencé en 1713, modèle de grâce et d'élégance, monument de l'art baroque. Léopold rêve de faire de Schönbrunn un autre Versailles. Les Viennois aiment le baroque-rococo autant que le spectacle, l'un n'allant pas sans l'autre.

Le long règne (de 1740 à 1780) de ***Marie-Thérèse d'Autriche,*** fille de Charles VI, va combler leurs vœux. Elle est sans conteste la 1re grande figure féminine de l'histoire autrichienne et lance des réformes utiles et durables : l'instruction publique devient obligatoire, les universités sont soustraites à l'autorité ecclésiastique pour être des institutions nationales, la torture est abolie, etc. C'est aussi une époque de grand rayonnement musical, avec ***Gluck, Haydn*** et ***Mozart.***

A.E.I.O.U.

La devise des Habsbourg, à peine prétentieuse ! Soit, en latin, Austria est imperare orbi universo *(« Il appartient à l'Autriche de régner sur l'Univers »), et, en allemand,* Alles Erdreich ist Österreich untertan *(« Toute la terre est soumise à l'Autriche »). Rien que ça !*

À sa mort, en 1780, son fils ***Joseph II*** poursuit son œuvre tout en mettant en route des réformes qui feront d'une ville de 200 000 habitants ou presque la capitale de ce « Siècle des lumières », où la musique est reine.

Si, à la Cour du XVIIIe s autrichien, les préséances sont strictement respectées, en revanche il semble que la vie à Vienne, côté jardin ou dans la rue, bénéficie d'un climat particulier. On nous décrit un empereur circulant sans façons au milieu de ses sujets, la familiarité ne risquant jamais ici de dégénérer en irrespect. Heureux temps !

Napoléon, François-Joseph et les autres...

À partir de 1804 et du sacre de Napoléon, prospérité et sérénité sont menacées par les visées napoléoniennes : Vienne est occupée en 1805 et en 1809 par la Grande Armée. Entre ses 2 passages, François Ier préfère renoncer carrément à la couronne du Saint Empire romain germanique. Et même si une partie de la population a fini par s'habituer à la présence des Français, le mariage de la fille de l'empereur, ***Marie-Louise,*** avec « cet aventurier couronné », est considéré comme signe avant-coureur de « nouveaux malheurs », de futures campagnes. Une alliance voulue par le nouvel homme fort du régime, le chancelier ***Metternich,*** va entraîner le pays dans une ronde qui finira, en 1848, sur une note douce-amère.

POUVOIR DES CASSEROLES OU CASSEROLES DU POUVOIR !

En 1814, au congrès de Vienne, la France était affaiblie par la déroute de Napoléon. Grâce au célèbre cuisinier Carême et à sa splendide nièce Dorothée, Talleyrand organisa des dîners magnifiques et fort convoités. Très vite, la France retrouva son rang dans les négociations.

De septembre 1814 à juin 1815, une fois l'empereur des Français exilé sur l'île d'Elbe, se déroule l'incroyable ***congrès de Vienne,*** chargé de restructurer l'Europe et de préparer une ère nouvelle après la tornade napoléonienne. Une subtile partie d'échecs sous couvert de mondanités, de parties fines, de fêtes en tout genre, va alimenter les chroniques européennes pour un bon bout de temps... De 1815 à 1848, Vienne connaît une nouvelle période prospère et paisible appelée communément « ***Biedermeier*** », nom inventé pour qualifier l'archétype du bon bourgeois moyen, amoureux de son confort, qui se retrouvait aussi bien dans la décoration cosy que dans les *schubertiades,* les bals, les cafés, les parties de campagne de l'époque. Il témoigne en général d'un repli vers un conservatisme rassurant.
La ville s'industrialise aussi. Spéculation immobilière, circulation et prix en hausse mais denrées alimentaires en baisse créent un climat peu propice à la réconciliation des classes.
Certains s'enrichissent énormément, mais le climat social commence à se détériorer, jusqu'à la crise de 1848. Vienne n'échappe pas au mouvement des révolutions qui frappent cette année-là nombre de pays européens.
De 1848 à 1916, c'est le long règne de ***François-Joseph,*** qui en fait une véritable métropole avec 2 mouvements contradictoires : Vienne, ville de 500 000 habitants, gagne une stature internationale (grands travaux du Ring, construit sur le démantèlement des remparts, très riche vie intellectuelle et culturelle), tandis que l'empire (devenu « austro-hongrois » en 1867) s'effrite, puis se désagrège. Forte de son essor industriel, Vienne s'enorgueillit pourtant en 1873 d'une Exposition universelle retentissante. Un règne de 68 ans donc, qui verra la naissance d'un mythe (qui continue aujourd'hui de faire les belles heures de Vienne) : l'impératrice Sissi.

IL S'EN LAVA LES MAINS

En 1847, le Dr Semmelweis, un Hongrois exerçant à Vienne, comprit que la mortalité des femmes lors des accouchements diminuait si les médecins se lavaient les mains après une autopsie. Malheureusement, il ne put expliquer cette constatation (les microbes ne furent découverts par Pasteur qu'en 1878). Le bon docteur fut donc viré de l'hôpital... après avoir sauvé des centaines de vies.

Sissi, la véritable histoire (1837-1898)

Oublions vite ce que nous avons vu dans les films. Il est vrai toutefois qu'à 15 ans elle fait la rencontre de l'homme que l'on disait destiné à sa sœur aînée (en fait, on lui laissait le choix, à l'héritier) : son cousin et empereur ***François-Joseph.*** Mariée 1 an plus tard, en 1854, Sissi la frondeuse apporte une bouffée d'air frais à cette Cour de Vienne guindée et passéiste. Mais aussitôt, elle déroge à son rang contraignant d'impératrice pour laisser libre cours à sa vraie personnalité : soif de liberté (elle voyagera beaucoup à la fin de sa vie), culte narcissique de la beauté (qui n'était pas seulement un don naturel mais le résultat d'une discipline sévère !). Aimant chevaucher à bride abattue pour entretenir sa forme physique, l'impératrice amazone ambitionne aussi d'être une grande poétesse et laissera dans ses archives pas moins de 500 pages de poèmes. Elle n'est pas seulement – comme ses détracteurs à la Cour le prétendent – une femme qu'un déracinement précoce aurait perturbée : l'aristocratie tchèque n'a jamais compris cette « fille » originaire des montagnes bavaroises. Républicaine de cœur, elle a aussi ce sentiment prémonitoire que la monarchie autrichienne, où elle tient pourtant une place éminente, est caduque et vouée à disparaître.
François-Joseph a rencontré en elle son antithèse absolue. Lui : militaire et fonctionnaire terre-à-terre et scrupuleux. Elle : libérale et fantasque.

Son fils Rodolphe se suicide à Mayerling en 1889 en compagnie de sa maîtresse après avoir été soupçonné de conspirer contre son père. Sissi meurt à son tour à Genève à 61 ans, le 10 septembre 1898, assassinée par un anarchiste italien. Cette impératrice, peu populaire de son vivant, entre alors dans la légende.

Vienne 1900 : le creuset de la modernité

À son apogée, au tournant du XXe s, l'Empire austro-hongrois compte 50 millions d'habitants et couvre une grande partie de l'Europe centrale. François-Joseph règne sur ***12 nations*** et ***19 nationalités*** : de la Bohême à la Bosnie, de la Dalmatie à la Galicie, de Venise à la Silésie. Dans ce vaste conglomérat de peuples et d'ethnies, on trouve des Tchèques, des Moraves, des Polonais, des Galiciens, des Juifs, des Magyars, des Roumains, des Croates, des Ruthéniens, des Serbes, des Bosniaques, des Slovènes, et même des Italiens et des Ukrainiens. Aucune unité, pas de langue commune.

Mais à Vienne, le brassage s'effectue. On y parle l'allemand. La capitale se nourrit de ces nombreux apports culturels et devient une métropole cosmopolite et bouillonnante d'idées. L'empire a atteint son apogée, mais déjà il sombre. L'intelligence, elle, s'emballe. Tandis que l'on valse sous les stucs rococo des palais, une bande de trouble-fête jette un pavé dans la mare des conventions. En fait, c'est une vraie bombe : elle s'appelle la modernité.

Ils revendiquent la liberté du créateur et du chercheur, conspuent la tradition, rejettent les pesanteurs, s'insurgent contre la frivolité, brisent les tabous. ***Freud*** explore les bas-fonds de l'âme humaine. Ses compatriotes angoissés lui racontent leurs rêves et névroses sur son divan. Il invente la psychanalyse. L'architecte ***Adolf Loos,*** influencé par l'architecture de Chicago, dépouille les façades. ***Klimt*** met à nu le corps des femmes ou les pare d'or et, comme Freud, fait la part belle à la libido. ***Schönberg*** invente la musique dodécaphonique. ***Mahler*** rajeunit la symphonie classique. En littérature, ***Schnitzler,*** lui aussi médecin devenu écrivain, ausculte la société viennoise comme une grande malade, ***Karl Kraus*** vilipende ses contemporains et critique sa ville dans des écrits incendiaires, ***Wittgenstein*** explore les limites du langage. Bientôt, ***Stefan Zweig*** sera l'écrivain de langue germanique le plus lu dans le monde.

Vienne fourmille de têtes pensantes et d'artistes, une profusion présente dans peu de capitales européennes à l'époque. Est-ce un hasard si l'on rencontre alors beaucoup d'intellectuels juifs parmi les initiateurs de ce formidable maelström d'idées ?

Dans ce creuset bouillonnant, les inventeurs du XXe s restent de grands sceptiques, des pessimistes actifs en somme. Le doute fait bon ménage avec le génie. Freud a beau ironiser : « Voilà 50 ans que je vis ici, mais quant aux idées nouvelles, je n'en ai jamais rencontré une seule ! » L'écrivain ***Robert Musil*** l'avait prédit : la ***Kakanie,*** nom donné d'après les initiales « K und K » (*kaiserlich und königlich,* soit « impérial et royal »), « était peut-être après tout un pays pour génies ; et peut-être est-ce aussi de cela qu'il a péri ».

Beaucoup de ces précurseurs du XXe s s'exilent ou se suicident. Certains assistent impuissants à l'extinction des Lumières par les nazis en 1938. « Ils étaient sans doute trop jeunes dans un monde trop vieux. »

La Sécession à Vienne

Dans cette Vienne fin de siècle qui découvre les travaux de Sigmund Freud, l'art aussi se met en quête de nouvelles voies. En 1897, ***Joseph Maria Olbrich*** construit le palais de la Sécession et fonde le *Secessionstil* avec ***Gustav Klimt, Koloman Moser*** et ***Josef Hoffmann.*** Ce regroupement d'architectes et de plasticiens aspire à régénérer l'art en profondeur, en opposition au conformisme de la peinture académique du XIXe s. L'Art nouveau viennois – influencé par le symbolisme, le mouvement *Arts & Crafts* anglais et les motifs décoratifs gothiques – s'exprime aussi dans l'illustration en développant une typographie très caractéristique de cette époque. Des artistes comme ***Oskar Kokoschka, Egon Schiele*** et ***Otto Wagner*** rejoignent le mouvement. Klimt provoque le scandale avec ses peintures réalisées pour l'université de Vienne, mais obtient néanmoins une médaille d'or pour son *Allégorie de la Philosophie* lors de l'Exposition universelle de Paris, en 1900. Quant à Schiele, ses œuvres tourmentées et érotiques lui vaudront un petit séjour en prison...

En 1918, 4 grands noms de l'Art nouveau viennois disparaissent. Klimt décède en janvier, Otto Wagner en avril, Koloman Moser en octobre, suivi de près par Egon Schiele, emporté par la grippe espagnole à l'âge de 28 ans. La même année voit la chute de la monarchie austro-hongroise. C'est la fin d'un monde.

LES ORS DE KLIMT

Ce fut à la suite d'un voyage à Ravenne, où il découvrit, ébloui, les mosaïques de Saint-Apollinaire, que Klimt introduisit la dorure dans sa peinture. Mais, si chez les Byzantins cette splendeur illustrait l'ascèse mystique, elle devint chez lui une invitation à de voluptueuses extases, bien moins religieuses.

Vienne la rouge

Les sociaux-démocrates arrivent au pouvoir : ils résolvent en grande partie la crise du logement endémique de la ville, mais ils ne peuvent trouver de réponse à la crise économique qui frappe l'Autriche (comme l'Allemagne). Émeutes populaires en 1927 (incendie du palais de justice), puis véritable ***guerre civile*** en février 1934 entre ouvriers viennois et milices fascistes du chancelier fédéral *Dollfuß.* Le drapeau noir flotte sur Vienne, la rouge.

Mort et renaissance d'une ville

En mars 1938, c'est l'***Anschluss,*** et Hitler proclame du balcon de la Hofburg l'annexion de l'Autriche à l'Allemagne. La *Heldenplatz* (place des Héros) est noire de monde. La communauté juive, forte de plus de 180 000 personnes, endure d'abominables persécutions. ⅓ de cette population sera exterminé dans les camps.

Fin 1944, Vienne est soumise à de terribles bombardements : 25 % des habitations sont entièrement détruites. La ***libération*** de Vienne par les Russes a lieu le 12 avril 1945. Puis, comme à Berlin, la ville est partagée en 4 secteurs d'occupation (russe, américain, anglais et français) avec, en son centre, un secteur international.

De 1945 à 1955, les Viennois connaissent une période difficile où ils doivent recourir à tous les expédients (trafics divers, marché noir) pour ne pas mourir de faim, tout en relevant lentement les ruines. C'est l'extraordinaire atmosphère recréée dans le film *Le Troisième Homme* de Carol Reed (se reporter plus haut à la rubrique « Cinéma. Sur les traces du *Troisième Homme* »).

Le 15 mai 1955, le traité d'État, signé au château du ***Belvédère,*** rétablit l'indépendance du pays, sans que des réparations soient exigées, puisque l'Autriche est reconnue victime de l'Anschluss et ne connaît pas de dénazification comme en Allemagne. La même année, la réouverture de l'Opéra marque le renouveau de la ville, mais il faudra attendre un peu pour passer aux choses sérieuses. Le 26 octobre, le Parlement vote une loi constitutionnelle conférant à l'Autriche le statut permanent de pays neutre. Toute alliance militaire lui est désormais interdite. Le 14 décembre, c'est l'adhésion à l'ONU. Soucieuse de retrouver son rang dans le concert des nations, Vienne s'emploie à devenir le ***siège des principales négociations internationales.***

¼ de siècle plus tard, c'est chose faite : en 1979, Vienne est l'une des 4 villes-sièges de l'ONU, elle va pouvoir accueillir de grandes conférences mondiales, comme les réunions de l'OPEP et celles de désarmement (CSCE). Aujourd'hui, 16 000 diplomates travaillent dans les ambassades ou auprès des organisations internationales installées à Vienne. Parmi eux, on compterait de nombreux ***espions,*** officiellement 3es secrétaires ou autres conseillers. De son côté, l'ONU emploie à Vienne 5 000 personnes originaires de plus d'une centaine de pays. Depuis la chute du mur de Berlin, Vienne est devenue la ***capitale des agents spéciaux et du business mafieux.*** En témoignent les mystérieuses morts récurrentes d'étrangers proches du pouvoir dans leur pays d'origine. L'Autriche offre en effet des avantages incontestables à ses espions : secret bancaire, vente légale de passeport à toute personne investissant quelques centaines de milliers d'euros dans l'économie nationale (!), anonymat complet dans le système de communications (pas besoin de présenter de pièce d'identité pour souscrire un abonnement téléphonique ou Internet), etc. En 2010, le Mossad utilisa des portables autrichiens pour organiser l'assassinat d'un des fondateurs du Hamas...

VIENNE, NID D'ESPIONS

Immortalisée par Orson Welles fuyant par les égouts dans Le Troisième Homme, *Vienne, coincée entre l'Est et l'Ouest, est depuis 1945 le lieu où grenouillent les services secrets de tous bords. On y aurait dénombré quelque 2 500 espions travaillant pour 75 pays différents. D'où une longue liste de morts suspectes et d'échanges de prisonniers plus ou moins discrets...*

Vienne, les Viennois et les Autrichiens

C'est toute cette histoire complexe qu'il faut appréhender pour avoir une chance de comprendre Vienne aujourd'hui, sa place au cœur de l'Europe nouvelle, et même celle qu'elle occupe dans l'Autriche actuelle.

Nombre de Viennois entretiennent une curieuse relation avec leur ville. L'histoire viennoise est jalonnée d'exemples de personnages qui n'ont de cesse de la dénigrer ou de la railler, tels ***Thomas Bernhardt, Karl Kraus...*** Sigmund Freud ne confiait-il pas à son ami Wilhelm Fließ dans une lettre, en 1900, sa haine personnelle pour Vienne, ajoutant qu'il prenait des forces nouvelles dès qu'il posait le pied hors de la ville ? Pourtant, il y est resté la plus grande partie de sa vie. Certes, le climat de l'époque n'était pas à l'euphorie, ainsi que le décrit remarquablement la série policière *Les Carnets de Max Liebermann* (voir la rubrique « Livres de route » dans le chapitre « Vienne utile »).

Quant aux autres Autrichiens, ceux du pays profond, ils ont toujours éprouvé une méfiance à l'égard de Vienne, ***îlot progressiste dans un océan conservateur.***

Déjà en 2000, les jeunes Viennois montraient leur désapprobation face à une Autriche devenue « *haiderienne* » (et donc d'extrême droite), en manifestant massivement dans les rues de la capitale. Et la pluie n'est peut-être pas la seule raison de la faible affluence de Viennois lors de la visite du pape, en 2007. Ce jour-là, les regards étaient tournés vers la naissance à Schönbrunn d'un bébé panda !

ÉLECTEURS EN CULOTTES COURTES

Avec le canton de Glaris en Suisse, l'Autriche présente en Europe la particularité d'accorder le droit de vote aux jeunes citoyens dès 16 ans. En revanche, ils doivent attendre leurs 18 ans pour être éligibles.

Dernières nouvelles de Vienne

Le soir du 2 novembre 2020, un ***attentat terroriste*** a eu lieu dans le centre de Vienne, le 1er du genre dans le pays, faisant 4 morts et 23 blessés.
Proche de l'Italie, l'Autriche a pris des mesures sanitaires strictes dès le début de la pandémie de ***Covid-19,*** au printemps 2020. Relativement peu touché pendant la 1re vague, le pays enregistre un pic de contamination record à l'automne 2020. À l'automne 2021, plus de 66 % de la population est complètement vaccinée. Cela n'empêchera pas un reconfinement national et l'instauration de la vaccination obligatoire face à un regain épidémique important, généralisé en Europe.
Revirement politique sur le plan national : le chancelier ***Sebastian Kurz,*** chef du parti conservateur ÖVP en fonction depuis 2017, a annoncé sa démission en octobre 2021 à la suite d'un nouveau scandale de corruption. Il est remplacé par l'ancien ministre des Affaires étrangères, Alexander Schallenberg, chargé de conduire la coalition avec les Verts lancée en janvier 2020.

MÉDIAS

Votre TV en français : TV5MONDE, la 1re chaîne culturelle francophone mondiale

Avec ses 11 chaînes et ses 14 langues de sous-titrage et sa nouvelle plateforme numérique TV5MONDEplus, TV5MONDE s'adresse à 370 millions de foyers dans 198 pays du monde par câble, satellite et sur IPTV est présent dans plus de 3 millions de chambres d'hôtel. Vous y retrouverez de l'information, du cinéma, du divertissement, du sport, du documentaire...
Préparez votre séjour grâce à son site voyage ● *voyage.tv5monde.com* ● et en voyage, restez connecté avec les applications et le site ● *tv5monde.com* ●
Demandez à votre hôtel le canal de diffusion de TV5MONDE et contactez ● *tv5monde.com/contact* ● pour toutes remarques.

PATRIMOINE

Baroque autrichien

Si le style baroque, tant en peinture et sculpture qu'en architecture, est issu de l'Italie de la fin de la Renaissance, nulle part ailleurs qu'en Autriche – et à Vienne – il n'a trouvé un terreau aussi fertile pour faire éclore autant d'œuvres et de bâtiments remarquables. La conjonction de 2 événements historiques y a largement contribué : d'une part, la ***Contre-Réforme,*** dopée par la fin de la guerre de Trente Ans (1618-1648), provoque un afflux d'artistes catholiques, qui s'attellent, sous la férule des ***jésuites,*** à rénover les bâtiments religieux ; d'autre part, la fin du péril turc (1683) génère, dans l'euphorie, un boom de la construction encouragé par des Habsbourg désireux de se poser en Europe comme ardents défenseurs de la foi. Le goût inné des Viennois pour l'apparat, les couleurs et la fête, fera que leurs artistes égaliseront – dépasseront même parfois – leurs inspirateurs italiens.
Le baroque se rencontre partout à Vienne : intérieurs d'églises croulant sous la profusion des dorures, façades d'abbayes aux couleurs chatoyantes, colonnes de peste et fontaines monumentales, palais fastueux aux décors de théâtre, façades bourgeoises en stucs délicats, fresques à la symphonie de couleurs somptueuses sous les voûtes, buffets d'orgues, grands tableaux d'églises aux sujets bibliques et mythologiques emphatiques, et armées de saints et d'anges entonnant de concert les louanges divines... la litanie est infinie.
Prolongement pour les uns, perversion pour les autres, le style rococo apporte un raffinement presque maniéré aux réalisations du baroque. Préférant la subtilité à la

monumentalité, il se répand en détails savoureux : peintures en trompe-l'œil, stucs délicats utilisant à profusion les motifs végétaux, faux marbres et bois sculptés imitant le bronze. Art du faux-semblant, de la théâtralité et de l'illusion d'optique par excellence !

L'émergence du style baroque coïncide avec l'avènement d'une nouvelle musique instrumentale, liturgique ou festive. Le ***concile de Trente,*** véritable machine de guerre de la Contre-Réforme, avait fixé dès la fin du XVIe s de nouvelles règles liturgiques pour soutenir la pompe des messes chantées en latin.

Pour servir de décor à ce besoin d'emphase, les églises romanes et gothiques sont intégralement rhabillées de neuf : clochers à bulbe, silhouettes pleines d'élégance, où l'irrégularité des contours, la débauche d'ornements, les contrastes colorés, les perspectives déroutantes ne sont plus des fautes de goût. Tout pour le mouvement ! Voilà le credo des artistes du baroque. Là où le gothique se contentait d'un élan vertical propre au sentiment mystique, là où la Renaissance avait imposé le sens des justes proportions chères à l'Antiquité, le baroque fait appel aux 5 sens pour toucher les cœurs et entraîner les âmes vers les félicités célestes. Le fidèle est convié au spectacle des saints sacrements et on lui en met plein la vue : façades conçues comme des portes triomphales, nefs garnies de chapelles latérales, corniches, balustrades et tribunes disposées comme des éléments de décors de théâtre où la lumière, virevoltant sur les dorures, se concentre sur le point focal du maître-autel dont la dynamique verticale aspire le regard vers la voûte, siège de la représentation picturale du Très-Haut.

La haute noblesse n'est pas en reste : à l'instar du prince ***Schwarzenberg,*** elle rénove les vieilles demeures médiévales ou se fait bâtir, en périphérie des villes, des palais sur mesure par les architectes italiens ou leurs élèves autrichiens, à l'instar du Belvédère ou de Schönbrunn, intégrant harmonieusement la profusion d'éléments décoratifs à la nature environnante.

On ne peut passer sous silence les noms de ces innombrables artistes qui ont contribué à faire éclore ce style national, surpassant la formation reçue des maîtres italiens. Ils furent épaulés par une armée d'artisans géniaux, stucateurs, ébénistes, peintres, sculpteurs, marbriers, anonymes souvent recrutés sur place, mais non sans mérite car participant à l'élan général de tout un peuple dans l'expression de l'exubérance et de la joie de vivre.

– ***Johann Bernhard Fischer von Erlach*** *(1656-1723)* **:** né à Graz. Élève du Bernin à Rome, il est le maître d'œuvre du palais de Schönbrunn. Il conçut également la Karlskirche de Vienne, que son fils acheva après sa mort. À lui revient le mérite d'avoir entrepris de faire fusionner tous les arts (architecture, peinture et sculpture) en conjuguant la théâtralité du baroque italien avec la pompe du style français, façonnant un véritable style autrichien.

– ***Johann Lukas von Hildebrandt*** *(1668-1745)* **:** né à Gênes, il fut le rival du précédent et réalisa pour le prince Eugène de Savoie le palais du Belvédère, l'église Saint-Pierre, le palais Kinsky et l'abbaye de Göttweig. Spécialiste des demeures de chasse et des palais de plaisance de la haute aristocratie autrichienne, il séduisit celle-ci par des réalisations d'une rigueur exemplaire, non dénuée de cette légèreté élégante prisée au XVIIIe s.

– ***Georg Raphael Donner*** *(1693-1741)* **:** sculpteur qui s'est largement inspiré de Michel-Ange. Réalisateur de groupes de figures pour de nombreuses églises, châteaux et places. Son œuvre la plus connue : la fontaine du Neuer Markt à Vienne.

Hôtels littéraires

« La force littéraire d'un immeuble est comparable, dans bien des cas, à celle d'un homme », a écrit le poète ***Mac Orlan.*** À Vienne, les hôtels appartiennent bel et bien à la carte romanesque de la ville et à sa géographie imaginaire au même titre que les demeures de musiciens. Palaces flamboyants de la fin du XIXe s ou pensions familiales sans prétention, ce sont des lieux provisoires et détachés du monde, où des écrivains de passage ont posé les yeux sur Vienne, observé, imaginé des histoires, refait le monde. Certains n'y passèrent qu'une ou plusieurs nuits. D'autres, subjugués par les lieux, séjournèrent plus longtemps et s'en inspirèrent dans leurs livres. Nous avons retrouvé les traces d'une poignée d'écrivains, célèbres pour la plupart, et tous grands voyageurs, oiseaux migrateurs de la littérature à la recherche d'un nid provisoire. Tout au long du guide, nous indiquons ceux de ces établissements qui ont résisté au poids des années.

PERSONNAGES

Nous ne citons pas ici les cinéastes et acteurs, que vous trouverez plus haut, dans la rubrique « Cinéma ».

– ***Thomas Bernhard*** *(1931-1989)* **:** sans doute l'écrivain autrichien le plus connu en France. *Heldenplatz,* pièce qui remémore le discours triomphal d'Hitler sur la place du même nom à Vienne, en 1938, fit scandale au Burgtheater lorsqu'elle fut jouée à l'occasion du 50e anniversaire de l'Anschluss. Animé d'une haine farouche envers l'Autriche, cet écrivain qui se voulait « destructeur d'histoires plutôt que conteur » meurt en interdisant toute impression, représentation ou lecture publique de ses œuvres sur le sol autrichien. Il est aussi l'auteur de *Gel, Perturbation* et *Le Président.*

– ***Eugène de Savoie*** *(1663-1736)* **:** fils fort petit d'Olympia Mancini, nièce du cardinal Mazarin et ancienne maîtresse de Louis XIV, il se fait remarquer à l'adolescence par une vie de débauche. Humilié par la disgrâce de sa mère, compromise dans l'affaire des Poisons, il quitte à 20 ans la France qui lui a refusé un commandement, et jure de n'y revenir qu'à la tête d'une armée. Il entre en 1683 comme volontaire au service de l'empereur d'Autriche. Il débute dans l'armée comme commandant de cavalerie et devient vite feld-maréchal. Chargé en 1697 du commandement de l'armée impériale, il gagne la bataille décisive de Zenta contre les Turcs. Dès lors, la gloire et la fortune lui sont assurées, lui permettant de se faire construire le Belvédère supérieur à Vienne.

– ***Sigmund Freud*** *(1856-1939)* **:** le créateur de la psychanalyse vivait et travaillait au *19 Berggasse* (son appartement, devenu un musée, regroupe ses objets personnels), dans la Vienne de la Belle Époque et de l'entre-deux-guerres. Une capitale qui n'a jamais daigné célébrer en lui le grand découvreur de l'inconscient, celui qui allait bouleverser l'approche psychique des méandres de la nature humaine. Son 1er ouvrage, *L'Interprétation des rêves,* paru en 1899, est passé totalement inaperçu. Par la suite, ses thèses sur l'hystérie n'ayant suscité que scandales et sarcasmes, Freud s'est vu contraint d'abandonner sa carrière de chercheur pour recourir aux gains issus d'une clientèle privée. Le titre de professeur ne lui sera accordé que tardivement. Il eut pourtant grand-peine à quitter l'Autriche nazifiée de 1938 pour émigrer à Londres.

– ***Theodor Herzl*** *(1860-1904)* **:** dépêché à Paris en 1891 par le journal viennois *Neue Freie Presse,* cet écrivain juif, né à Budapest, reçoit de plein fouet l'antisémitisme provoqué par l'affaire Dreyfus. Conscient de l'urgence qu'il y a à rassembler le peuple juif, il publie *L'État juif,* ouvrage fondateur du sionisme. Hésitant un moment sur la possibilité de localiser ce futur État en Ouganda (véridique !), il revient sur le choix de la Palestine.

– ***Josef Hoffmann*** *(1870-1956)* **:** soucieux autant de la façade que de l'intérieur des maisons, il fonde les *Wiener Werskstätte* (Ateliers viennois), où il dessine bijoux, tissus, vaisselle et surtout mobilier, donnant toujours priorité aux « belles » formes et à l'emploi de matériaux précieux. Répondant à l'offre d'une clientèle aisée, il bâtit quelques somptueuses demeures que l'on peut encore visiter à Vienne, telle la villa Primavesi, dans la Gloriettegasse.

– ***Friedensreich Hundertwasser*** *(1928-2000)* **:** l'enfant terrible des artistes viennois. Né Stowasser de son vrai nom et Friedrich de son prénom initial. Surréaliste,

réaliste fantastique ou expressionniste magique ? Ce peintre inclassable et architecte hors normes, provocateur et politiquement iconoclaste, a su gagner l'estime des Viennois en leur offrant la *Hundertwasserhaus* (une surprenante HLM), qui étonne par ses couleurs vives et ses terrasses arborées. À la demande du maire de Vienne, il transforme ensuite l'incinérateur de *Spittelau/Alsergrund* en grande usine futuriste (!), avec cette même verve fantaisiste et naïve qui le caractérise. Écologiste des 1res heures, il affirmait œuvrer contre « la pollution optique de l'environnement ».

– ***Gustav Klimt*** *(1862-1918)* **:** le plus réputé de tous les peintres autrichiens. Cofondateur puis 1er président de la Sécession viennoise (forum du renouveau de l'art autrichien), il puise autant dans l'impressionnisme français que dans l'art japonais ou byzantin. Ses personnages – dont il ne représente en général que le visage et les mains – sont incrustés dans des motifs ornementaux agencés en mosaïque. Il vit avec ses chats et peint les femmes, nues ou parées d'or. Les bourgeoises « branchées » de l'époque se sont vite donné le mot pour servir de modèle au maître, d'où une galerie de portraits assez fournie.

– ***Oskar Kokoschka*** *(1886-1980)* **:** autre figure de l'expressionnisme autrichien, Kokoschka tente de comprendre la complexité du psychisme humain en peignant des êtres déchus. Après avoir collaboré aux Ateliers viennois de Hoffmann, il renonce à l'expressionnisme pour se tourner vers l'étude plus sereine des paysages qu'il découvre au gré de ses fréquents déplacements en Allemagne, en France, en Italie, en Suisse et en Angleterre, où il se réfugie en 1939 à la suite de la campagne nazie contre « l'art dégénéré ». On lui consacre une collection permanente au Belvédère.

– ***Adolph Loos*** *(1870-1933)* **:** élève d'Otto Wagner, c'est un adepte du minimalisme, pour qui « l'ornement est un crime ». Ne laissant agir que le matériau et les lignes, il choque ses concitoyens en édifiant sur la *Michaelerplatz* un immeuble commercial que les Viennois surnommeront « la Maison sans sourcils » à cause de la grande sobriété de sa façade. L'empereur François-Joseph, qui habitait en face, aurait condamné certaines de ses fenêtres pour ne pas avoir à la contempler.

– ***Alma Mahler*** *(1879-1964)* **:** elle grandit dans un milieu aisé à Vienne. Parmi les amis de son père, Gustav Klimt à qui elle aurait donné son « 1er baiser ». Musicienne cultivée, elle fréquente d'éminents intellectuels viennois, dont *Freud,* le directeur de théâtre *Max Burckhard* et le compositeur *Alexander von Zemlinsky,* avant d'épouser *Gustav Mahler* en 1902, de 20 ans son aîné. Elle lui donne 2 enfants, mais leur relation tumultueuse et sa frustration d'avoir sacrifié ses propres ambitions artistiques la conduisent dans les bras de *Walter Gropius,* le fondateur du Bauhaus, qu'elle épouse à la mort de Mahler en 1911. Pendant 2 ans, c'est au tour d'*Oskar Kokoschka* d'être son amant, mais, effrayée par la passion qu'elle suscite en lui, Alma quitte le peintre pour le romancier Franz Werfel et se trouve enceinte de celui-ci, à l'âge de 40 ans, alors qu'elle est toujours mariée à Gropius. Elle divorce et épouse *Franz Werfel* en 1929. En 1938, ils fuient l'Anschluss et se réfugient en France. Mais l'invasion et l'occupation de la France par les Allemands les contraignent à se réfugier près de Marseille. Après un long périple, ils s'installent en Californie. Après la mort de Werfel en 1945, Alma retourne à New York, où elle jouera un rôle culturel majeur jusqu'à sa mort.

– ***Gustav Mahler*** *(1860-1911)* **:** auteur de symphonies grandioses et magistralement orchestrées, il connut un long purgatoire jusqu'à ce que le grand public le redécouvre avec le film de Visconti *Mort à Venise.* Directeur de l'Opéra de Vienne de 1897 à 1907, il régentait son orchestre d'une baguette de fer, allant jusqu'à des violences physiques. Mais c'est grâce à cette opiniâtreté sans faille que Mahler a pu, en dépit de l'antisémitisme ambiant, imposer la modernité de ses compositions. On lui prête enfin ce mot catégorique, digne du personnage : « La tradition, c'est de la veulerie ! »

– ***Hans Makart*** *(1840-1884)* **:** influencé par les styles Renaissance et baroque, ce peintre, très prisé sur la scène viennoise à son époque (il était très chic d'avoir une pièce de sa maison en style Makart), fut catégoriquement dédaigné par la suite. Ses peintures, toujours surdimensionnées, reposent sur de grandes mises en scène théâtrales, comme cette *Entrée de Charles Quint à Anvers,* avec une abondance de couleurs et des formes humaines plantureuses. Makart aura été le peintre charnière entre l'académisme du XIXᵉ s et le *Jugendstil.*

– ***Wolfgang Amadeus Mozart*** *(1756-1791)* **:** bien que né à Salzbourg, l'enfant prodige est incontestablement une figure viennoise. D'aucuns ont voulu souligner son comportement caractériel, d'autres sa misérable inhumation dans une fosse commune du cimetière Sankt Marx à Vienne ! Contentons-nous ici d'une seule image idyllique : le petit Wolfie faisant montre de ses acrobaties pianistiques à l'archiduchesse Marie-Thérèse, sous le regard sévère de son père Léopold, musicien lui aussi. L'enfant surdoué est impassible et concentré. Il ne commet aucune erreur. Il n'a que 6 ans. Le reste ? Il suffit de fermer les yeux et d'écouter.

– ***Robert Musil*** *(1880-1942)* **:** dans *L'Homme sans qualités,* son roman culte, Musil nous convie dans un pays imaginaire qu'il nomme Kakanie, mais que chacun identifiera au vieil empire déclinant ou à notre civilisation moderne, absurde et meurtrière. Docteur en philosophie et en sciences après avoir été élève à l'Académie militaire de Vienne, Musil s'enfuit en Suisse en 1938 – l'année maudite – où il passe les 4 dernières années de sa vie dans un dénuement matériel cruel.

– ***Egon Schiele*** *(1890-1918)* **:** inspiré par l'impressionnisme et influencé par Klimt, il exécute la majeure partie de son travail au crayon, à l'aquarelle et à la gouache, sur des fonds vides et monochromes. Figure majeure de l'expressionnisme autrichien, il connaît la célébrité en 1912 mais se retrouve illico derrière les barreaux pour ses dessins jugés immoraux. Ce séjour en prison ne fait que renforcer sa révolte, et ses sujets deviennent de plus en plus provocants et érotiques. Outre ses très nombreux autoportraits tourmentés, son œuvre est traversée de personnages décharnés, aux poses souvent énigmatiques, où pulsions d'amour et de mort sont toujours intimement liées. Il meurt à 28 ans, emporté par l'épidémie de grippe espagnole. Vous pourrez voir une partie de ses tableaux au Belvédère, au musée Leopold et au musée d'Histoire de la Ville de Vienne.

UN ART LOUCHE

Sur certains de ses autoportraits, Schiele se représente avec un léger strabisme. Un clin d'œil ironique, si l'on peut dire, à ses détracteurs qui n'hésitaient pas à le railler par des jeux de mots faisant allusion à son nom de famille, le verbe schielen *signifiant « loucher » en allemand.*

– ***Arthur Schnitzler*** *(1862-1931)* **:** écrivain et médecin, ce contemporain de Freud savait mieux que quiconque disséquer l'âme viennoise qui, à la veille du démembrement de l'empire, laissait transparaître une étrange mélancolie funèbre derrière sa gaieté apparente. Dans une lettre, le grand psychanalyste lui demande : « Où avez-vous donc puisé ces connaissances secrètes que je me suis procurées après de pénibles recherches ? » Schnitzler a aussi rendu compte de l'irrésistible ascension de l'antisémitisme qu'il percevait comme le signe avant-coureur d'une dégénérescence des valeurs occidentales, incarnées dans l'Empire austro-hongrois en pleine déconfiture. À lire : *Vienne au crépuscule* et son *Journal.*

– ***Arnold Schönberg*** *(1874-1951)* **:** après s'être essayé à un style postwagnérien, Schönberg fait éclater les lois de la tonalité musicale, en vigueur depuis 300 ans, et libère l'espace de la composition : la musique dodécaphonique, fondée sur la gamme chromatique de 12 demi-tons, était née ! En 1908, il s'adonne parallèlement à la peinture, sous l'impulsion de Kandinsky. Juif, il doit s'exiler en Californie dès 1933, laissant dans son sillage des élèves aussi importants qu'Anton Webern ou Alban Berg, tous issus de l'école de Vienne, dont Schönberg avait été la figure centrale.

– ***Franz Schubert*** *(1797-1828)* **:** il fit partie de la célèbre chorale des « Petits Chanteurs de Vienne ». Adolescent, il commence à composer au moment où Beethoven atteint, lui, le sommet de son art. Génie de l'invention mélodique, Schubert est sans doute le compositeur le plus authentiquement autrichien : ses œuvres ne trahissent-elles pas une mélancolie toute viennoise ? Grand maître des lieder (poèmes chantés et accompagnés au piano), avec *La Truite* ou *Le Roi des aulnes,* qu'il a su imposer comme genre musical à part entière, le musicien romantique était célébré dans des soirées appelées « schubertiades ». Celles-ci sont reprises aujourd'hui, sous une forme modifiée, au château de Hohenems (près de Bregenz) et à Vienne.

– ***Johann Strauss fils*** *(1825-1899)* **:** le « roi de la valse » aurait repris sagement le flambeau de son père si celui-ci, également prénommé Johann et compositeur renommé, ne l'avait destiné à une carrière d'employé de banque ! Persévérant grâce à l'appui financier de sa mère, il fonda son propre orchestre à 19 ans et entra en concurrence sauvage avec son célèbre ascendant. À la mort de ce dernier, il devint directeur des bals de la Cour et signa les valses les plus célèbres *(Le Beau Danube bleu, La Valse de l'Empereur)* ainsi que des opérettes *(La Chauve-Souris).* Ses frères Josef et Eduard, également compositeurs, n'eurent pas la même notoriété. La dynastie des Strauss incarna de belle manière l'âge d'or autrichien. Et depuis Johann, le monde entier pense que le Danube est bleu, ce qu'il n'est pas !

– ***Otto Wagner*** *(1841-1918)* **:** « Rien ne peut être beau si ce n'est pas en même temps utile. » C'est avec ce principe de l'art appliqué au quotidien (fonctionnalisme) que le grand architecte viennois délaisse l'historicisme officiel pour se lancer dans un projet architectural fou (qu'il ne mènera jamais à terme) visant à faire d'une rue populaire de Vienne, la Wienzeile, un pendant moderne à la très conformiste Ringstraße. Pionnier du *Jugendstil,* il est à l'origine de nombreux bâtiments viennois, dont les 2 immeubles d'habitation du Naschmarkt, la Caisse d'épargne postale, les stations du 1er métropolitain et, plus excentrée, la stupéfiante église de l'hôpital psychiatrique de Steinhof. Tous font apparaître une rigueur géométrique qui se démarque de notre Art nouveau, féru de courbes, et un assemblage original de matériaux, comme le métal et la pierre.

– ***Conchita Wurst*** *(1988)* **:** Thomas Neuwirth, drag-queen barbue gagnante du concours de l'Eurovision en 2014, a conquis sa place dans le paysage autrichien. D'ailleurs, en arrivant à l'aéroport de Vienne, c'est iel que vous verrez sur les affiches ! Au-delà de ce qui peut sembler anecdotique, iel symbolise un message de tolérance et de droit à la différence pas si anodin qu'il y paraît.

– ***Stefan Zweig*** *(1881-1942)* **:** son livre *Le Monde d'hier* témoigne d'une Europe parvenue à l'heure de la fin. Auteur fécond, il est tour à tour romancier, historien, journaliste, et consigne dans son fameux *Journal,* tenu de 1912 à 1940, une somme d'informations édifiantes. Critique virulent du nationalisme, « la pestilence des pestilences », il assiste impuissant à la nazification de l'Autriche après l'assassinat du chancelier Dollfuß, et s'exile au Brésil, où il mène une existence de plus en plus dépouillée jusqu'à son suicide en 1942. Parmi ses ouvrages les plus célèbres : *Le Joueur d'échecs.*

SITES INSCRITS AU PATRIMOINE MONDIAL DE L'UNESCO

Organisation des Nations Unies pour l'éducation, la science et la culture

En coopération avec le Centre du patrimoine mondial

Pour figurer sur la liste du Patrimoine mondial, les sites doivent avoir une valeur universelle exceptionnelle et satisfaire à au moins 1 des 10 critères de sélection. La protection, la gestion, l'authenticité et l'intégrité des biens sont également des considérations importantes.

Le patrimoine est l'héritage du passé dont nous profitons aujourd'hui et que nous transmettons aux générations à venir. Nos patrimoines culturel et naturel sont 2 sources irremplaçables de vie et d'inspiration. Ces sites appartiennent à tous les peuples du monde, sans tenir compte du territoire sur lequel ils sont situés. Pour plus d'informations : ● *whc.unesco.org* ●

Voici les sites traités dans ce guide :
- ***les palais et jardins de Schönbrunn*** (1996) ;
- ***le centre historique de Vienne*** (2001).

VIENNE ET LA MORT

Les Viennois ont longtemps possédé une fascination légendaire pour la mort. « La mort doit être viennoise », a dit *Alfred Polgar,* écrivain du début du XXe s. Mais Vienne n'est pas pour autant une ville triste. Une ville ambivalente plutôt. S'y confronteraient donc sans cesse les extrêmes : *Mozart* et *Franz Lehár,* le baroque et l'expressionnisme, l'architecture grandiloquente et prétentieuse du Ring et le style Sécession... Éternelle et ouverte opposition de l'existence et du paraître, de la vie et de la mort...

Jamais une société conservatrice ne produisit de littérature aussi contestataire, mais aucune n'accumula non plus autant d'écrivains qui se sont suicidés. Quelques exemples : *Ferdinand Raimund, Adalbert Stifter, Stefan Zweig, Georg Trakl, Ludwig Wittgenstein, Otto Weininger* (qui choisit pour mourir l'appartement où mourut Beethoven), *Carlo Michelstaedter, Josef Weinheber...* Et encore ne parlerons-nous pas de ceux qui sombrèrent dans la folie ou s'exilèrent ! *Horváth,* quant à lui, eut la mort la plus absurde : tué par la chute d'une branche d'arbre sur les Champs-Élysées ! Et que dire d'une cathédrale dont les sous-sols abritent les ossements de dizaines de milliers de Viennois que voisine, sur le *Graben,* la colonne de la peste qui commémore les 100 000 victimes de l'épidémie de 1679 !

Musées. + A faire

- Léopold Museum.
  Fermé Mardi

- Kunsthistoriches
  Fermé Lundi

- Kriminalmuseum
  ~~[illegible]~~ Fermé Lundi +
  Merc.

Lundi

Matin ea de Wien

AM Muséé Léopold

ou prater ~~et~~

Mardi

10h Spanische Reitschule

Après déj Kunst. muséum

Mer ?

~~Kriminalmuse~~

les ROUTARDS sur la FRANCE 2024-2025

(dates de parution sur • **routard.com** •)

Découpage de la FRANCE par le ROUTARD

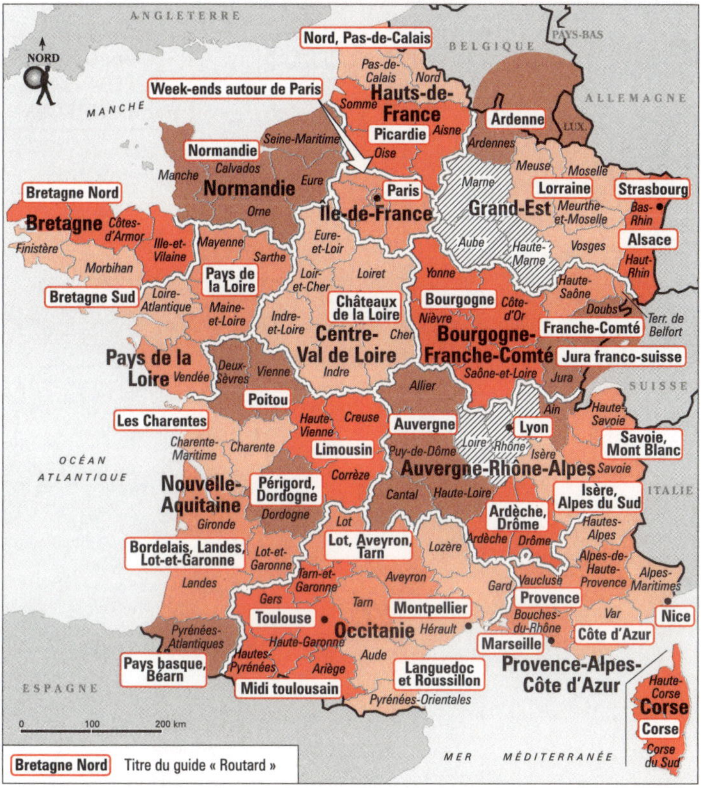

Autres guides sur la France

- Nos meilleurs campings en France
- Nos meilleures chambres d'hôtes en France

Autres guides sur Paris

- Paris
- Paris balades
- Restos et bistrots de Paris
- Le Routard des amoureux à Paris
- Week-ends autour de Paris

Le Routard à vélo

- EuroVelo6
- La Bourgogne du Sud à vélo
- La Flow Vélo
- La Loire à Vélo
- La Vélo Francette
- La Vélodyssée (Roscoff-Hendaye)
- Le Canal des 2 mers à vélo
- Paris Île-de-France à vélo
- ViaRhôna
- Les plus belles escapades à vélo en France

les ROUTARDS sur l'ÉTRANGER 2024-2025

(dates de parution sur • **routard.com** •)

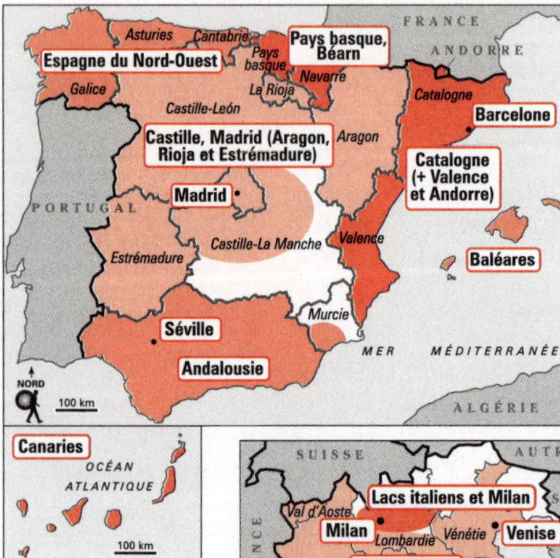

Découpage de l'ESPAGNE par le ROUTARD

Découpage de l'ITALIE par le ROUTARD

Autres pays européens

- Allemagne
- Angleterre, Pays de Galles
- Autriche
- Belgique
- Bulgarie
- Crète
- Croatie
- Danemark, Suède
- Écosse
- Finlande
- Grèce continentale
- Hongrie
- Îles grecques et Athènes
- Irlande
- Islande
- Madère
- Malte
- Norvège
- Pays baltes : Tallinn, Riga, Vilnius
- Pologne
- Portugal
- République tchèque, Slovaquie
- Roumanie
- Suisse

Villes européennes

- Amsterdam
- Berlin
- Bruxelles
- Budapest
- Copenhague
- Dublin
- Lisbonne
- Londres
- Moscou
- Naples
- Porto
- Prague
- Saint-Pétersbourg
- Stockholm
- Vienne

les ROUTARDS sur l'ÉTRANGER 2024-2025

(dates de parution sur • **routard.com** •)

Découpage des ÉTATS-UNIS par le ROUTARD

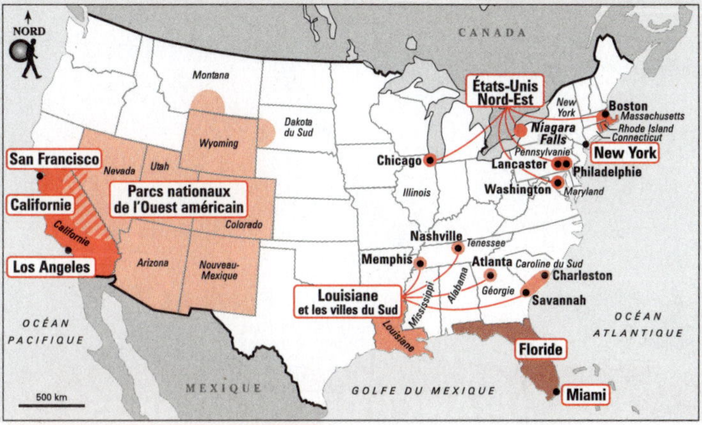

Autres pays d'Amérique

- Argentine
- Brésil
- Canada Ouest
- Chili et île de Pâques
- Colombie
- Costa Rica
- Équateur et les îles Galápagos
- Guatemala, Belize
- Mexique
- Montréal
- Pérou, Bolivie
- Québec et Ontario

Asie et Océanie

- Australie côtes est et nord + Red Centre
- Bali, Lombok
- Bangkok
- Birmanie (Myanmar)
- Cambodge, Laos
- Chine
- Hong Kong, Macao, Canton
- Inde du Nord
- Inde du Sud
- Israël et Palestine
- Istanbul
- Jordanie
- Malaisie, Singapour
- Népal
- Shanghai
- Sri Lanka (Ceylan)
- Thaïlande
- Tokyo, Kyoto et environs
- Turquie
- Vietnam

Afrique

- Afrique du Sud
- Égypte
- Kenya, Tanzanie et Zanzibar
- Maroc
- Marrakech
- Sénégal
- Tunisie

Îles Caraïbes et océan Indien

- Cuba
- Guadeloupe, Saint-Martin, Saint-Barth
- Île Maurice, Rodrigues
- Madagascar
- Martinique
- République dominicaine (Saint-Domingue)
- Réunion

Guides de conversation

- Allemand
- Anglais
- Arabe du Maghreb
- Arabe du Proche-Orient
- Chinois
- Croate
- Espagnol
- Grec
- Italien
- Japonais
- Portugais
- Russe
- G'palémo (conversation par l'image)

Livres-photos/Livres-cadeaux

- 50 voyages à faire dans sa vie **(nouveauté)**
- 52 escapades nature en France
- 52 villes coups de cœur en Europe (city trips)
- 52 week-ends coups de cœur en France
- 120 coins secrets en Europe
- 1 200 coups de cœur en France
- 1 200 coups de cœur dans le monde
- Cahier de vacances du Routard
- Expériences et micro-aventures en France **(nouveauté)**
- La France de Stéphane Bern
- La France à vélo **(nouveauté)**
- Nos plus belles balades et randos en France
- Road Trips Monde
- Road Trips en France
- Sacré : les 100 plus beaux sites de la planète
- Voyages
- Voyages : États-Unis
- Voyages : France
- Voyages : Italie

Visa
Guide
Médocs
Passeport
Assurance
AVI
Assurance voyage et bien plus

INDEX GÉNÉRAL

LISTE DES CARTES ET PLANS

Remarque importante aux hôteliers et restaurateurs

Les enquêteurs du *Routard* travaillent dans le plus strict anonymat. Aucune réduction, aucun avantage quelconque, aucune rétribution n'est jamais demandé en contrepartie. Face aux aigrefins, la loi autorise les hôteliers et restaurateurs à porter plainte.

Avis aux lecteurs

Le Routard, ce n'est pas comme le bon vin, il vieillit mal. On ne veut pas pousser à la consommation, mais évitez de partir avec une édition ancienne. Les modifications sont souvent importantes.
Les réductions accordées à nos lecteurs ne sont jamais demandées par nos rédacteurs afin de préserver leur indépendance. Les hôteliers et restaurateurs sont sollicités par une société de mailing, totalement indépendante de la rédaction, qui reste donc libre de ses choix. De même pour les autocollants et plaques émaillées.

Avec routard.com, choisissez, organisez, réservez et partagez vos voyages !

✓ Rejoignez la plus grande communauté francophone de voyageurs : **plusieurs millions d'internautes.**

✓ Échangez avec les routarnautes : forums, photos, avis d'hôtels.

✓ Retrouvez aussi toutes les informations actualisées pour choisir et préparer vos voyages : près de 300 guides destinations, une centaine de dossiers pratiques et un magazine en ligne pour découvrir tous les secrets de votre destination.

✓ Enfin, comparez les offres pour organiser et réserver votre voyage au meilleur prix.

Les **Routards** *parlent aux* **Routards**

Vous rentrez de voyage et souhaitez partager vos expériences, vos découvertes et vos coups de cœur ? Nous sommes curieux de vous lire ! Vos tuyaux et nouvelles adresses seront testés par nos enquêteurs lors des voyages de réactualisation et contribueront à la mise à jour du prochain Routard. Pour vous remercier, on adresse un exemplaire gratuit de la prochaine édition à ceux qui nous envoient les meilleurs courriers pour la qualité et la pertinence des informations.

Quelques conseils cependant :
– Envoyez-nous votre courrier le plus tôt possible à votre retour de voyage afin d'avoir une chance d'insérer vos bons plans sur l'édition suivante.
– Vérifiez que vos remarques concernent l'édition en cours et notez les pages du guide concernées pour vos observations.
– Quand vous recommandez de nouveaux hôtels ou des restaurants, pensez à signaler leur adresse précise, ou l'accès. Si vous le pouvez, joignez la carte de visite de l'hôtel ou du resto décrit.
– Enfin, n'oubliez pas de préciser l'ouvrage que vous désirez recevoir, ainsi que votre adresse postale.
Merci à tous pour vos nombreux mails et lettres.

122, rue du Moulin-des-Prés, 75013 Paris

• *guide@routard.com* • *routard.com* •

Routard Assurance *2024*

Enrichie au fil des années par les retours des lecteurs, *Routard Assurance* reste l'assurance voyage référence des globe-trotters. Tout y est inclus, même la **Covid** : frais médicaux, assistance rapatriement, bagages, responsabilité civile… Avant votre départ, contactez *AVI* pour un conseil personnalisé. À la recherche d'une attestation Covid ? Vous la recevrez automatiquement après chaque souscription. Besoin d'un avis médical, d'une prise en charge dans un hôpital ? Le plateau d'Assistance *AVI* dispose d'un vaste réseau médical à travers le monde disponible 24h/24 pour une réponse en temps réel. De simples frais de santé en voyage ? Téléchargez vos factures depuis l'espace assuré *AVI*, ils vous remboursent sous une semaine. *Le Colisée Gardens, 10, av. de l'Arche, CS 70126, 92419 Courbevoie Cedex. ☎ 01-44-63-51-00.* • *avi-international.com* • Ⓜ *La Défense.*

Édité par Hachette Livre (58, rue Jean-Bleuzen, CS 70007, 92178 Vanves Cedex, France)
Photocomposé par Luminess SAS (561, rue Saint-Léonard – CS 40003 – 53101 Mayenne Cedex, France)
Imprimé par Lego SPA Plant (via Galileo Galilei, 11, 38015 Lavis, Italie)
Achevé d'imprimer : février 2024
Collection n° 13 - Édition n° 01
33/9423/3
I.S.B.N. 978-2-01-726273-2
Dépôt légal : mars 2024

PAPIER CERTIFIÉ